PIERRE SAUTREUIL

LES GUERRES PERDUES DE YOURI BELIAEV

BERNARD GRASSET
PARIS

Photo de couverture : Gleb Garanich / Reuters.
Conception graphique : Nicolas Trautmann.

ISBN : 978-2-246-85800-3

À mes parents

« Si vous n'avez autre chose à nous dire, sinon qu'un barbare a succédé à un autre barbare sur les bords de l'Oxus ou de l'Iaxarte, en quoi êtes-vous utile au public ? »

VOLTAIRE,
Dictionnaire philosophique

AVANT-PROPOS

Paris, le 19 décembre 2017

Le sujet de ce livre n'est pas la guerre en Ukraine. Le conflit, qui se poursuit encore à l'heure où j'écris ces lignes, n'est que le théâtre de la rencontre que je m'apprête à relater. Le hasard a simplement voulu que ce soit dans la région dévastée de Lougansk, à l'automne 2014, que je fasse la connaissance de Youri Beliaev.

Plusieurs années se sont écoulées depuis le début de la guerre, et l'Ukraine ne fait plus la une des journaux télévisés. C'est pourquoi, avant d'entamer mon récit, j'ai jugé bon de rappeler comment une région minière déprimée dans l'est du pays s'est retrouvée, le temps d'une passion médiatique, sous les projecteurs du monde entier.

Le 21 novembre 2013, le gouvernement du président ukrainien Viktor Yanoukovitch décide de suspendre les négociations en vue de la signature d'un accord d'association avec l'Union européenne, lui préférant un partenariat économique avec la Russie. En réaction, des étudiants proeuropéens organisent des manifestations à Kiev, brutalement réprimées. Choqués par les violences policières et ulcérés par la corruption systémique, les habitants de la capitale ukrainienne décident, en signe de protestation, d'occuper le *Maïdan Nezalezhnosti*, la place de l'Indépendance. Bientôt, la situation s'envenime, et les heurts avec les forces de l'ordre plongent le centre-ville dans un climat d'insurrection. Le 18 février 2014, ordre est donné d'ouvrir le feu sur la foule. Des dizaines de personnes sont tuées avant que le président Yanoukovitch ne prenne la fuite le 21 février 2014.

La révolution a abouti, mais des contre-manifestations éclatent dans les villes russophones de l'est et du sud du pays. En mars 2014, des troupes russes se faisant passer pour des insurgés locaux prennent le contrôle de la Crimée. Au terme d'un référendum d'autodétermination dénoncé par la communauté internationale, la presqu'île se prononce pour son rattachement à la Russie. L'annexion est officialisée par Moscou le 21 mars.

Dans le Donbass, région minière de l'est du pays, des partisans prorusses prennent les armes, et exigent leur rattachement à la Russie. Les Républiques populaires de Donetsk et de Lougansk sont proclamées en avril. Pour éviter une répétition du scénario criméen, le nouveau gouvernement ukrainien ordonne à l'armée d'intervenir dans l'Est le 2 mai.

Des milliers de personnes perdent la vie au cours des combats de cet été caniculaire. En difficulté face à l'avancée des forces ukrainiennes, les séparatistes du

Donbass se retrouvent bientôt acculés dans leurs bastions de Donetsk et Lougansk. Leur situation semble désespérée quand, à la fin du mois d'août, une contre-offensive de l'armée russe vient briser l'élan ukrainien. Défaite, l'Ukraine est contrainte de négocier. Le 5 septembre 2014, un fragile cessez-le-feu est signé à Minsk, en Biélorussie.

Quelques jours plus tôt, un citoyen russe de 57 ans nommé Youri Beliaev traversait la frontière russo-ukrainienne en direction de Donetsk, sans trop savoir s'il reviendrait un jour à Saint-Pétersbourg.

La guerre dans le Donbass

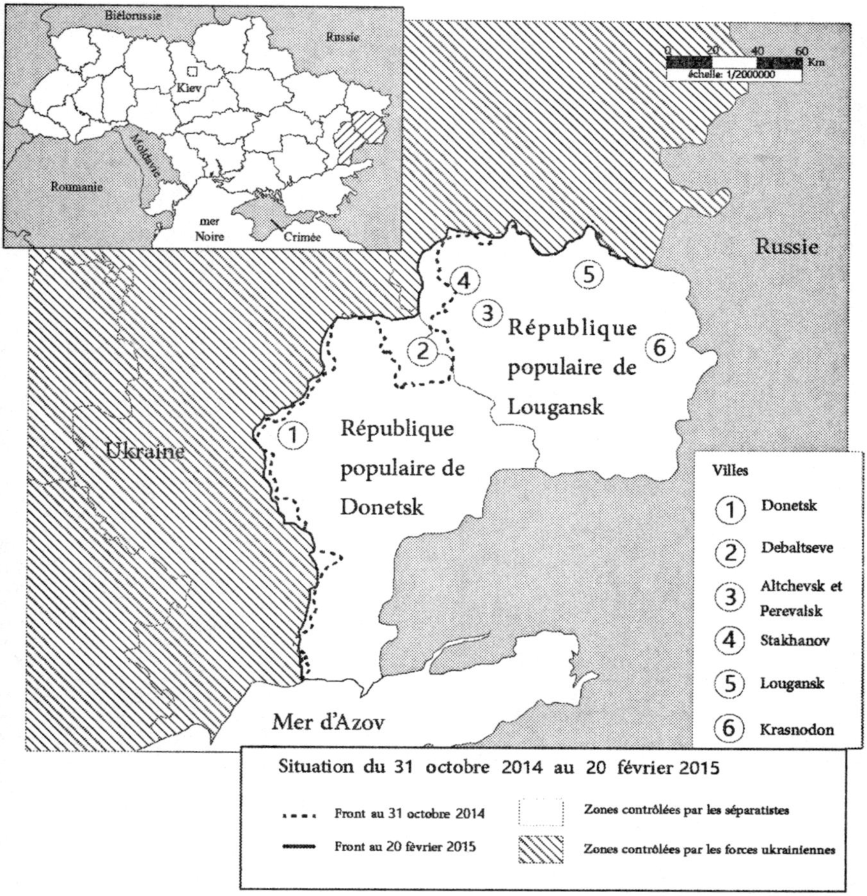

PREMIÈRE PARTIE

Lougansk

1.

« Allô ? ALLÔ ! Bordel y'a pas de réseau. On arrive à Lougansk... Lougansk ! Non je peux pas faire de direct, on doit traverser le front... Ouais, les autres journaleux sont à Donetsk, c'est justement pour ça qu'on va à Lougansk. On va couvrir une élection. Une é-lec-tion... Les prorusses veulent devenir respectables. Hein ?... Ouais, eh bien les Ukrainiens peuvent se plaindre autant qu'ils veulent, ils ont qu'à la gagner cette guerre à la con !

— Bon, ta gueule Sautreuil.

— Lâche-moi, je termine. »

Au volant, Sébastien Gobert, 29 ans, correspondant en Ukraine pour *Libération*, RFI et une vingtaine d'autres médias. Dans le coffre et sur la plage arrière s'entasse la panoplie du journaliste qui a passé trop de temps à l'Est : un casque de chantier, des vêtements propres et sales pour la semaine, une paire de chaussures d'hiver, un sachet de biscuits secs, cinq litres d'eau tiède, un Canon flambant neuf, une bouteille de whisky, deux gilets pare-balles, et un siège enfant.

« Pierre, passe-moi le téléphone, faut que je jette un œil à Google Maps.

— Deux secondes, c'est la radio protestante de Paris, ils demandent des nouvelles.

— Ils paient bien ?

— Que dalle, mais c'est un copain qui anime l'émission. Dis, on risque pas d'avoir des emmerdes pour passer le front avec ta Logan ?

— Pourquoi ça ?

— Immatriculée en France. Ils vont poser des questions, les séparatistes. »

La neige ne tombe pas encore. Autour de nous, les nuances brunes de la steppe s'effacent dans une teinte plus sombre. L'obscurité progresse à petits pas. Gobert s'arrête sur le bas-côté, s'étire sur son siège et enlève ses lunettes de soleil.

« Faut qu'on arrive à Lougansk avant la tombée de la nuit, ça sera trop dangereux après. On est où ?

— Novoaïdar. On peut pas traverser ici, y'a des combats sur cette portion du front. On va essayer plus à l'est.

— T'as une idée de l'itinéraire ?

— Ouais. Remonte vers Starobilsk, puis tourne à droite direction Bilovodsk. Après ça, bifurque vers le sud, on traversera les lignes à Stanitsa Louganska. Y'en a encore pour une bonne heure. T'as des CD dans ta caisse ?

— Regarde dans la boîte à gants, j'ai du rock russe. »

Une colonne de véhicules blindés aux couleurs de l'Ukraine nous dépasse en soulevant un épais nuage de poussière. Dans la Logan, Gobert, qui a remis ses lunettes de soleil, mâchonne une part de tarte aux épinards achetée trois jours plus tôt à Kiev. On décolle.

Les checkpoints ukrainiens nous ralentissent plus que prévu, il fait nuit noire quand nous arrivons à Stanitsa Louganska. Dans ce village de masures en ruines, une rivière délimite le front. L'artillerie et les soldats s'entassent derrière des rideaux d'arbres, sur les rives autrefois verdoyantes, à l'affût d'un ennemi à abattre.

Entrer pour la première fois en République populaire de Lougansk, c'est comme traverser le Styx en avance. Les fenêtres ouvertes et les phares éteints, on entend sans les voir ramper les eaux sombres du Donets. C'est à peine si on peut apercevoir le pont troué qui semble prêt à s'écrouler sous le poids de la voiture. De l'autre côté, sous une voûte de branches nues, la lueur des braseros danse sur les visages des hommes qui gardent le checkpoint séparatiste. Les flammes creusent les traits, s'attardent quelques instants sur l'acier des armes à feu, illuminent une barbe mal taillée, se perdent dans le blanc d'un œil. Quelques pneus en tas marquent une frontière mortelle. Un adolescent portant une mitrailleuse aussi grande que lui jette un regard sur nos passeports, et nous autorise à passer sans dire un mot. La voiture repart dans un crissement de pneus. Derrière nous, le Donets poursuit sa navigation lente vers la mer d'Azov. Au ciel, les étoiles brillent comme de petites diodes fatiguées. Le CD entame une nouvelle piste.

Encore une poignée de kilomètres et nous serons à Lougansk. Le long d'un coteau, les phares de la Logan révèlent des fragments d'un paysage lunaire. Seules résonnent la guitare et la voix de Sergueï Kalouguine : « *Dans l'immensité du pays céleste, nous sommes accueillis par une grave quiétude.* »

Au bord de la quatre voies, des obus ont déchiré les rambardes comme du papier humide. Quelques détonations ricochent sur les flancs du vallon, puis le silence revient. À plusieurs reprises, les vestiges de hameaux dévastés par l'artillerie surgissent de l'obscurité le temps d'un tour de roue, avant de disparaître aussitôt dans la nuit. La chanson continue sur un rythme rapide tandis que nous atteignons enfin les faubourgs de Lougansk, massivement désertée depuis le début des hostilités : « *Nous savions que nous pouvions partir, mais nous avons oublié le chemin du retour.* »

Les bombardements ont durement frappé la ville, l'éclairage public et les feux de circulation ont rendu l'âme. Des ombres pressées glissent entre les barres d'immeubles, à peine éclairées par les tas de feuilles qui brûlent çà et là sur la chaussée, et des aboiements de chiens errants saluent le passage de la voiture.

« Gobert…

— Hm ?

— On est quel jour exactement ?

— Vendredi.

— Non, pas le jour, la date. »

Une rafale de kalachnikov claque à l'autre bout de la ville. L'heure du couvre-feu approche. « *Tant que nous vivrons, nous irons vers toi…* » Deux véhicules blancs frappés d'une chauve-souris surgissent d'une avenue et dévalent le boulevard à tombeau ouvert.

« 31 octobre.

— Je me disais bien… »

La guitare reprend de l'ardeur, Sergueï Kalouguine s'époumone : « *Notre mère patrie, l'URSS !* »

« Qu'est-ce que ça peut foutre ?

— C'est Halloween ! »

2.

« Construit en 2008, l'hôtel "Rendez-vous" est un des meilleurs de Lougansk. Notre personnel vous aidera à organiser votre visite de notre charmante ville. Un sauna, un billard et un bar sont à votre disposition. Satisfaction garantie ! »

(ukrhotels.net)

« Mon séjour dans cet hôtel m'a beaucoup plu. Personnel sympathique, cuisine excellente, chambres confortables. Je ne manquerai pas de revenir ! »

(Inna, 28 mars 2012)

« Je n'ai séjourné à l'hôtel "Rendez-vous" qu'une seule nuit, mais j'en garde un souvenir fabuleux ! Vivement mon prochain séjour à Lougansk ! »

(Roman, août 2009)

« Je t'assure, pour un hôtel ukrainien, c'est pas si merdique que ça…

(Sébastien Gobert, 31 octobre 2014)

— C'est pas comme si on avait le choix. On reste combien de nuits ?

— Une semaine suffira. Il faut que je rentre à Kiev changer les pneus avant les premières neiges. »

La réception est plongée dans la pénombre. Au fond de la pièce, un vieillard regarde un jeu télévisé dans un clair-obscur cathodique. La grosse tenancière rehausse ses lunettes, et compte avec application la liasse de billets que nous déposons sur le comptoir. La guerre a paralysé le système bancaire, les transactions se font désormais toutes en cash. Avec l'effondrement du cours de la hryvnia, l'épaisseur des liasses est devenue un baromètre de l'aggravation du conflit.

Ses comptes achevés, la patronne s'empare d'une brassée de papier toilette, et nous conduit à notre chambre. « Toutes les piaules sont au rez-de-chaussée. Au sous-sol il y a le bar et le sauna. Fermés tous les deux. Moi c'est Elena. Voilà, on y est, numéro 7. On se gèle un peu, depuis que ces *débiles* ont foutu en l'air la centrale électrique, on vous a mis des couvertures en rab'. Pour l'eau chaude c'est pareil. »

Elena se contorsionne pour entrer dans la minuscule salle de bains. « La chasse d'eau ne marche plus, je vous ai installé un seau. En cas de coupure d'eau vous pouvez acheter des jerricanes à l'épicerie d'en face. » Elle dépose les rouleaux de papier hygiénique sur le carrelage et s'extirpe du cabinet de toilette.

« Le canapé ne se déplie plus, mais le lit double est confortable, vous pouvez y dormir à deux. Moi ça me dérange pas hein, mais évitez de faire du bruit, y'a des soldats dans l'hôtel. Ils aiment pas trop les pédés ici.

— Y'a des soldats dans l'hôtel ?

— Des *débiles* avec des flingues, oui. Ils voulaient réquisitionner mon hôtel, je leur ai dit d'aller au diable. *Tchiort vozmi !* Les Russes que je loge ici passent leur temps à se soûler comme des cochons ! »

Elena virevolte entre les valises et se plante dans l'encadrement de la porte. « On a le Wi-Fi, mais l'électricité est rationnée, ils n'alimentent qu'un seul quartier à la fois. Notre tour c'est de 18 à 23 heures. » Des pas lourds et des cliquetis d'armes résonnent dans le couloir. Elle pose sa main sur la poignée. « On fait pas de petit déjeuner, mais si vous avez un creux, dites-le-moi, je vous éplucherai une patate. Allez, bonne nuit ! »

Elena claque la porte avec fracas. Un ange passe.

3.

La nuit est froide et courte. Au réveil, la douche ne fonctionne toujours pas. Je fais remarquer qu'on a bien fait de dormir tout habillés. Gobert me supplie de changer au moins de chaussettes. À la réception, Elena nous indique comment se rendre au siège de l'administration pour y recevoir nos accréditations de presse. Le chauffage de la Logan nous ranime quelque peu.

Comme des dizaines d'autres villes ukrainiennes, Lougansk a été copieusement rasée pendant la Seconde Guerre mondiale. Aujourd'hui, la majorité des bâtiments sont des immeubles de béton nu datant de l'après-guerre, préfabriqués à la chaîne dans d'immenses usines à 3 000 kilomètres de là, et seules quelques isbas de guingois ramassées derrière les grandes avenues témoignent encore de l'existence d'un passé antérieur à l'invasion allemande. L'artillerie ukrainienne ne cible plus que rarement le centre-ville depuis la signature du cessez-le-feu en septembre, mais toutes les rues portent les stigmates du pilonnage de l'été. Au plus fort des combats, on estime que près de la moitié de ses 400 000 habitants ont fui Lougansk. Certains se sont réfugiés en Russie, d'autres ont rallié Kiev, mais la plupart sont désormais revenus, attirés par le mirage d'une trêve inexistante, et la vie reprend son cours dans les débris.

On gare la voiture à un carrefour pour faire quelques photos. Là où se dressait autrefois un marché, des femmes transies de froid ont dressé des étals de fortune, proposant des légumes et des beignets aux soldats qui patrouillent le long du boulevard. En face d'un McDonald's fermé « pour une durée indéterminée », des babouchkas réchauffent leurs vieux os auprès d'une poubelle en feu. L'air froid pue le plastique brûlé. À mi-hauteur, une équipe de techniciens suspendus par le cul remet en état une ligne à haute tension. Au-dessus de leurs têtes, le ciel est un immense bloc de ciment.

« Régis est à Donetsk pour l'élection, dit Gobert en se rasseyant au volant, il nous rejoint demain aprèm'.

— Zakharchenko est toujours donné gagnant là-bas ?

— Ça devrait pas poser de problème pour lui, il a le soutien du Kremlin.

— J'arrive toujours pas à comprendre comment un type comme lui a réussi à s'imposer en seulement trois mois de guerre. C'était qu'un électricien ce mec…

— Ouais mais il était dans un groupuscule prorusse. Et d'après ce qu'on dit, c'était un grand fana d'arts martiaux. »

Je le regarde sans comprendre.

« Et alors ?

— Quand la guerre est arrivée, il a rassemblé les mecs les plus timbrés de son club de free fight, ils ont trouvé des flingues, et ils ont fondé un bataillon. En quelques semaines, ils étaient la plus grosse unité combattante de la République populaire de Donetsk.

— Et maintenant il va être élu président.

— Ouais.

— Tout ça grâce à un club de free fight.

— Quand toutes les normes s'effondrent… J'imagine que ça a suffi. »

La Logan repart en direction du centre-ville. Gobert s'allume une clope.

« Lougansk, par contre, j'y connais rien. Comment il s'appelle le favori ici ? »

Au-dessus de la route, une immense affiche électorale appelle à voter pour un obèse aux cheveux ras. Des bajoues tombantes encadrent une bouche de mérou, mais l'ourlet de ses lèvres conserve un port presque élégant. Son regard froid trahit une intelligence calculatrice. Je plisse les yeux pour déchiffrer son nom :

« Plot… ni… tski… Igor Plotnitski.

— Jamais entendu parler.

— Au fait, Gobert, comment t'arrives à mémoriser tous ces putains de noms ukrainiens ?

— Au bout d'un moment on s'y fait. Répète plusieurs fois à voix haute, ça finira par rentrer. »

Plotnitski. Plotnitski. Plotnitski.

4.

Le siège de l'administration de Lougansk est un gros cake en stuc. Au milieu de la façade, une tache plus claire indique l'endroit où se tenait il y a encore quelques mois un blason ukrainien. Du carton bouche les fenêtres brisées, et d'innombrables impacts de balles mouchettent les murs blanc sale. Sous les drapeaux séparatistes, une escouade de soldats encombre le parvis défoncé. La guerre va bien au style stalinien.

À l'intérieur, un escalier de marbre mène à un couloir sombre où clignote un néon malade. Des cartes du Donbass et des dessins d'enfants tapissent les murs. Un milicien avachi dans un fauteuil feuillette le journal, une mitrailleuse sur les genoux. Les enfants ont tous dessiné des tanks et des soleils. Tanya, l'attachée de presse, nous invite dans son bureau pour s'acquitter des formalités d'usage : signer une pile de documents, répondre à quelques questions indiscrètes, et s'engager sur l'honneur à « exercer notre profession de manière honnête, dans le respect des règles déontologiques et du *politiquement correct* ».

Quinze minutes plus tard, nous ressortons avec nos accréditations. Sébastien et moi sommes désormais officiellement autorisés à couvrir les élections en République populaire de Lougansk pour le compte de « Radio Frans » et du « Novel Obervateur ». Tanya, nous dit-elle, a fait deux ans de français au collège.

« T'as vu, y'avait un rat en cage sur un coin de moquette…

— Je crève de froid, me coupe Sébastien. On va boire un café ?

— Attends je prends une photo. »

Le vent souffle un bouquet de feuilles mortes à nos pieds. Sur la place, des platanes dénudés par les explosions couvent une fontaine à l'arrêt. L'eau de pluie s'épaissit au fond du bassin jonché de détritus. Bientôt elle gèlera. Je range mon appareil et enfonce mon bonnet sur ma tête. Une nouvelle bourrasque nous met en marche.

5.

Le réfrigérateur bourdonne dans la chambre comme un moustique de trente kilos. Sébastien dort profondément.

Je meurs de soif, mais même si les patrouilles sont rares dans ce quartier, il est impensable de sortir après l'heure du couvre-feu. Je me lève du canapé et me dirige vers la salle de bains, contemple un instant le filet d'eau jaunâtre qui s'écoule du robinet, et me rassois la gorge sèche, en essayant de faire grincer le moins possible les ressorts du sofa. Je rouvre mon ordinateur et reprends mes recherches là où je les avais laissées.

À tout point de vue, VKontakte est une copie parfaite de Facebook : le choix des couleurs, le profil, le « mur », la discussion instantanée, la possibilité d'intégrer des groupes et d'aimer des « pages ». Comme son aîné américain, il a germé dans les universités russes avant de s'étendre au reste de la société sous l'impulsion de son jeune et génial inventeur. Comme Mark Zuckerberg, Pavel Durov est né en 1984. Comme lui, il est végétarien, riche à crever, et mécène à ses heures. Mais nous sommes en Russie et les comparaisons s'arrêtent là. En 2014, Pavel Durov refuse de bloquer la page d'un opposant et de communiquer au FSB (les services secrets russes) des informations sur les membres de groupes pro-ukrainiens. Son conseil d'administration le démet de ses fonctions. Sous la pression des autorités, il acquiert la nationalité d'un petit archipel des Caraïbes en échange d'un généreux investissement dans l'industrie sucrière, boucle ses valises, et quitte la Russie pour toujours.

Les prorusses font, depuis le début de la guerre, un emploi massif de ce réseau social, où ils postent photos et vidéos de leurs exploits. Sur VKontakte, on chante les louanges d'unités aux noms insolites, que l'ardeur au combat et le charisme des chefs ont transformées en véritables sensations. Citons en premier lieu le bataillon Sparte du commandant « Motorola », petit bonhomme à la dentition pourrie dont le mariage au plus fort des combats de l'été avec la belle Elena a initié la peopolisation des chefs de guerre. Avec lui pour conduire l'assaut sur l'aéroport de Donetsk, le commandant « Givi » du bataillon Somalie, beau gosse survolté réputé pour son cheveu sur la langue et sa consommation d'amphétamines. Une information à prendre au conditionnel, mais qui expliquerait sa tendance à tirer sur ses hommes pour les réveiller de bon matin, ou sa témérité suicidaire qui lui fait parcourir la ligne de front debout sur un quad, sans casque ni gilet pare-balles. Le mois dernier, une vidéo le montrant en train de fumer le plus tranquillement du monde en plein milieu d'une salve de lance-roquettes multiple a attiré plus de 50 000 vues sur YouTube et les financements de nouveaux sponsors à Moscou. Mais le tableau ne serait pas complet sans les jusqu'au-boutistes de la brigade Fantôme, les pieux guerriers de l'Armée Orthodoxe Russe, les soldats herscheurs de la Division Minière, les cosaques du Grand Ost du Don, les communistes technophiles de l'unité 404, et toute une flopée de volontaires étrangers battant pavillon serbe, hongrois, italien, français, allemand, espagnol et même brésilien. Leurs supporters s'arrachent T-shirts, stickers, posters et mugs frappés de l'emblème de leur bataillon favori, avec la même ferveur que s'il s'agissait de leur équipe de foot préférée. Et depuis quelques jours, une vidéo provoque une agitation toute particulière chez les milliers de fans du seigneur de guerre le plus populaire de Lougansk : le commandant Batman.

Les images datent d'il y a deux semaines. Accompagné de ses gardes du corps, le commandant Alexandre Bednov, alias « Batman », marche vers l'entrée d'un bâtiment de brique du centre de Lougansk afin d'y enregistrer sa candidature aux élections. Deux hommes en armes lui barrent le passage. Le ton monte, un garde arme sa kalachnikov, tire dans le plafond, hurle : « Interdiction d'entrer ! » Une seconde de flottement. Les gardes du corps du commandant sortent leurs armes dans des éclats de voix. « J'ai des ordres, crie le cerbère, n'entrez pas ! » Batman demande à ses hommes de se retirer pour éviter un bain de sang. « Alors c'est ça votre démocratie ? rugit l'un d'eux, c'est ça la démocratie de Plotnitski ?! »

Une onde de choc ébranle les fenêtres de ma chambre. Sébastien se retourne dans le lit en soupirant. Les bombardements ont repris dans la soirée, d'abord distants, puis de plus en plus proches. La connexion Internet risque de ne pas tenir longtemps. Je reviens rapidement sur la page VKontakte du bataillon Batman. Un message indique : « Pour la presse : contactez le Chat », suivi d'un numéro de téléphone. Une nouvelle détonation, plus forte, fait vibrer les vitres. Je recopie le numéro dans un carnet et vais me coucher. Allongé sur le lit, je reste éveillé longtemps, à compter les explosions. Quand elles cessent enfin, le silence me surprend comme un bain d'eau glacée.

6.

La bonne ville de Lougansk n'avait pas vu autant de monde dans ses rues depuis fort longtemps. Sur la place où l'on tire les feux d'artifice les jours de fête, une foule emmitouflée agite des ballons de couleur devant une scène de concert installée pour l'occasion. Un van militaire dépose une chanteuse en manteau de Mère Noël, qui grimpe sur les planches dans un tonnerre de claquements de moufles. Des sourires édentés jaillit un grand éclat d'or. Vika Tsyganova toupille sur scène, porte le micro à sa bouche et enflamme l'audience d'un « Salut, courageuse Lougansk ! ». Un air d'accordéon suraigu crève les enceintes. Le ciel s'effrite en poudreuse. La première neige de l'année. Les babouchkas trépignent. Gobert râle pour ses pneus.

J'attrape Sébastien par la manche et l'entraîne au fond de la place, où une longue file serpente vers l'entrée du théâtre Pavel Louspekayev, légende boiteuse du cinéma soviétique et enfant du pays. À l'intérieur, le brouhaha de centaines de personnes résonne sous les plafonds en plâtre. Des femmes sont installées derrière une rangée de tables couvertes de bulletins de vote. Les isoloirs sont dans la pièce annexe, gardés par des hommes en armes. Gobert attrape son enregistreur et prend du son d'ambiance pour son reportage :

« Il paraît que les Ukrainiens préparent un attentat pour désorganiser les élections » ; « Ah ! les fascistes » ; « Seryoja, reviens ici ! » ; « A voté ! » ; « J'ai ma fille qui est partie vivre à Kiev, elle dit que c'est très inquiétant » ; « Électeur suivant ! » ; « T'as voté qui toi ? » ; « Seryoja, je t'ai dit de pas t'éloigner de maman ! » ; « J'espère qu'on aura voté avant la fin du concert » ; « Non monsieur, vous ne pouvez pas voter sans pièce d'identité » ; « Plotnitski il est trop gros pour être honnête ».

Dans les files d'attente, les hommes à gapette patientent en régiments compacts, se saluent d'une bourrade, apostrophent des femmes emmitouflées. On joue des coudes en avançant à petits pas. Certains piétinent depuis plus de trois heures.

« Seryoja, tu vas la prendre celle-là » ; « Eh, salut Natachenka ! » ; « Vous avez perdu vos documents dans un incendie ? Passez à l'administration, ils verront ce qu'ils peuvent faire... Non, sûrement pas un nouveau passeport ukrainien » ; « Ah excusez-moi je vous ai pris pour Natachenka » ; « Vous êtes français ? » ; « Il paraît qu'ils ont crucifié un enfant à Slavyansk. Et qu'ils ont traîné sa pauvre mère derrière un tank après ! » ; « Dites à Mitterrand qu'on souffre terriblement » ; « Des fosses communes dans son jardin, qu'elle a trouvé ! » ; « Comment ça c'est plus Mitterrand ? » ; « Suivant ! »

Gobert réapparaît, on retraverse la foule en sens inverse. Dehors, la neige a cessé de tomber, et Vika Tsyganova, qui vient d'achever une chanson cosaque, entame son dernier hit patriotique en duo avec un YouTubeur russe de passage :

« *La Russie est indivisible,*
C'est un pays infini,
De Lougansk jusqu'au Kremlin,
C'est ma mère patrie ! »

Il y a soixante-dix ans, les Chœurs de l'Armée rouge sillonnaient le front de l'Est pour remonter le moral des troupes au péril de leur vie, donnant pendant la guerre plus de 1 500 représentations dans les hôpitaux, les casernes, les aérodromes, et jusque sur les champs de bataille. Aujourd'hui les Chœurs de l'Armée rouge sont en concert au Zénith de Paris et laissent le sale boulot aux YouTubeurs. Splendeurs et misères de l'URSS 2.0.

« *Les USA le savent, l'OTAN aussi,*
De l'Alaska au Kremlin,
C'est ma mère patrie ! »

Un soldat à la mine méchante remue la tête en rythme sous une statue de Lénine, une des dernières du pays encore debout. Les babouchkas sont aux anges. Vika Tsyganova achève sa chanson sous une avalanche de fleurs.

L'après-midi s'écoule dans une atmosphère étrange de liesse factice, comme si tous se forçaient à croire, l'espace d'un scrutin, en un avenir débarrassé de la guerre. À la nuit tombée, les habitants votent encore en masse dans l'école municipale de Volnukhiné, dernier bâtiment encore éclairé de ce petit village en ruines au sud de Lougansk. Peut-être la compagnie des autres réchauffe-t-elle ces hommes fatigués par six mois d'une guerre qu'aucun d'entre eux n'aurait pu prédire. L'artillerie a remodelé le paysage. Plus loin dans la plaine, l'aéroport de Lougansk semble s'être tout bonnement fracassé au sol.

Régis Genté, correspondant du *Figaro* en Géorgie, nous retrouve enfin devant l'Opéra de Lougansk, reconverti en bureau de vote. Il est accompagné d'un journaliste estonien avec qui il a fait la route depuis Donetsk, et qui nous broie joyeusement la main en nous saluant : « *Silver Meikar, Estonian TV, nice to meet you !*

— Alors, demande Régis, comment ça se passe les élections ici ?

— Pas de bombardements, répond Gobert, participation importante. On n'a pas vu de grosse entorse, ils ont magouillé en amont pour ne pas avoir d'incertitudes le jour du scrutin. Apparemment les concurrents sérieux de Plotnitski n'ont pas pu se présenter.

— Pareil à Donetsk. Y'a un chef de guerre séparatiste qui a disparu il y a trois jours. Igor Bezler, de Gorlovka. Ils l'appellent "le Démon". On dit qu'il est parti en Crimée, mais personne ne l'a vu depuis. Tu le connais ? »

Un homme en armes nous dépasse lentement, l'air mauvais comme la gale.

« Ça ne m'étonnerait pas qu'il se soit fait flinguer, reprend Sébastien. C'est réglo le scrutin à Donetsk ?

— Ils distribuent de la nourriture près des bureaux de vote, ça motive la participation. Et puis, en l'absence d'observateurs internationaux, ils peuvent toujours truquer les résultats après le dépouillement. Y'a autre chose… »

Régis se penche vers nous, son gros visage barré d'un large sourire, comme chaque fois qu'il fait une confidence : « J'ai parlé à un Russe ce matin, un gars du FSB. D'après lui, Donetsk est sous contrôle, mais Moscou voit d'un très mauvais œil le bordel dans la région de Lougansk. Trop de groupes indisciplinés. Il risque d'y avoir un sacré ménage si les choses ne rentrent pas dans l'ordre après la proclamation des résultats… » Gobert acquiesce : « Il va falloir qu'on rencontre les mécontents dans les jours qui viennent. *Come now, let's have a look at this election.* »

7.

Régis et Silver sont repartis à l'aube. Au siège de l'administration, une vingtaine de journalistes russes mal réveillés attendent la proclamation des résultats dans une salle de conférences. Gobert parcourt le journal local en mordant dans un Snickers. « J'ai rarement vu un dépouillement aussi rapide. » Imprimée avant même la fin du scrutin, la feuille de chou proclame 70 % de participation. Un quart d'heure s'écoule encore, jusqu'à ce que le porte-parole de la République populaire de Lougansk fasse son entrée dans la pièce, accompagné de deux étrangers.

Faute d'avoir autorisé la présence d'observateurs de l'OSCE, les séparatistes ont donné le change en faisant venir de toute l'Europe une trentaine de sympathisants à leur cause pour valider le scrutin. Sotirios Zarianopoulos, député européen du Parti communiste grec, prend la parole :

« Nous souhaitons remercier la République populaire de Lougansk de nous avoir invités afin d'observer ce vote. »

Tous les mouvements hostiles à l'Union européenne semblent s'être donné rendez-vous en Nouvelle-Russie, du Jobbik hongrois au Vlaams Belang belge, en passant par les Tchèques de « Non à Bruxelles ». À Donetsk, Jean-Luc Schaffhauser, du Rassemblement bleu Marine, a eu toutes les peines du monde à convaincre qu'il était venu « à titre individuel ».

Au micro, Manuel Ochsenreiter, néonazi repenti du journal allemand *Zuerst !*, poursuit l'exposé : « Nous saluons ce vote, qui s'est déroulé dans des conditions irréprochables. Le résultat est sans appel : Igor Plotnitski est élu président de la République populaire de Lougansk, avec 63 % des suffrages exprimés. C'est une étape fondamentale vers la création d'un État indépendant et souverain, et nous appelons les gouvernements du monde entier à reconnaître officiellement ce vote. »

Après la conférence, les journalistes se retrouvent dehors pour commenter les résultats, ou proposer des interviews aux « observateurs internationaux », qui feront l'ouverture des JT de Russie. Gobert vient me taper une cigarette en soufflant sur ses mains.

« *Libé* veut un article pour midi, je vais bosser au café Corona, tu viens ?

— Vas-y, je te rejoins dans un quart d'heure. J'ai un truc à régler avant. »

Il part sans se faire prier. Je m'éloigne des reporters russes, attrape un carnet dans mon sac, et compose le numéro noté la veille sur la page VKontakte du bataillon Batman.

Le Chat décroche après trois tonalités.

« Bonjour, vous êtes bien le porte-parole du commandant Batman ?

— Si on veut. Qui êtes-vous ?

— Je suis un journaliste français, j'aimerais savoir ce que pensent le commandant et ses hommes du résultat de l'élection. »

Au bout du fil, le Chat éclate d'un rire mauvais.

« Rencontrons-nous demain. Ils seront ravis de vous dire tout le mal qu'ils en pensent. »

8.

Le maréchal Kliment Vorochilov a laissé dans l'Histoire le souvenir d'un incompétent et d'un médiocre. Malgré cela, Lougansk a porté son nom jusqu'à la chute de l'URSS. En son honneur, les habitants de Vorochilovgrad lui ont construit une statue équestre grandiose au pied d'un HLM.

Un minibus dépose des passagers empotés par le gel et les couches de vêtements au bord de l'avenue Kotsioubinski, avant de dévaler le coteau en pétaradant au soleil, direction la gare routière et ses échangeurs. Plantées ici comme des futaies de béton, les barres d'immeubles protègent Lougansk des assauts de la steppe. Le vent glacial porte le bruit des canons, et les passants disparaissent rapidement. Resté seul en tête à tête avec le maréchal, j'oublie le froid en piétinant des plaques de givre.

Un van blanc frappé d'une chauve-souris fait le tour de la place et vient se garer devant un kiosque à journaux. Le sexagénaire potelé qui en descend a une allure de médecin de province, lunettes étroites et cheveux gris. On se demanderait presque ce qu'il fait à la guerre. Dans sa démarche, nulle trace de cette morgue précieuse que confère si souvent aux jeunes et aux civils le port de l'uniforme. Il marche avec empressement, les yeux tombants et les épaules basses, indifférent et sans apprêt. La poignée de main dure une fraction de seconde : « Grimpe dans la bagnole, on a la moitié de la ville à traverser. »

Je m'installe avec lui à l'avant.

« C'est vous le Chat ?

— Ouais. Comment tu t'appelles ?

— Pierre.

— T'es jeune pour un reporter. T'as quel âge ?
— Vingt et un ans. Où est-ce qu'on va comme ça ?
— On a une base dans l'est de la ville. Nos recrues sont à l'entraînement, j'ai pensé que ça t'intéresserait.
— C'est parfait. Vous êtes nombreux dans le bataillon Batman ?
— Environ cinq cents. Et au moins cinq qui se font appeler "le Chat" !
— Ça risque de compliquer les choses. »

Le Chat passe la quatrième et double un véhicule de transport blindé sur l'avenue Radianska. Il jette un bref regard dans le rétroviseur, puis sur moi.

« Appelle-moi Youri. »

9.

La voiture s'engage sur un chemin de terre, se perd dans un dédale de maisonnettes et de palissades, et s'arrête finalement au bord d'un terrain de football à l'abandon d'où parviennent des éclats de voix et des cliquetis d'armes. Youri et moi nous installons sur les gradins au bord de la friche où des soldats roulent au sol, se relèvent, s'élancent en avant, mettent genou à terre, scrutent les environs et repartent en formation sous les aboiements de leur instructeur, un type élancé auquel on donnerait à peine 20 ans. « À terre ! » Les jeunes hommes se figent à plat ventre. Les yeux étroits de l'instructeur se plissent quand il décèle une imperfection.

« Gardez la tête le plus bas possible, pensez aux snipers. » « Pas comme ça ton pied, tu peux pas contrôler ton souffle. » « Sergueï, ne lâche jamais ton fusil ! » Il fait quelques pas, l'air sombre. Soudain, il porte la main à sa poitrine, fait volte-face, fait mine de lancer quelque chose au milieu des soldats allongés en hurlant « Grenade ! ». Les jeunes hommes se débandent, terrifiés. Sur la piste d'athlétisme qui court le long du terrain, des recrues en nage interrompent leur footing. « Continuez bande de feignants, leur ordonne l'instructeur, vous en avez encore pour une demi-heure ! Quant à vous, vous êtes tous morts ! Tous ! Au sol, faites-moi quarante pompes ! »

Sur les gradins, Youri éclate de rire : « Ça c'est du Miltchakov tout craché ! »

J'ai déjà lu ce nom quelque part. Originaire de Saint-Pétersbourg, Alexeï Miltchakov, 23 ans, est venu en Ukraine parfaire sa réputation de sadique et de nazi. En Russie, il décapitait des chiens errants et s'affichait devant des drapeaux du IIIe Reich. En Ukraine, il mène des opérations de guérilla sur le front, prend la pose devant des cadavres de soldats ukrainiens, et aurait à plusieurs reprises torturé des prisonniers de guerre. Le descriptif de son profil VKontakte liste les centres d'intérêt suivants : développement personnel, créativité, Adolf Hitler.

À l'heure du déjeuner, Youri m'invite à suivre les recrues qui regagnent le chemin boueux menant à leur base, quelques centaines de mètres plus loin. La façade du bâtiment est recouverte d'une peinture turquoise façon antiseptique qui se desquame par endroits, révélant un béton qui aurait mieux fait de rester nu, et des sacs de sable sont empilés devant les fenêtres pour les protéger des balles et du souffle des explosions. Sous un drapeau russe, un linteau verdâtre indique en lettres d'or : « Hôtel Slavyanskaya, trois étoiles ». Youri me tape dans le dos : « Un des meilleurs de la ville ! Entre, on va manger un bout. »

Dans le restaurant de l'hôtel reconverti en réfectoire militaire, des tablées de soldats déjeunent silencieusement d'un brouet de légumes et de patates où surnagent de maigres morceaux de viande. Miltchakov et Youri déposent leurs kalachnikovs sur un râtelier d'armes, et m'indiquent une banquette en skaï rouge dans un coin de la pièce éclairé de guirlandes électriques, sous le clair de lune et les dauphins bondissants d'une étrange fresque murale. Nous nous asseyons. Bientôt, une cantinière nous apporte une corbeille de pain noir et des bols de soupe fumants. Enfoncés sous leurs arcades sourcilières, les yeux de Miltchakov ressemblent à des plis d'aisselle. Le visage rond de Youri est un masque de banalité. J'aborde les questions qui fâchent.

« Que pensez-vous de l'élection d'avant-hier ?

— Une mascarade, gronde Miltchakov en sifflant une filandre de poireau. Si Batman avait pu se présenter, il aurait été élu sans l'ombre d'un doute. Plotnitski est un traître. Un putain de traître. Le cessez-le-feu, un crime contre le peuple russe. »

Aux autres tables, les hommes entrecoupent leurs rasades de grommellements approbateurs.

« Vous ne respectez pas le cessez-le-feu ?

— Est-ce qu'ils le respectent, les Ukrainiens ? rétorque l'instructeur. Nous on ne fait que se défendre, et défendre la population.

— Pourtant vous avez repris des dizaines de villages depuis la signature du cessez-le-feu… »

Miltchakov plisse encore les yeux, deux fentes sombres à l'éclat mauvais :

« La meilleure défense est parfois l'attaque…

— Cet accord a été signé alors qu'on écrasait l'armée ukrainienne, intervient Youri, le poing serré. On aurait pu reprendre Artemovsk, Slavyansk, Kramatorsk… Putain, même Kharkov si on voulait ! Y'avait plus d'armée ukrainienne, plus rien pour nous arrêter. Et là on devrait piétiner et attendre que les Ukrainiens préparent la contre-attaque ?

— C'est l'avis de Batman ? »

Le silence retombe. Miltchakov retourne à sa soupe. Youri, circonspect : « Il ne le dira jamais publiquement, mais c'est ce qu'il pense, oui. »

Une cantinière nous tend à chacun une assiette de raviolis, et dépose trois mugs remplis de café instantané. Je change de sujet :

« Je vois beaucoup de soldats originaires de Saint-Pétersbourg…

— Des volontaires, corrige Miltchakov.

— Des volontaires originaires de Saint-Pétersbourg. C'est vous qui les recrutez ? »

Youri boit son Nescafé en silence. La discussion prend un tour laborieux.

« Je connais beaucoup de monde chez les nationalistes russes, poursuit Miltchakov, on recrute dans nos cercles. Beaucoup d'ultras du Zénith Saint-Pétersbourg nous ont rejoints. »

Pour la première fois, je remarque que tous les soldats arborent un symbole païen sur l'épaule droite. Les yeux plongés dans son café, Youri acquiesce d'une voix faible, presque pour lui-même. Il semble ailleurs, bien loin, ou il y a fort longtemps. D'un mouvement brusque, il renverse la tête pour achever son café. Sur le cul du mug, une croix gammée est dessinée au marqueur noir.

10.

Il n'est que 17 heures, et l'obscurité est déjà complète. Miltchakov a regagné sa chambre, au dernier étage de l'hôtel, où nous avons poursuivi l'interview. Sous l'immense drapeau russe épinglé dans la suite, traînaient pêle-mêle des balles de kalachnikovs, des bibelots kitsch et des préservatifs. J'ai passé le reste de la journée à interviewer les hommes de la section, frappé par leur mélange de résolution et de violente indiscipline. Youri a proposé de me raccompagner, et nous discutons devant le bâtiment en attendant que son assistant, un jeune homme taiseux aux lunettes fines, finisse de charger des munitions à l'arrière de son van. Pas assez vite à son goût.

« Grouille-toi, on n'a pas la nuit.

— Youri, dis-je, quand est-ce que je pourrai rencontrer le commandant ?

— Batman ? Il est au front pour le moment, il rentrera que dans quelques jours.

— Il voulait pas être à Lougansk pour l'élection ?

— Va savoir, c'est le bordel ici. Plotnitski aurait pu tenter quelque chose… »

Une coupure de courant plonge quelques instants l'allée dans l'obscurité, avant que les néons verts ne se remettent à clignoter sur la façade de l'hôtel.

« Ce type, c'est un tas de merde, maugrée Youri en frottant ses mains pour les réchauffer. Président ou pas, il contrôle rien à Lougansk. Batman ferait bien de passer à l'action.

— Contre Plotnitski ?

— Pour l'instant ça empire de jour en jour, mais l'anarchie durera pas éternellement. Faudra saisir le bon moment.

— Plotnitski est président maintenant et le Kremlin est derrière lui. Ça me paraît pas faisable… »

Youri me dévisage un instant, l'air amusé.

« Si tu le dis, gamin. »

Je sors un paquet de cigarettes, lui en propose une.

« J'fume pas. »

Il s'éloigne passer un coup de fil, revient, engueule encore son assistant, puis s'adosse au van, en tapant du pied nerveusement. Un lourd silence s'installe.

« Un problème ?

— T'occupe.
— Dites, vous pensez quoi de Miltchakov ?
— C'est-à-dire ?
— Il traîne une réputation de psychopathe… »
Youri hausse les yeux au ciel.
« La guerre est pas une affaire de modérés. Beaucoup de criminels nous rejoignent pour fuir la justice russe, on fait pas la fine bouche. Les fugitifs et les patriotes, c'est ça qui gagne les guerres.
— Et vous, vous êtes dans quelle catégorie ? »
La pique le surprend. Son visage se radoucit :
« L'une et l'autre il faut croire. Disons que si j'étais resté en Russie, je serais sûrement en prison à cette heure-ci. »
Il se hisse au volant en faisant grincer son siège. À l'arrière, trois grenades reposent au creux de la banquette comme des œufs dans leur nid. Youri glisse quelques mots à son assistant.
« Au final, rien n'a changé depuis la Bosnie. »
Je fixe son profil sans espérer y trouver d'explication. La lueur électrique éclaire une face banale, glabre et replète, une tête de Monsieur Tout-le-monde. Pas une gueule de débutant, et pourtant pas non plus celle d'un tueur.
« Vous avez combattu en Bosnie ?
— Ouais. Pourquoi ?
— Vous accepteriez de me raconter tout ça ? J'aimerais en faire un article. »
Le moteur du van pétarade lorsque Youri met le

contact. Les phares déversent une lumière jaune sur le sentier défoncé.

« Si tu veux. »

11.

Le soir même, l'assistant à lunettes m'envoie un mail contenant des informations sur le Chat. « Un peu de matière en vue de votre entretien. » La première partie est consacrée aux éléments biographiques. J'y trouve un nom complet. Youri Alexandrovitch Beliaev. Né le 10 décembre 1956 à Leningrad, quand Saint-Pétersbourg s'appelait encore ainsi. Service militaire de 1975 à 1977 effectué en Pologne. En 1980, il entre au Parti communiste d'Union soviétique, et devient enquêteur spécial de la police criminelle de Leningrad.

Gobert sort de la douche, une serviette autour de la taille.

« Elle est presque bonne. Qu'est-ce que tu regardes ?

— Le CV de mon nouvel ami.

— Lis-m'en un morceau, je parie que ça vaut le détour. »

Je reprends la fiche à voix haute :

« Élu député du Soviet de Leningrad en 1990 sur une liste nationaliste. Marié, deux enfants. Ses surnoms les plus connus : "Papa Muller", "le Chat", "le Petit Bonhomme en pain d'épice". Admirateur de Benito Mussolini, d'Alfred Rosenberg et, "avec des réserves", d'Adolf Hitler.

Supporter du Zénith Saint-Pétersbourg. Il aime les films soviétiques, les animaux et la lutte gréco-romaine. »

Gobert interrompt son brossage de dents, l'air pensif.

« J'ai fait de la lutte gréco-romaine en République populaire de Lougansk avec un député néonazi. Propose ça à Vice News.

— D'après ce document, il aurait monté une filière d'envoi de volontaires russes en Bosnie pendant la guerre. »

L'histoire des Russes partis faire le coup de feu en Bosnie ou en Transnistrie au début des années 1990 est peu connue hors de Russie. De simples chiens de guerre en mal d'aventures, disait-on, avant de voir certains d'entre eux réapparaître vingt ans plus tard à la tête de l'insurrection séparatiste en Ukraine. Depuis le début du conflit, des centaines de citoyens russes ont rejoint le Donbass afin de se battre aux côtés des séparatistes. La Russie assure qu'il ne s'agit là que de simples volontaires, mais nombre d'éléments glanés depuis le début du conflit indiquent que des troupes régulières sont également à l'œuvre dans l'est de l'Ukraine.

La canonnade a gagné en intensité après la tombée de la nuit. Les obus font trembler nos fenêtres. Gobert crache un filet de dentifrice dans l'évier et s'installe dans le lit en pestant contre le climat ukrainien et les matelas soviétiques. Je poursuis ma lecture.

La deuxième partie du mail est une compilation de coupures de presse, consacrées en grande partie à ses déboires judiciaires. En 1996, il est condamné à un an de prison pour incitation à la haine raciale, mais bénéficie assez ironiquement d'une amnistie pour les cinquante ans de la victoire contre l'Allemagne nazie. En 2006, il prend dix-huit mois avec sursis pour avoir appelé à « réduire en miettes les ordures africaines et la saleté asiatique ». En 2008, il est condamné à six mois de prison pour avoir fait l'éloge d'un meurtre raciste commis à Saint-Pétersbourg. À peine remis en liberté, un nouvel article xénophobe le renvoie derrière les barreaux pour six mois.

« Il m'a l'air d'un sacré tocard ce type », tranche mon confrère. J'acquiesce silencieusement. Une vidéo est jointe au mail. Il s'agit d'un reportage datant du milieu des années 2000, quand Youri Beliaev dirigeait encore un parti ultranationaliste. Sur une place de Saint-Pétersbourg, on le voit remettre des couteaux à des skinheads deux têtes plus hauts que lui, et énoncer un serment : « Avec cette lame, je promets de défendre ma patrie face aux envahisseurs étrangers. » Les crânes rasés récitent le vœu un à un. Youri conclut la cérémonie d'une voix tonnante : « Massacrez ! Égorgez ! Vive la Russie ! » Une volée de saluts nazis répond à l'injonction. La scène se coupe, et une voix off égrène les noms d'activistes antifascistes et d'immigrés poignardés cette année-là à Saint-Pétersbourg. Suit une interview de Youri : « Pour vous il s'agit de meurtres, mais pour nous c'est autre chose, ricane-t-il. C'est la lutte pour l'identité nationale en Russie. »

« C'est bizarre, j'ai jamais entendu parler de lui.

— Doit y en avoir des dizaines du même tonneau. La Russie est déjà un pays de tarés aujourd'hui, alors imagine dans les années 1990… C'était carrément le Far West. Il a une page Wikipédia ton gusse ? »

Il y a bien un article en russe, d'une vingtaine de lignes seulement. Rien dans les autres langues. Le premier paragraphe résume des informations que je connais déjà. Je parcours la suite en bâillant.

« En février 1996, alors qu'il comparaît devant un tribunal pour organisation de troubles publics, Youri Beliaev est accusé de complicité de crime contre l'humanité lors de la guerre de Bosnie. D'après l'accusation, Youri Beliaev aurait personnellement tué au moins soixante-quatre Bosniaques. »

12.

Un nid-de-poule. Ma tête percute la vitre de la Logan dans un demi-sommeil. Il a fallu partir tôt ce matin, et empiler les couches de vêtements. Le trajet doit durer une bonne heure jusqu'à la ville d'Altchevsk, au bout d'une route cernée de l'habituel paysage de ruines. Les explosions m'ont encore tenu éveillé une partie de la nuit. Du gobelet posé derrière le frein à main émane une odeur de café soluble. Je me rencogne dans le siège passager, et tente de dormir un peu.

« Blockpost, sors tes documents. » La voix de Sébastien me tire du sommeil. En face d'un bosquet, un portail en fer forgé signale l'entrée d'une mine de charbon dans les faubourgs de Lougansk. Impossible de dormir sur ces routes bossues couvertes de checkpoints. Je présente mes papiers, et allume une cigarette pour me réveiller. La première bouffée me colle la nausée.

Encore tout récemment, les paysages du Donbass présentaient par endroits un charme inattendu. Qu'un rayon perce la grisaille, et l'on remarquait à nouveau les couleurs de l'automne, éclatantes les jours de grand soleil, quand les trajets d'une ville à l'autre prenaient des airs d'insouciantes virées à la campagne. Mais maintenant que les feuilles ont glissé de leurs branches et brûlé en petits tas sur les trottoirs, la steppe a retrouvé sa couleur de chair malade.

« Putain c'est laid », marmonne Gobert.

J'acquiesce.

« On se paye vraiment une guerre de merde. »

Quelle aventure croyions-nous vivre ? La guerre de Bosnie, ça devait être autre chose. Tous les journalistes qui y sont passés ont décrit le conflit comme une odyssée épique ou une tragédie grecque. Dans *L'Air de la guerre*, Jean Hatzfeld a raconté le pays de cocagne transformé en enfer sur terre, les massacres dans les vallées profondes, l'artillerie qui brise les minarets blancs et les coupoles sombres, et lors des accalmies, les moments d'humanité, le courage, la générosité des Bosniaques. Un grand reporter m'a dit un jour : « On est tous tombés amoureux à Sarajevo. » Je ne pense pas que ça arrivera à Lougansk. Cette ville n'a rien d'un décor de théâtre ; elle était déjà laide avant la guerre. Quant à trouver l'amour ? Les jeunes sont parties. Restent babouchkas, doudounes informes, visages rongés, viragos filasse, vieilles dames-jeannes fatiguées. Des considérations de petit con ? J'assume. Je sais qu'il y a eu 100 000 morts en Bosnie, des crimes contre l'humanité et des massacres de masse, les premiers en Europe depuis la Seconde Guerre mondiale. Ici, à peine 5 000 morts, et zéro charnier au compteur. Haut les cœurs. Jean Hatzfeld a perdu une jambe en Bosnie. Plusieurs journalistes français y ont laissé la vie. Personne n'est tombé amoureux en Ukraine.

J'allume une nouvelle cigarette et note des idées pour le reportage de la journée. En attendant de pouvoir rencontrer Batman, Youri m'a conseillé d'aller voir un autre chef de guerre qui, lui aussi, saura m'en dire long sur les luttes de clan qui agitent la République populaire de Lougansk.

La semaine passée, une vidéo intitulée « Premier tribunal populaire de Nouvelle-Russie » est apparue sur Internet. La scène se déroule à Altchevsk, où nous nous rendons, 40 kilomètres à l'ouest de Lougansk. Dans une salle comble, deux violeurs présumés sont conduits sur une estrade, menottes aux poignets. Au terme d'une parodie de procès, un procureur en treillis invite l'assistance à décider du sort des accusés. Le premier sera passé par les armes ; le second sera envoyé au front afin d'y trouver « une mort honorable ». La foule éructe. Juché sur l'estrade, le commandant Alexeï Mozgovoï, chef de la brigade Fantôme, impose le silence d'un regard glacial. Sa voix est rêche, grave et froide : « Si nous voulons vraiment construire une République populaire, si nous voulons qu'il y ait de la justice, cela commence par un effort personnel. Chacun d'entre nous doit plonger ses yeux au plus profond de son âme. »

On sait peu de choses sur le passé du maître d'Altchevsk. Des bribes d'informations indiquent que Mozgovoï a servi quelque temps dans l'armée ukrainienne, qu'il est né dans la région, et qu'il est divorcé. On le dit poète à ses heures. L'an dernier, il n'était qu'un simple employé de restaurant, et la ville comptait encore plus de 100 000 habitants. Puis la guerre est venue à Altchevsk, ses habitants s'en sont allés, et cet inconnu de 39 ans est devenu en quelques mois l'un des seigneurs de guerre les plus puissants de la République populaire de Lougansk. Ses mille combattants ne reçoivent d'ordres que de lui, qui n'en reçoit de personne. Depuis l'été, la brigade Fantôme s'est établie dans cette agglomération stratégique, et entre deux combats, ses hommes se sont improvisés inspecteurs des mœurs, juges et bourreaux. Dans l'anarchie ambiante, les Fantômes de Mozgovoï ont pris possession d'une ville défunte et s'en sont fait un royaume.

Depuis mon arrivée dans le Donbass, la question des seigneurs de guerre en est venue à m'obséder plus qu'aucune autre. Qui sont ces hommes qui, les armes à la main, profitent d'une période de troubles pour établir un pouvoir absolu sur des dizaines de milliers d'autres ? Certains, anciens policiers, militaires ou responsables politiques, n'ont eu qu'à verser dans la guerre le pouvoir dont ils étaient déjà dépositaires en temps de paix. Mozgovoï est différent. Il est de la race des perdants et des originaux, de ceux qui vivent aux marges, jusqu'à ce qu'à la faveur du chaos, ils entament leur ascension, s'appuient sur les décombres, gravissent les ruines de cette société qui n'a pas voulu d'eux et, parvenus au sommet, y plantent un drapeau noir. Je ne pense pas qu'il s'agisse uniquement d'une affaire de bonne fortune et d'aptitude à la violence. Est-ce parce qu'il n'avait rien à perdre ? Ou y aurait-il chez Mozgovoï quelque chose de plus, de *surhumain*, qui ne puisse s'exprimer qu'en temps de guerre ?

Il y a quelques jours, en fouillant sur Internet, je suis tombé sur un de ses poèmes :

« *Je ne peux pas être comme tout le monde, quelle déception,*
Quelque chose, quelque part, en moi, est différent.
Je ne me suis pas installé dans la foule,
Je n'ai pas pu m'y adapter.
Mais Eh toi, le passant ! Attends un peu, faisons connaissance.
Peut-être qu'après tout, toi et moi, nous nous ressemblons. »

Le brouillard s'épaissit à l'approche du dernier checkpoint sur la route d'Altchevsk. Sur les blocs de béton jetés au milieu de la route, des drapeaux cosaques cousus de psaumes ont remplacé les habituels étendards de la République de Lougansk. Des soldats dépoitraillés apparaissent çà et là, jettent un œil mauvais sur notre voiture, nous laissent passer sans vérifier nos documents et disparaissent dans la brume. Dans l'air opaque, lourd d'angoisse et de poussière de charbon, le bruit des explosions ne nous parvient presque plus, mais la menace qui me préoccupe est autrement plus tangible.

« Gobert, je sais pas si c'était une bonne idée de venir.

— Les Français ?

— J'ai lu quelque part qu'ils avaient rejoint Mozgovoï. »

Le visage de mon ami s'assombrit.

« Faudra pas s'attarder alors. »

L'insurrection séparatiste n'a pas attiré que des combattants russes. Au cours de l'été 2014, j'ai interviewé à Budapest un groupe de quatre jeunes Français déterminés à rejoindre le Donbass. Deux d'entre eux avaient servi dans l'armée française, et tous avaient fréquenté des groupuscules ultranationalistes. À leurs yeux, la Russie serait le dernier rempart contre la mondialisation libérale, qu'ils estiment « responsable de la déliquescence des valeurs nationales et de la perte de souveraineté de la France ». C'étaient des types d'une vingtaine d'années, avides d'en découdre, et j'ai retiré de notre rencontre l'idée que la soif d'aventures et de romanesque avait été une raison bien plus puissante que le froid calcul idéologique dans leur décision de partir pour l'Ukraine. Je ne dirais pas que nous avons sympathisé, mais leur sort ne me laissait pas indifférent, et au moment de nous séparer, je leur ai serré la main en leur souhaitant sincèrement bonne chance.

Une chose est sûre : mon article leur a déplu. Le lendemain de la parution, l'un d'eux m'a adressé des menaces par Skype. Je n'étais alors jamais allé dans le Donbass, et n'avais aucune intention d'y mettre les pieds. Mais aujourd'hui, dans la pire zone de non-droit d'Europe, j'ai une chance sur deux de me retrouver nez à nez avec quatre fachos armés jusqu'aux dents qui ont promis de me transformer en piñata.

Les premiers immeubles d'Altchevsk émergent du brouillard. Étrange sensation que de rouler dans les rues quasi désertes d'une ville plus vaste que Lyon. Les boutiques sont fermées et les banques vides. Le long des avenues, des aulnes blessés ont dispersé des éclats d'écorce et de ramure près des cratères d'obus. Sur la place centrale, un groupe de lycéennes en manteaux colorés échange des plaisanteries autour d'un banc. Des enfants s'agitent dans une aire de jeu, entraînant dans leur glissade des écailles de peinture au bas des toboggans. La brume se lève lentement. À 100 à l'heure sur son tourniquet, un gamin hilare pointe du doigt le tank qui fait le tour de la place. Un soldat nous indique le QG de Mozgovoï. Sur son piédestal, Lénine garde les mains dans les poches.

Une dizaine d'hommes en armes font le pied de grue devant un ancien atelier d'imprimerie. Prévenu de notre arrivée, Mozgovoï accepte de nous recevoir. Nous sommes conduits à l'étage après une fouille minutieuse. Le commandant n'a pas que des amis dans la région.

Immobile derrière un bureau surchargé de statuettes en jade, Mozgovoï, crâne lisse et bouc bien taillé, nous invite à nous asseoir. Des dizaines d'icônes et d'armes à feu s'entassent dans un coin de la pièce, entre une plante verte et une réplique d'épée de Conan le barbare. Un drapeau soviétique recouvre une armoire Ikea. En face, une bannière noire frappée d'une tête de mort arbore un extrait du credo orthodoxe : « J'attends la résurrection des morts et la vie du monde à venir. »

Derrière notre dos, son assistante installe une caméra.

« Je filme toujours mes entretiens. Sachez que si vous déformez mes propos j'en serai le premier informé. Si c'est ce que vous avez en tête, je ne suis pas un agent du FSB, du GRU, ou du SVR, et c'est tout ce que vous avez besoin de savoir. »

Un silence pesant s'éternise pendant de longues secondes. Je lui demande pourquoi il a rejoint l'insurrection prorusse. Mozgovoï se penche plus en avant, l'œil sombre :

« Je me bats pour le peuple.

— Pour la démocratie ?

— Non. La démocratie c'est la dictature de l'argent. Des menteurs qui vivent dans la terreur des puissances financières, et qui trompent le peuple chaque fois qu'ils le peuvent. La volonté du peuple doit s'exprimer directement, sans intermédiaire.

— C'est pour ça que vous avez mis en place les tribunaux populaires ?

— Nous avons toléré trop longtemps les cours de justice corrompues. Désormais nous ne rendrons plus la justice au nom du peuple. Le peuple va rendre la justice lui-même. Lors de ce procès nous n'avons fait qu'exposer les faits. C'est le peuple qui a décidé.

— Vous ne craignez pas les phénomènes de foule ?

— Ce que vous appelez la foule, c'est le peuple. Pur. Incorruptible. On peut corrompre un juge, pas trois cents personnes tirées au hasard. »

Il allume une cigarette. Son regard flotte un instant sur les volutes de fumée.

« C'est quoi pour vous la Nouvelle-Russie ?

— C'est l'État que nous voulons fonder ici pour le peuple. C'est la liberté, la dignité.

— Une société idéale ?

— La société idéale n'existe pas. C'est pour ça que nous envoyons encore des criminels au peloton d'exécution.

— Vous écrivez des poèmes. Ça veut bien dire que vous avez une vision, des rêves…

— Mon rêve, c'est que les hommes vivent comme des hommes. En liberté. C'est pour ça que je ne déposerai jamais les armes.

— Pourtant un cessez-le-feu est entré en vigueur début septembre… »

Le commandant se renverse dans son fauteuil. Un journal local daté du jour des élections repose sur le bureau. La photo de « une » montre un bulletin de vote sur lequel est écrit « Qui sont tous ces gens ? ».

« Vous osez prétendre qu'une trêve existe ? Ce cessez-le-feu est un acte de haute trahison. Ceux qui l'ont signé et prétendent nous diriger depuis Lougansk et Donetsk veulent seulement garder la main haute sur leurs petites affaires. Je n'ai pas de comptes à leur rendre.

— Alors vous continuez à vous battre malgré le cessez-le-feu ?

— Seule compte la volonté du peuple. Si elle nous commande d'aller jusqu'à Kiev, nous irons à Kiev… Et s'il faut aller jusqu'à Paris, alors nous démonterons la tour Eiffel et nous la revendrons en pièces détachées. »

Sa bouche esquisse un sourire imperceptible.

« Ça c'était une plaisanterie. »

La discussion se poursuit une vingtaine de minutes, régulièrement interrompue par des coups de fil sur l'un ou l'autre des cinq téléphones portables disposés devant lui. Alors Mozgovoï s'éclipse dans la pièce d'à côté, donne quelques ordres, puis s'en revient répondre à nos questions.

L'interview confirme ce que Youri me disait la veille : la République populaire de Lougansk est désormais hors de contrôle. Chaque jour qui passe, le Donbass devient un amas plus instable de fiefs tenus par des seigneurs de guerre qui ne s'embarrassent même plus des apparences. Reste à savoir quand ils commenceront à tourner leurs armes les uns contre les autres.

Nous sommes prêts à prendre congé, quand Mozgovoï me retient soudain par le bras.

« Ça vous intéresserait de rencontrer les Français qui combattent avec nous ? J'ai demandé qu'on les fasse venir, ils seront là dans quelques minutes. »

Une sueur froide me descend dans le dos. Sébastien se tourne vers moi :

« Faut qu'on s'arrache ! »

Nous essayons de conserver notre calme, inventons un rendez-vous urgent à Lougansk, une interview en haut lieu, n'importe quel prétexte pour déguerpir aussi vite que possible. Nous lui disons que nous avons abusé de son temps.

« Allons, nous presse Mozgovoï avec un sourire onctueux, vous *devez* les voir… »

J'imagine déjà les types débouler dans le bureau, hurler, commencer à nous traiter de connards ou d'espions en agitant leurs flingues, pendant qu'on s'agite et baragouine dans un russe de plus en plus incohérent pour convaincre Mozgovoï qu'il faut *à tout prix* que nous soyons à Lougansk dans une heure. Pas envie de finir au tribunal populaire.

« Commandant, dis-je, je suis navré mais c'est une affaire de la plus haute importance. Nous reviendrons sans faute, je vous donne ma parole. »

Mozgovoï nous dévisage longuement, puis lâche enfin : « D'accord. Mais à une condition.

— Laquelle ?

— Acceptez qu'un de mes hommes vous fasse la visite de notre belle ville avant de repartir. Vous ne pouvez pas me refuser ça, n'est-ce pas ? »

Nous acceptons, le remercions une dernière fois, et déguerpissons dans les escaliers, un soldat sur nos talons.

13.

Le brouillard s'est maintenant complètement dissipé. Le soldat que nous a collé Mozgovoï a insisté pour que nous allions admirer la vue depuis une colline non loin de la ville. Il s'appelle Guenady. Perché en haut du monticule, il regarde fumer les hauts-fourneaux du combinat sidérurgique d'Altchevsk. Une médaille est épinglée sur son treillis. Un temps favorable au mouvement de la place Maïdan, à Kiev, il a finalement rejoint le camp séparatiste au printemps, et intégré les Fantômes de Mozgovoï. « Le commandant est un homme courageux, mais il est tellement seul… » Sous le soleil pâle, la ville est comme un mirage délabré au milieu de la plaine. Battues par les vents, les herbes bistre haussent les épaules à perte de vue. Guenady tire sur sa cigarette. « Honnêtement, il me fait peur. »

14.

La fréquentation est en hausse au café Corona. Sous des boiseries évoquant un saloon du Montana ou un chalet du Tessin, une tablée de reporters russes fait face à une équipe d'observateurs de l'OSCE, organisation internationale chargée de fournir des comptes rendus impartiaux (voire carrément tièdes) au sujet du respect (ou non) du cessez-le-feu. Pour les observateurs, le job consiste à se rendre d'un point à l'autre du front dans leurs 4 × 4 blancs, à trouver un point d'observation et à compter les échanges d'obus, à la manière d'arbitres de tennis en gilet pare-balles. C'est un métier de merde, fabuleusement bien rémunéré.

J'apporte la touche finale à mon papier sur Mozgovoï, commande à dîner et choisis un titre : « Le colonel Kurtz du Donbass ».

À la tombée de la nuit, le vieux portier en livrée s'affaisse au passage de quatre soldats encadrant un homme en costume, le genre gros poisson. Sous les coups d'œil fureteurs d'une poignée de travailleurs humanitaires, il traverse la salle et, dans un coin de la pièce, entame une discussion à voix basse avec ses sbires autour d'une table en chêne massif, là où personne ne viendra remarquer la crosse de Makarov qui dépasse du pan froissé de sa veste.

Je passe un coup de fil à Youri pour lui demander s'il est libre. Il accepte aussitôt, et propose de passer me prendre. Un quart d'heure à peine s'écoule, avant qu'il ne s'arrête devant la terrasse couverte du Corona sans couper le moteur du van, juste le temps de passer une main par la fenêtre pour me faire signe de grimper à bord. Deux minutes plus tard, nous nous garons rue Demioshkina, devant le centre de télévision de Lougansk. De la buée s'échappe de la bouche des gardes qui stationnent devant le portail, seul point d'accès de ce compound transformé en base militaire. Nous traversons la cour au milieu de laquelle l'immense tour de transmission se dresse comme un piolet dans l'air glacé, et grimpons les escaliers d'un bâtiment de brique rouge. Au troisième étage, des soldats crasseux regardent une série russe en démontant un flingue ou en sirotant une bière. Youri m'indique une porte ouverte au fond du couloir :

« Ma chambre. Installe-toi. »

La piaule d'à peine 10 mètres carrés est dans un désordre consternant. Du linge s'entasse en vrac sur la couverture du lit, parmi les miettes de pain et les feuilles volantes. Le carrelage disparaît par endroits sous un dépotoir de chambre d'ado : vêtements, bouteilles d'eau vides, vaisselle sale, bouilloire, casseroles, cafetière, sachets de thé usagés, papiers gras, quelques chargeurs de fusil d'assaut. Pas d'alcool : le Chat ne boit pas. Moi, de plus en plus depuis que j'ai mis les pieds dans le Donbass pour la première fois, il y a un mois. Près de la fenêtre, un ordinateur portable, un rôti de porc et une hache encombrent un petit bureau. Au mur, un calendrier jouxte un poster représentant une licorne. Youri ôte sa veste d'uniforme, pose sa kalachnikov par terre et m'invite à m'asseoir sur un coin du lit. Avec son accord, j'allume mon enregistreur.

À ce moment, Youri n'est encore pour moi qu'un sujet comme un autre.

15.

De ses séjours derrière les barreaux, il a gardé le langage carcéral, et je dois parfois l'interrompre pour clarifier une expression de taulard ou un mot d'argot. Youri jure constamment, et les obscénités qu'il emploie comme des signes de ponctuation sont autant de sorties libératrices et blasphématoires qui en disent long sur son tempérament emporté. Son débit est empressé, furieux, jamais calme. Il met son anxiété sur le compte d'années d'intrigues politiques. « C'est notre lot à nous, les politiciens. On suffoque sous la pression. Certains prennent de la drogue pour surmonter ça, d'autres se butent à la vodka, mais au bout d'un moment, même le sexe ne te sauve plus. »

Il a la voix grave des sexagénaires essoufflés. Par moments il oublie un nom ou s'égare dans les dates, mais avec méticulosité et un luxe de détails, il s'attache à dresser le portrait d'une époque révolue. La plupart des personnes que l'on interviewe pour la première fois font preuve d'une réserve pudique face à leur interlocuteur. À l'inverse, Youri se dévoile avec une facilité hors du commun, indice d'une faculté rare à romancer sa propre vie comme un récit d'aventures. Bien qu'il soit encore trop tôt pour parler de confiance, une proximité familière s'instaure vite entre nous. Son tutoiement est celui d'un aïeul qui transmet ses souvenirs.

Surtout, il insiste pour aller au bout de son histoire, en commençant par le commencement :

« Tu ne comprendrais pas pourquoi je suis allé en Bosnie si je ne te raconte pas cette partie de ma vie. C'était en 1990. »

16.

Le mur de Berlin venait de tomber, l'URSS n'en avait plus que pour quelques mois. À Leningrad, comme partout ailleurs, l'heure est à la pénurie. La capitale du Nord est une des rares villes où l'on trouve encore de la viande, et tout le reste manque cruellement. Ce n'est pas tant que le pouvoir d'achat du Soviétique moyen a baissé. Les prix restent encadrés, et Mikhaïl Gorbatchev vient même d'ordonner une hausse générale des salaires. Le problème est plus simple, et autrement plus grave : de Kaliningrad à Vladivostok, il n'y a plus rien à acheter dans les magasins. « Le carnet de rationnement est la nouvelle étoile de notre philosophie, écrit à cette époque le penseur Alexandre Zinoviev, c'est l'idéologue principal de la perestroïka. »

Ce printemps 1990, la Russie connaît sa première pénurie de cigarettes. Des « émeutes de la nicotine » éclatent dans plusieurs villes. Au marché noir, une cigarette se vend au prix d'un paquet. Quand on ne trouve plus de miettes de tabac, on fume du thé vert et des pesticides. À Moscou, des fumeurs bloquent des avenues et saccagent des magasins.

C'est dans ce désordre complet qu'après soixante-dix ans de glaciation, la presse libre fait son apparition en Union soviétique. Avec une avidité inconcevable, les Russes s'arrachent tout ce que le pouvoir a si longtemps mis à l'index : journaux de tous bords, littérature à l'eau de rose, récits de détention. Tout ce qui a été tu pendant des décennies et que les Soviétiques ne s'échangeaient qu'à voix basse dans l'intimité des cuisines s'affiche désormais sur cinq colonnes à la une. *L'Archipel du Goulag* paraît en 1989. Des groupes de rock font salle comble en chantant « URSS-SS ».

À l'époque, Youri est flic à Leningrad, inspecteur de la police criminelle, et pour lui, la perestroïka est un inconcevable bordel. La ville bouillonne de palabres, de meetings, d'incessantes manifestations : un coup les nationalistes, un coup les communistes, un coup les démocrates, parfois même Hare Krishna. Quelques années plus tôt, la police aurait mis un terme à ce cirque à coups de matraques, mais désormais les Soviétiques ont le droit de manifester, alors Youri se contente d'y aller en civil et de signaler les plus agités.

Par provocation, Youri Beliaev aime dire qu'il a débuté en politique comme Adolf Hitler. D'abord chargé de surveiller les manifestations, il commence à y aller sur son temps libre. Un groupe en particulier attire son attention. Otetchestvo, « Patrie » en russe. Pas vraiment un parti, plutôt un mélange instable de communistes et de nationalistes qui rêvent d'envoyer au bûcher démocrates, libéraux et réformateurs. L'affinité d'idées est immédiate. Lui aussi crève d'envie de passer une corde autour du cou de Boris Eltsine et de ses alliés.

« Attention, ça ne veut pas dire que j'étais communiste. J'avais la carte du Parti, mais seulement parce que tous les officiers avaient l'ordre d'être communistes. Imprime bien la nuance. Je pouvais pas encadrer les communistes, mais j'étais pour l'URSS. C'était notre empire, à nous les Russes, et j'aurais étripé ces libéraux qui en planifiaient l'effondrement. 90 % d'entre eux n'étaient même pas de vrais Russes. Des Juifs, des Lettons, des Géorgiens, et va savoir quoi d'autre. Pour nous c'était pas qu'un combat idéologique. C'était de la haine nationale. À force d'assister aux meetings, j'ai noué des liens avec les gars d'Otetchestvo, et en 1990, ils m'ont proposé de me porter candidat au Soviet de Leningrad, l'Assemblée législative de la région. Pour la première fois de notre histoire, on allait voter dans tout le pays à des élections ouvertes. J'ai accepté sans hésiter. »

La compétition est acharnée. À Leningrad, Youri enchaîne les rassemblements et les réunions de rencontre avec les électeurs, distribue des tracts, et bien souvent des coups de poing. Sa candidature est déposée dans le district de la Neva. Dans cette circonscription populaire, on trouve bien encore quelques bâtiments historiques en bordure des parcs, mais l'essentiel du bâti est d'un soviétisme des plus monotone : barres immenses, appartements collectifs, boulevards venteux, et une interminable promenade bétonnée le long du fleuve. Au terme des élections, les démocrates font à Leningrad leur meilleur score de toute l'URSS en s'emparant de deux tiers des sièges. Mais dans le district de la Neva, c'est Youri Beliaev que les électeurs choisissent d'envoyer au palais Marinski.

« C'est comme ça que je suis devenu député au Soviet de Leningrad. J'y ai siégé pendant trois ans, et ça s'est plutôt mal terminé. »

17.

Le chauffage diffuse dans la chambre une moiteur assommante. Youri se lève de sa chaise et ouvre la fenêtre. La fraîcheur de la nuit pénètre dans la pièce. L'air devient plus respirable.

« Le 19 août 1991, je me suis levé de bonne heure. J'ai fait ma gym comme tous les matins, et j'ai pris une douche bien fraîche. Puis j'ai allumé la télévision, pour regarder le journal télévisé. Sauf que ce matin-là, ils ne diffusaient pas les infos mais une rediffusion du *Lac des cygnes.* » Il bombe le torse, lève les bras au ciel, et mime le déplacement d'une ballerine au travers de la pièce. « Comme ça, tu-tu-tu-tu-tu. J'ai zappé sur une autre chaîne, puis une autre. Toutes diffusaient *Le Lac des cygnes*. C'est là que j'ai compris que quelque chose allait de travers. »

Depuis le début de la perestroïka en 1985, le mécontentement grandit dans la frange conservatrice du Parti communiste. Les libertés nouvelles ont créé un appel d'air dans lequel se sont engouffrées les aspirations nationales. La Lituanie, la Lettonie et l'Estonie déclarent leur indépendance au printemps 1990, bientôt suivies par l'Arménie et la Géorgie. Pour tenter de sauver ce qu'il reste de l'URSS, le gouvernement propose un nouveau traité d'Union aux Républiques soviétiques, leur accordant une autonomie considérable. La date de ratification est fixée au 20 août 1991. Les conservateurs hostiles décident de passer à l'action la veille. Le putsch de Moscou vient de commencer.

Dans la nuit du 18 au 19 août, des agents du KGB sont déployés devant la villa de Crimée où séjourne Mikhaïl Gorbatchev. Ordre leur est donné d'empêcher toute personne de sortir du bâtiment. Les lignes de communication, contrôlées par les services secrets, sont également fermées. En seulement quelques minutes, le maître de l'Union soviétique est coupé du monde.

À 9 heures du matin, la radio et la télévision annoncent la démission de Gorbatchev pour « raisons de santé » et déclarent l'état d'urgence. Le pouvoir, affirme le communiqué, réside désormais entre les mains du GKTchP, le « Comité pour l'état d'urgence » : huit individus parmi les plus puissants du pays, dont le vice-président, le chef du gouvernement, le ministre de l'Intérieur, le ministre de la Défense, et le directeur du KGB. Tous sont décidés à mettre un terme aux réformes démocratiques et aux revendications nationales, en usant de la force s'il le faut. Quelques jours seulement avant le coup, une usine a envoyé 250 000 paires de menottes à Moscou en prévision de troubles.

C'était compter sans la population russe. Dans la capitale, les Moscovites se rassemblent et érigent des barricades. Les troupes envoyées pour les mater refusent d'obéir aux ordres, et rejoignent les manifestants. À Moscou, la brigade blindée chargée de défendre le Soviet suprême se rallie à Boris Eltsine, qui a pris la tête de l'insurrection contre le coup d'État. Juché sur un tank, le président de la République socialiste de Russie dénonce le putsch devant une foule exaltée. L'image fait le tour du monde, et scelle le sort des putschistes. Sept des huit conjurés sont arrêtés le 22 août. Le huitième ne peut s'y résigner. Informé par téléphone qu'une équipe du KGB est en route pour son domicile, le ministre de l'Intérieur Boris Pugo abat sa femme d'une balle dans la tête, puis retourne son arme contre lui.

Youri est resté debout à faire les cent pas en racontant la débâcle du GKTchP. « L'URSS est bel et bien morte ce jour-là. Au début je ne voulais pas y croire. Du palais Marinski, je voyais les habitants de Leningrad construire des barricades, alors que toute une brigade de parachutistes s'était mise en route pour les écraser. Les civils voulaient “stopper le coup d'État communiste”, se débarrasser de la “menace rouge”. Et tu sais quoi ? Quand j'ai appris que les communistes faisaient un coup, j'étais aux anges, putain, aux anges ! Je riais devant les barricades, je me disais que les parachutistes allaient les balayer comme des fétus de paille. Mais au final, rien de tout ça. Quand les paras de Pskov ont vu qu'il y avait plus de 200 000 personnes rassemblées sur la place de la Révolution, ils ont déposé leurs armes. »

Youri n'aimait pas les communistes. Pourtant il ne pouvait se résigner à voir disparaître l'empire. Les conservateurs, pensait-il, auraient remis de l'ordre dans ce boxon, envoyé les troupes dans les Républiques indépendantistes, expédié les démocrates en asile psychiatrique, et replacé l'URSS sur les rails dont elle n'aurait jamais dû dévier.

« Tous ces communistes n'étaient que des employés de bureau. Ils avaient oublié que pour tenir le pouvoir, il faut être sans pitié. S'il faut tuer, tue. S'il faut enfermer, enferme, nom de Dieu ! Il ne faut même pas y réfléchir. »

Mais de cette logique, les Russes ne voulaient plus. Au soir du 22 août, des milliers de manifestants se massent en face de la Loubianka, le siège du KGB, où trône la statue colossale de son fondateur, Félix Dzerjinski. Il est minuit quand on apporte trois grues mobiles, et que l'on passe autour du cou de la statue de onze tonnes un câble de traction. Arrachée à son piédestal, elle reste suspendue en l'air, pareille à un pendu, sous les acclamations de la foule.

18.

Youri retombe sur le lit le souffle court, comme ahuri au terme de son récit, puis son visage s'adoucit. Il me désigne le rôti sur le bureau avec un bon sourire.

« Sers-toi, dit-il, je l'ai cuisiné moi-même, il est pas mauvais. »

J'accepte sans me faire prier. Mon repas terminé, le Chat me tend un cendrier et un paquet de cigarettes, en s'excusant de s'être emporté. Nous gardons le silence l'espace de quelques bouffées.

« Maintenant on peut passer aux choses sérieuses. Tu veux que je te raconte la Bosnie, c'est ça ? »

19.

On dit souvent que l'URSS s'est effondrée sans le moindre coup de feu. C'est faux. Au cours des quelques années qui ont précédé la chute de l'Union soviétique, les affrontements ethniques et les répressions ont coûté la vie à des centaines de personnes dans les pays baltes, dans le Caucase et en Asie centrale. Il suffit pourtant de comparer ce bilan avec celui des guerres balkaniques pour comprendre qu'il s'agit là d'un vrai miracle. Amorcés en 1991, les conflits issus de l'éclatement de la Yougoslavie ont provoqué les pires massacres que l'Europe ait connus depuis la Seconde guerre mondiale. Dix ans de guerre, qui allaient voir périr plus de 150 000 personnes.

Parmi eux, quarante-six volontaires russes.

20.

En tant que député, Youri voyage souvent à l'étranger pour rencontrer des responsables de partis nationalistes, en Pologne, en République tchèque ou en Serbie. Quand c'est leur tour de rendre visite, il les reçoit dans les meilleurs hôtels de Moscou ou de Saint-Pétersbourg. Ce soir d'août 1992, ce sont trois Serbes qui atterrissent à l'aéroport Sheremetyevo de Moscou. Au volant d'une Jeep noire, Youri vient réceptionner les émissaires du docteur Radovan Karadzic.

Parvenue dans le centre, la voiture remonte l'interminable rue de Tver en direction de la place Rouge, bifurque sur l'allée des Chasseurs, et vient se garer non loin du Bolchoï, dans une allée étroite gardée par des policiers. Beliaev décline son identité, puis présente ses documents. Il pleut légèrement. La lumière des lampadaires tombe en flaques jaunes sur la chaussée détrempée. Après un long silence, les policiers finissent par s'écarter : « Bienvenue à la Douma, Youri Alexandrovitch. »

À l'intérieur, dans un des innombrables cabinets du siège du Parlement russe, des responsables de partis politiques patientent assis autour d'une table en bois sombre. Debout à l'écart, sept jeunes hommes gardent le silence.

Youri Beliaev et les Serbes entrent dans la salle. Sans un regard pour les politiciens attablés, l'un des sbires de Karadzic traverse la pièce en direction des jeunes hommes, saisit le plus robuste par les épaules, et s'exclame : « Voilà le genre d'hommes dont la Serbie a besoin ! » Tous rient et applaudissent. Au petit matin, les derniers détails sont réglés : une fois obtenus les documents nécessaires au départ, Youri accompagnera les valeureux volontaires à Belgrade.

21.

« Les premiers volontaires étaient des anciens de la police anti-émeute de Riga qui avaient participé à la répression du mouvement indépendantiste letton en janvier 1991. Maintenant que l'URSS était tombée, la Lettonie exigeait leur extradition à la Russie, alors la Bosnie était un bon moyen pour eux de se mettre au vert. L'un d'entre eux connaissait ma secrétaire, Milana Kovalkova. C'était aussi ma maîtresse d'ailleurs, une blonde magnifique. Enfin, c'est une autre histoire. Le type savait que j'avais des contacts en Serbie. Il a demandé à Milana de nous mettre en relation. Ils m'ont expliqué leur projet, et j'ai organisé une rencontre avec les Serbes à Moscou. En fait, ça n'est pas très différent d'ici : les premiers volontaires russes pour la Bosnie étaient aussi des fugitifs.

J'ai organisé leur départ, et je les ai accompagnés en Serbie, puis jusqu'à Palé, le quartier général des Serbes de Bosnie, à dix kilomètres de Sarajevo. J'y ai rencontré Karadzic. On a dîné ensemble, et il m'a donné de l'argent qu'avait rassemblé la communauté serbe. De quoi recruter des volontaires et organiser leur départ : obtenir les papiers, payer le transport, accompagner les hommes. C'est comme ça que j'ai commencé à faire des allers-retours réguliers entre la Russie et la Serbie, en train ou en voiture. Au fil du temps, l'argent ne venait plus que du Parti démocratique serbe et de Karadzic lui-même. Il s'intéressait de très près aux volontaires étrangers.

Les premiers chargements étaient modestes, quelques milliers de dollars seulement, toujours en cash. Au fur et à mesure, les sommes ont augmenté, jusqu'à ce que je me retrouve à trimballer des dizaines de milliers de dollars. Tout ça était légal, une banque de Saint-Pétersbourg s'occupait de la paperasse pour que je puisse traverser les frontières sans être inquiété.

Les Serbes me faisaient confiance. Disons pour simplifier que les règles étaient celles d'une mafia. Je savais ce qui arriverait s'il devait se passer quoi que ce soit avec l'argent : j'en répondais sur ma tête, et sur celles de ma famille. Ils n'avaient pas besoin de me le dire, on savait tous comment ça marchait. J'avais vu assez de mecs avec le nez, les oreilles ou la bite coupée du temps où je bossais dans la police pour savoir comment finissent les rats. C'est pour ça que notre arrangement n'a jamais foiré.

Au début, je m'en occupais tout seul. Plus tard, j'ai mis d'autres personnes dans le coup, et ça a pris des proportions industrielles. J'avais une société à Saint-Pétersbourg, qui s'appelait Rubicon. On importait des ordinateurs via l'Estonie pour les vendre en Russie, c'était un business en plein boom après la chute de l'URSS. Je n'étais pas le propriétaire légal de la firme, mais c'est moi qui tenais la boîte, si tu vois ce que je veux dire.

J'ai eu l'idée de créer une société de sécurité privée, qu'on a appelée Rubicon Security. C'était la couverture idéale pour recruter et entraîner des combattants. En plus de payer l'envoi des volontaires, l'argent des Serbes a largement permis d'étoffer les activités de Rubicon Security à Saint-Pétersbourg. En quelques mois, la boîte comptait une centaine d'agents. Et le plus beau, c'est qu'on pouvait même acheter légalement des armes grâce à cette structure. C'était parfait. On n'avait que des pistolets, mais ça suffisait amplement à l'époque. On n'avait pas encore besoin de kalachnikovs pour se faire respecter.

On recrutait uniquement des types proches de nos cercles : des nationalistes, la plupart anciens flics, soldats ou agents des services, qui s'étaient retrouvés au chômage ou avec des salaires tellement merdiques que ç'en était insultant. Depuis la chute de l'URSS, ça n'avait plus rien de prestigieux de travailler pour les forces de l'ordre. Les flics symbolisaient la répression stalinienne, et l'État ne les payait qu'un mois sur trois. C'est pourquoi beaucoup se sont tournés vers la sécurité privée.

Grâce à ma fonction de député je faisais la navette quand je voulais, je passais mon temps sur les routes entre Saint-Pétersbourg et Palé. C'était comme de l'import-export : j'emmenais des volontaires, et je revenais avec du cash. Une fois en Bosnie, les Russes étaient armés et intégrés dans des unités de combat. Les affaires étaient tellement bonnes qu'avant la fin de l'année 1993, j'étais millionnaire.

Ça roulait comme une mécanique de précision, jusqu'à ce qu'un jour d'hiver 1993, alors que j'étais en Bosnie, je reçoive un coup de fil de Milana. Elle était complètement paniquée, elle me disait : "On parle de toi à la télé, ils veulent t'arrêter ! Ils vont te retirer ton immunité parlementaire !"

Là j'ai pris le temps de réfléchir. Je ne pouvais pas risquer de me faire arrêter, et perdre au passage l'argent des Serbes. Je leur en ai parlé. Ils m'ont dit que je pouvais rester. Ils m'ont dégotté une maison avec un joli terrain à Palé, et ils m'ont procuré des documents. De quoi faire profil bas le temps que ça se tasse.

— Qu'est-ce qu'on te reprochait exactement ? »

Youri prend l'air faussement innocent.

« Soi-disant que j'aurais trempé dans un attentat à la bombe. »

22.

Coup de chance ou d'infortune ? S'il avait été en Russie, Youri Beliaev aurait fini au trou. Le sort en a décidé autrement. En Bosnie, à 2000 kilomètres de chez lui, il se retrouve coincé dans un pays en guerre. Il s'en accommode. À vrai dire, la situation n'a rien de très inquiétant, car les combats épargnent Palé. Le chalet que lui ont refilé les Serbes est plutôt agréable, et bien que l'hiver soit rude, les montagnes blanches qui entourent la bourgade dessinent un paysage enchanteur. L'environnement rêvé d'une cavale paisible. Mais Youri n'est pas homme à méditer dans les bois, et au bout d'une semaine dans sa nouvelle maison, il s'emmerde sec.

« Comme tu peux l'imaginer, je n'avais pas prévu de me battre en Bosnie. Ça n'était pas dans l'ordre des choses. J'étais un homme politique, je gérais la filière de volontaires. Combattre, ça n'était pas pour un homme de mon rang, mais à force de faire les cent pas, je ne tenais plus en place, il me fallait de l'action. Alors au bout de quelques jours à gamberger, j'ai rendu visite au commandant de la garnison pour lui exposer mon cas, et il m'a bombardé sergent, avec la responsabilité d'un détachement de volontaires russes. À la sortie de son bureau, j'étais devenu soldat de fortune.

Mon unité avait vraiment de la gueule, et vu le nombre d'hommes que je dirigeais, j'étais plus lieutenant que sergent. On était une quarantaine, avec le meilleur équipement. J'avais une kalachnikov courte de parachutiste, avec une crosse en acier repliable. Parfois j'optais pour une version yougoslave du Karabiner 98k, un fusil à lunette qui tire du calibre de mitrailleuse lourde. On avait des vêtements bien chauds. Nous les Russes, on sait comment se vêtir pour l'hiver. Parfois il y avait des Serbes avec nous, mais ça se voyait qu'ils n'avaient pas l'habitude du froid comme nous. Quand on partait dans les montagnes, ils grelottaient. »

23.

Je jette un œil à mon magnétophone pour vérifier s'il reste de la batterie. Cela fait bientôt deux heures que nous parlons et l'heure du couvre-feu approche. Dehors, les bombardements ont repris. Je ferme la fenêtre et rapproche le magnéto de Youri, qui hausse la voix pour dominer la canonnade.

24.

« On nous confiait surtout des missions d'infiltration et de renseignement militaire. Mon rôle était d'entraîner mes hommes, de les préparer à leurs missions, puis de les emmener au point d'infiltration, et de les extraire une fois la mission accomplie. Ils faisaient leurs petites affaires en territoire ennemi, et je les récupérais en Jeep quelques jours plus tard à l'endroit prévu. Les objectifs étaient variés, ça incluait la destruction d'infrastructures et de lignes de communication, des assassinats ciblés, des embuscades. On était les rois de l'infiltration, chaque putain de jour sur le terrain. Parfois quand les Serbes devaient s'emparer d'un village, on se mettait à découvert pour provoquer l'ennemi et identifier ses positions de tir. C'était complètement suicidaire, mais ça marchait. S'il y avait de la résistance, on l'anéantissait.

— Y compris les civils ?

— S'ils se montraient hostiles… on les tuait. On ne faisait pas de prisonniers.

— Tuer ou se faire tuer, c'est ça ?

— C'est le principe de la guerre.

— Vous combattiez dans la région de Sarajevo ?

— Oh non. On nous avait déployés à plus d'une centaine de kilomètres au nord de Palé. Il y avait une langue de terre tenue par les musulmans en plein territoire serbe, il fallait qu'on la liquide. Honnêtement je pense qu'on a fait du bon boulot. Ça nous aura pris du temps, mais au final, l'enclave de Srebrenica est tombée.

— T'as participé à la chute de Srebrenica ?

— J'ai combattu autour de Srebrenica, mais j'étais déjà rentré en Russie quand la ville est tombée. Après mon départ, la ville a été déclarée “zone protégée”, et des Néerlandais ont été déployés, mais ils n'ont posé aucun problème aux Serbes. Quand j'y étais, la règle c'était : s'il y a des Américains en face, on sait qu'on va morfler, on ne s'y frotte pas. Mais s'il y a des troupes d'une quelconque autre nationalité, alors on peut y aller sans problème. Et comme prévu, à la chute de Srebrenica, les Néerlandais n'ont rien fait. À vrai dire, on ne les considérait même pas comme des adversaires. »

J'écrase ma cigarette. Quelques secondes s'écoulent avant que je puisse formuler une nouvelle question.

« Pourquoi est-ce que tu voulais aider les Serbes ?

— Parce que je suis un patriote. Les Américains ont profité de l'éclatement de la Yougoslavie, ils voulaient écraser les Serbes parce qu'ils leur résistaient. On savait que la Serbie n'était que le premier maillon d'une chaîne, et qu'au bout de cette chaîne, il y a la Russie. Et c'est bien ce qui se passe aujourd'hui, putain. Aujourd'hui, on combat l'Amérique en Ukraine. Demain, on la combattra en Russie.

— Il y a autre chose… »

La question me brûle les lèvres depuis que nous avons commencé à évoquer la Bosnie, mais maintenant, c'est comme si je craignais de froisser mon hôte…

« Dis-moi.

— J'ai lu que tu avais tué soixante-quatre personnes en Yougoslavie.

— Ah... Oui je vois. C'est ce journal, *Smyena*, qui a lancé cette rumeur. C'est un journal libéral, qui existe encore aujourd'hui. Ils étaient hyper populaires à l'époque de la perestroïka. Aujourd'hui ils se vendent à 3000 exemplaires et tout le monde s'en branle de leur torchon. Mais avant c'était quelque chose. Et... voilà, ils ont initié cette rumeur.

— C'est vraiment un mensonge ? »

Youri ricane doucement.

« Tu sais, si je te parle de certaines choses, c'est que le délai de prescription est écoulé. Là... Je ne connais pas assez bien les lois internationales pour te dire avec certitude.

— J'imagine que tu n'as pas compté le nombre de personnes que tu as tuées...

— Et comment donc ? Non seulement je me battais, mais en plus je supervisais des groupes de combat. J'avais appris beaucoup de choses dans la police : la criminologie, la psychologie, comment manipuler les armes, comment se déplacer, comment tuer au corps à corps, comment construire une bombe... Je leur ai tout enseigné. Je crois que c'est pour ça que *Smyena* m'a collé ces massacres sur le dos, parce que les gars de mon groupe étaient des tueurs... De toute façon, ils n'ont pas pu produire beaucoup de preuves. Ils m'ont aussi accusé d'être un mercenaire, mais la Russie n'était pas encore signataire du traité international interdisant le mercenariat. Et après tout, j'avais mes documents en règle : j'étais officiellement soldat de l'armée serbe. »

Il est temps d'y aller. Youri propose de me raccompagner à la sortie de la caserne, où je trouverai un chauffeur pour rentrer à l'hôtel. Nous descendons les escaliers de béton mal éclairés, passons devant la guérite, atteignons le portail.

« Repasse demain soir. Batman sera rentré, je vais essayer de t'arranger une rencontre à la base. »

Je le remercie et nous nous serrons la main. Les détonations sont désormais plus lointaines. Je tente le coup une dernière fois :

« Youri, histoire d'en finir avec cette histoire de *Smyena*... Tu penses que c'est exagéré de dire que tu as tué soixante-quatre Bosniaques ? »

Le Chat sourit.

« J'en ai certainement tué plus. »

25.

Je n'avais que 2 ans en 1995 quand les accords de Dayton ont mis fin à la guerre de Bosnie. La guerre du Kosovo a suivi, et je crois bien avoir quelques fois entendu le nom de Slobodan Milosevic à la télévision, mais ces souvenirs sont flous. Je me souviens en revanche de l'arrivée de deux élèves dans ma classe de primaire, ce devait être en 2001. La maîtresse nous les a présentés à la rentrée : David et Elena. C'est la première fois que j'entendais les mots « orthodoxe » et « musulmane ».

Par la suite, le collège et le lycée ne m'ont pas appris grand-chose de ces guerres compliquées. C'est seulement à l'université que j'ai compris ce qui s'était déroulé, et qu'à Srebrenica avait eu lieu le pire massacre qu'ait connu l'Europe depuis la fin de la Seconde Guerre mondiale. En une semaine, 8 372 Bosniaques ont été assassinés.

Il y a quelque chose d'effarant dans la manière dont Youri présente sa participation aux combats en Bosnie, comme si cette aventure n'était qu'une ligne de plus dans son CV. J'ai du mal à croire aux motivations idéologiques qu'il met en avant. Sa manière dépassionnée de parler des Serbes et des Bosniaques trahit un désintérêt presque total pour une cause ou une autre.

Plus étrange encore, Youri est le premier combattant séparatiste que je rencontre à ne pas employer le vocabulaire de la geste prorusse. Il ne qualifie pas la révolution du Maïdan de « coup d'État », n'évoque jamais les « nazis » ou les « fascistes de Kiev », pas plus qu'il ne fait preuve de compassion pour les locaux ou de détestation pour les « régiments de bourreaux » ukrainiens. Je ne connais pas encore les raisons qui l'ont poussé à venir ici, et je ne pense pas qu'il souhaite vraiment la victoire d'un camp ou d'un autre, mais trois heures avec lui m'ont convaincu qu'il était prêt à tuer pour échapper à la justice. En Bosnie comme en Ukraine, le véritable motif de sa lutte semble n'avoir jamais résidé ailleurs que dans son redoutable instinct de conservation. Qu'importe le point de chute et ceux qu'il faudra écraser, Youri Beliaev retombera toujours sur ses pattes. Peut-être est-ce pour cela qu'on l'appelle le Chat.

26.

Youri abat son hachoir sur la planche de bois, détachant la tête du poisson d'un coup sec. Attablés derrière lui, deux jeunes Russes en uniforme se passent en silence un paquet de Marlboro. L'ampoule de la cuisine vacille tandis que parvient le bruit lointain des frappes d'artillerie.

Hormis quelques obus dans le secteur de notre hôtel en début d'après-midi, la journée s'est déroulée sans incident. Le soir, comme convenu, j'ai rejoint Youri dans ses quartiers. Bientôt, un soldat fait irruption dans la pièce, un talkie-walkie à la main. « Préparez-vous les gars, ordonne-t-il en reprenant son souffle, Batman est revenu. »

Nous rassemblons nos affaires et montons dans le van, direction l'autre QG du bataillon, dans l'est de la ville. Je profite du trajet avec Youri pour éclaircir un point de son récit.

« Tu dis qu'on t'a retiré ton immunité parlementaire en 1993 pour une histoire d'attentat à la bombe, mais les infos que j'ai trouvées parlent d'incitation à la haine raciale. Qu'est-ce qui s'est vraiment passé ? »

Il ricane.

« L'incitation à la haine raciale, c'était qu'un prétexte. Ils ont monté un dossier avec quelques articles que j'avais écrits dans des journaux nationalistes. La vraie raison pour laquelle le FSB m'a pincé au retour de Yougoslavie, c'est qu'ils me soupçonnaient d'avoir vendu une bombe à deux policiers qui voulaient assassiner leur chef. Ils étaient stationnés à la gare de Finlande, à Saint-Pétersbourg, un haut lieu de trafic. J'imagine que leur supérieur les empêchait de toucher des commissions sur certaines magouilles. Ces deux génies ont eu l'idée de placer la bombe sous la voiture de leur chef, mais pour une raison ou une autre, elle n'a pas explosé. Les policiers se sont rapidement fait arrêter, et évidemment les inspecteurs ont voulu savoir où ils avaient trouvé ce genre d'engin. Il s'est avéré que le type qui leur avait vendu la bombe travaillait pour Rubicon Security, un certain Youri Tsikarev. Il s'était lancé dans le trafic d'armes sur son temps libre. Les deux flics ont balancé son nom, et il s'est retrouvé au gnouf. Et qu'est-ce qu'il est allé raconter aux FSB ? Que c'est moi qui lui avais fourni la bombe, que j'en avais plein mes placards, assez pour armer tout un putain de régiment !

— Et c'était faux ?

— Eh bien… Non pas vraiment. On peut en parler maintenant, il y a prescription. La bombe en question venait de mon arsenal personnel. J'avais demandé à un ancien du KGB de me fournir des explosifs, au cas où, ça peut toujours servir. Je m'attendais à ce qu'il m'amène quelques grenades, mais voilà qu'il débarque à mon bureau avec assez de mines et de bombes pour faire sauter l'Ermitage ! J'ai dit que je voulais pas de ça chez moi, et j'ai chargé Tsikarev de mettre les explosifs en lieu sûr. Il m'a désobéi, et une des bombes s'est retrouvée sous la voiture d'un officier de police. C'est pour ça qu'on m'a retiré mon immunité, et qu'on m'a arrêté à mon retour de Yougoslavie.

— Raconte.

— C'était le début du printemps 1993, et j'avais décidé qu'il était temps de rentrer à la maison. Je faisais le voyage avec une poignée de mes hommes. On venait de se taper des semaines de combats sévères autour de Srebrenica, et l'un de mes gars avait perdu son passeport pendant la bataille. Du coup on est passés par Belgrade pour lui obtenir de nouveaux documents, après quoi on est allés à Budapest et on a pris un train de nuit pour la Russie. J'avais bien dit à mes hommes de pas faire de vagues dans le train jusqu'à la frontière, mais voilà qu'ils se bourrent la gueule pendant tout le trajet, et qu'ils se mettent à courir ivres morts dans les wagons en hurlant qu'on a coupé des oreilles de musulmans, qu'on en a trucidé des douzaines ! Une fois arrivés à la frontière ukrainienne, tout le train était au courant que des volontaires russes se trouvaient à bord, et un passager a averti la douane. C'était à Tchop, un important nœud ferroviaire en Transcarpatie, tout près des frontières hongroise et slovaque. Les douaniers nous ont demandé de descendre, et ont vérifié nos identités.

Ils ont laissé mes hommes remonter, et le train est parti sans moi. J'ai cru comprendre que mon arrestation avait plus ou moins impliqué Interpol. Après quatre jours en détention à Tchop, deux agents des services russes sont venus me cueillir et m'ont ramené à Saint-Pétersbourg, où j'ai passé encore dix jours en cellule, dans ce même bâtiment où j'avais travaillé pendant toutes les années 1980. T'aurais vu la gueule de mes collègues ! Ils m'ont cuisiné sur cette histoire de bombe pendant tout ce temps, mais au terme de ma période de détention, ils n'avaient rien pu prouver contre moi, alors ils m'ont libéré.

— Tsikarev était revenu sur ses aveux ?

— Non. Il était mort. »

27.

Rue Karpinsky, de longues barres d'immeubles forment un rectangle de deux hectares, fermé en tous points par des barbelés et des postes de mitrailleuses. Une seule entrée, gardée jour et nuit par une escouade de soldats, permet d'accéder à la base du bataillon Batman. Avant l'été 2014, c'est ici qu'étaient logés les étudiants de l'université de Lougansk. Depuis, les combattants ont réquisitionné les dortoirs, et la vaste bibliothèque universitaire a été reconvertie en hôpital militaire.

Notre hôtel n'est qu'à deux pâtés de maisons. Je téléphone à Sébastien, qui rapplique sur-le-champ, et les soldats nous escortent jusqu'à une porte métallique recouverte d'autocollants en forme de chauve-souris. Dans le hall d'entrée, une cinquantaine de soldats et quelques femmes font cercle autour d'un homme aux épaules larges. Devant lui, une poignée de cosaques en tenue d'apparat se tiennent en ligne, droits comme une rangée de lances. Ils portent tunique noire, toque d'astrakan, et à l'épaule, l'écusson du Grand Ost du Don – un cerf blanc percé d'une flèche. La délégation, venue spécialement d'Antratsyt, à une soixantaine de kilomètres plus au sud, est menée par un petit cosaque au nez cassé, qui s'avance, l'air grave, vers l'homme aux larges épaules.

« Au nom du Grand Ost du Don, j'ai l'honneur de remettre cette médaille au commandant Alexandre Alexandrovitch Bednov, pour sa vaillance dans la défense de Lougansk et du peuple russe. »

Il achève son discours, épingle la médaille au torse du commandant, et plante son regard dans le sien. Une seconde de flottement. Le visage sévère du petit cosaque s'illumine d'un sourire fraternel. Les deux hommes s'embrassent avec émotion, pendant que l'assemblée applaudit et pousse des hourras.

Les soldats discutent encore bruyamment dans le hall pendant quelques minutes. Youri s'éclipse avec deux civils en manteaux longs. Un ballet de soldats entre et sort de la pièce en transmettant des ordres par talkie-walkie. « Nos gars sont sous le feu ennemi, besoin d'aide. » Le commandant s'isole dans son bureau avec deux types, tandis que cinq combattants sortent à la hâte et montent dans un véhicule.

Une femme replète d'une quarantaine d'années vient à notre rencontre. Elle porte de curieuses bottes à motif léopard. Sur son uniforme kaki, un écusson représentant le logo de Batman est cousu au niveau du cœur. « Je suis l'assistante du commandant, il va vous recevoir dans quelques instants », nous informe-t-elle en souriant.

Enfin la porte du bureau s'ouvre, et les deux hommes ressortent en piétinant le drapeau ukrainien disposé en paillasson à l'entrée de la pièce. L'assistante nous invite à entrer. L'intérieur est exigu, sans fenêtre. Un étendard du bataillon recouvre un mur entier. Alexandre Bednov se lève de son fauteuil, un sourire sous son regard bleu acier, et nous tend la main avec autorité.

« Je suis Batman. »

Revêtu de tout son équipement, le commandant est un homme impressionnant. Des chargeurs de kalachnikov et des grenades emplissent les poches de son gilet tactique. Les deux revolvers harnachés sur son torse ressemblent à d'énormes broches. Un pistolet Makarov est sanglé à sa jambe droite. Il a le visage anguleux, et les lèvres si minces qu'elles semblent desséchées. Les cernes bleus sous ses yeux en soulignent la clarté magnétique. Il paraît sévère, mais s'exprime avec une bienveillance confondante. Je comprends maintenant pourquoi ses hommes, presque tous âgés d'une vingtaine d'années, le respectent tant. Batman est rassurant comme un père.

J'installe mon enregistreur sur la table et entame la conversation par une question qui me hante depuis mon arrivée en Ukraine :

« Comment devient-on seigneur de guerre ? »

28.

« Toute ma vie je me suis considéré comme russe. Le destin a voulu que l'URSS disparaisse, et que je me retrouve citoyen ukrainien. Moi j'ai grandi en Union soviétique, j'y suis né, et jusqu'en 1991, j'ai été citoyen de ce puissant État. C'est une tragédie de voir ces petites frontières nous diviser, et c'est insupportable d'entendre dire que l'URSS était un régime monstrueux. Vingt millions d'entre nous ont péri pour libérer l'Europe du nazisme, et je devrais croire que mon grand-père était un "occupant" ?

Pendant vingt ans, j'ai servi dans les Spetsnaz, les forces spéciales ukrainiennes. Moi aussi j'étais opposé au président Ianoukovitch. C'était un criminel corrompu. Mais ceux qui l'ont remplacé sont bien pires. Ce sont des fascistes. Quand le nouveau pouvoir a annoncé le début des opérations militaires dans le Donbass, on a compris qu'on ne pourrait pas repousser les soldats avec des banderoles et des slogans, alors on a formé des unités de combat. Au début, mon groupe, c'était moi et douze amis. Et comme je suis un ancien Spetsnaz, c'est vers moi qu'ils se sont tournés au moment de désigner un chef.

Nous avions six kalachnikovs, deux carabines Saïga, une mitrailleuse PKM, et c'est tout. Puis des hommes nous ont rejoints, on a trouvé d'autres armes, et je les ai entraînés. Je n'ai recruté que des gens que je connaissais, ou par recommandation, afin que chacun se sente responsable des autres. 90 % d'entre eux étaient des citoyens normaux qui savaient à peine dans quel sens tenir une kalachnikov, c'est pourquoi l'entraînement devait être le plus rapide possible. Au bout d'un mois, j'avais cent vingt hommes sous mes ordres. Un mois plus tard encore, nous étions un bataillon. »

Il s'interrompt quelques secondes, devine à nos mines la question suivante, et éclate d'un rire désarmant.

« La chauve-souris est l'emblème des Spetsnaz. Elle repère sa proie dans l'obscurité, et la neutralise d'un coup rapide et fatal. C'est la philosophie des forces spéciales, et celle de notre bataillon : infiltration et actions commando. Voilà pourquoi on m'appelle Batman ! »

Alexandre Bednov s'exprime d'une voix douce et avenante, insistant pour que nous prenions notre temps quand nous avons du mal à retrouver un mot en russe. Il ne se renfrogne pas quand nous lui demandons s'il a digéré le fait de n'avoir pas pu se présenter aux élections contre Plotnitski. Tout au plus, ses réponses semblent-elles un peu moins sincères :

« Le plus important c'est que les élections aient eu lieu. L'élection d'un chef de la République, c'est un chemin vers la reconnaissance de notre jeune République. Le fait que Plotnitski ait gagné n'est pas si important à cet égard.

M'empêcher de déposer ma candidature, c'était une erreur inadmissible, mais ce qui est fait est fait, et je ne suis pas rancunier.

— On vous a presque tiré dessus pour vous empêcher de vous présenter aux élections, et ça ne vous fait rien ?

— Je suis orthodoxe, et un orthodoxe doit pardonner. Dieu les jugera, encore une fois, je ne suis pas rancunier. Ceux qui ont tiré sont actuellement en détention. Quant à celui qui a donné l'ordre…

— Il est au pouvoir maintenant.

— Ça ne m'effraie pas. J'ai beaucoup de partisans, je ne me considère pas dans l'opposition. C'est Plotnitski qui est dans l'opposition, parce qu'il ne met pas son pouvoir au service du peuple. Un jour prochain, nous atteindrons nos objectifs, mais pour l'heure, je ne suis pas homme à me lancer dans une vendetta. »

Un sourire lourd de sous-entendus passe sur ses lèvres. Son regard intime l'ordre de ne pas poser plus de questions sur le sujet.

« Beaucoup de soldats de votre bataillon refusent le cessez-le-feu. Quelle est votre position sur le sujet ?

— Nous sommes tous déçus par ce cessez-le-feu, il a été signé quand l'armée ukrainienne était en déroute. C'est perçu comme un coup de poignard dans le dos.

— Et ça ne vous gêne pas que ceux qui ont signé ce cessez-le-feu soient à la tête de la République ?

— Plotnitski, je l'ai rencontré quand il dirigeait encore le bataillon Zarya. Il ne participait pas aux combats, il n'allait jamais sur le front… J'aurais du mal à dire du bien de lui.

— La semaine dernière, Igor Bezler, commandant de la ville de Gorlovka, a disparu. On dit que les Russes l'ont éliminé car il était trop indépendant. Vous ne craignez pas de connaître le même sort ? »

Batman demeure silencieux quelques instants, le temps de choisir ses mots avec précaution.

« Quand les gens étaient bombardés, ils sont venus nous voir, et nous les avons nourris. Plus tard nous avons créé un hôpital de campagne pour la population. Tout ça, nous ne le faisons pas pour l'argent, pas pour les médailles. Il faut suivre sa conscience, c'est la règle la plus importante. Un homme fort n'a pas le droit d'être mauvais. »

29.

Sébastien a quitté Lougansk tôt le lendemain. Avec les premières chutes de neige, les routes n'allaient pas tarder à devenir impraticables pour sa vieille Logan, il était temps pour lui de rentrer à Kiev pour changer ses pneus. Je décide de prolonger mon séjour afin d'en savoir plus sur ces luttes de clan qui déchirent les séparatistes. La version angélique que m'a livrée Batman ne m'a pas convaincu, je pressens qu'il se trame quelque chose. Un des chefs de guerre les plus puissants de la région se fait tirer dessus et humilier devant ses hommes, et accepte de remiser sa rancœur au placard par charité chrétienne ? C'est beau comme l'antique. Mais pas crédible.

Reste que je suis quasiment à sec. Gobert m'a avancé quelques billets avant de filer, histoire que je puisse me payer encore quelques nuits d'hôtel, mais sans lui pour partager la chambre, je ne pourrai rester que cinq ou six nuits de plus. J'espère seulement avoir le temps de tirer cette histoire au clair avant de mettre les bouts.

30.

Difficile d'évoquer la Russie sans penser aux cosaques. Pendant des siècles, ces cavaliers féroces ont combattu les ennemis des tsars et étendu l'Empire russe jusqu'aux confins de la Sibérie et de l'Asie centrale. Comme tous les serviteurs de l'ancien régime, ils ont subi une sévère répression de la part des bolcheviks après la révolution d'Octobre, à tel point que nombre d'entre eux se sont jetés à corps perdu dans la collaboration avec les nazis pendant la guerre. La communauté cosaque a payé cette infamie jusqu'à la chute de l'URSS. Mais dans la Russie contemporaine en quête de repères, ces symboles vivants de la nation russe, de l'ordre et de l'orthodoxie ont connu un stupéfiant retour en grâce.

Dès les années 1990, des unités militaires cosaques réapparaissent. Particulièrement actifs lors de la guerre de Tchétchénie en 1999, ils éduquent aujourd'hui leurs cadets dans plus d'un millier d'écoles, patrouillent dans les villes en costume de parade avec au ceinturon la nagaïka, le fouet traditionnel. Fidèles à leur mission restaurée de supplétifs du Kremlin, des centaines d'entre eux ont pris les armes pour rejoindre les rangs de l'insurrection prorusse en Ukraine.

Au sud de la République de Lougansk s'étire désormais, du front à la frontière russe, tout un chapelet de villes que tiennent les cosaques du Grand Ost du Don. Mais comme Batman et Mozgovoï, eux aussi en sont arrivés à refuser l'élection d'Igor Plotnitski, et leurs relations avec le pouvoir central se détériorent sans cesse. Il y a quelques jours, le commandant de la ville de Stakhanov, Pavel Dremov, est allé jusqu'à déclarer son indépendance en proclamant la naissance d'une « République populaire cosaque ». Du séparatisme dans le séparatisme.

Après le petit déjeuner, je négocie un prix correct avec un vieux taxi et pars pour Antratsyt, ville minière tenue par les cosaques. La route est plate et monotone sur cette steppe sans végétation, victime d'un siècle d'exploitation houillère effrénée. Seuls les terrils brisent la ligne d'horizon. Par endroits, de gigantesques falaises de schiste donnent au paysage des allures de vallée.

Au bout d'une heure, la route plonge vers la cuvette où s'étend Antratsyt, comme un trou dans la glace. C'est une ville soviétique ordinaire, une anomalie dans la steppe froide. Ses barres d'habitation, sa place centrale et ses bâtiments administratifs cubiques semblent avoir été lâchés d'une haute altitude, au hasard d'une grande prairie dénudée. En face de la statue de Lénine, la mairie est coiffée du drapeau tricolore cosaque. C'est ici que l'ataman – le commandant cosaque – Vyatcheslav Pinzhanine reçoit ses visiteurs dans un vaste bureau. Il se vante que les Ukrainiens aient mis sa tête à prix, avec la deuxième récompense la plus importante pour un séparatiste. D'après lui, ce ne sont pourtant pas eux qui ont essayé de l'assassiner, il y a quelques semaines :

« Je ne fais pas mystère de mes inimitiés, raconte-t-il avec assurance. Je méprise Plotnitski et la clique corrompue qui a pris le pouvoir à Lougansk. Nous ne recevons aucune aide d'eux, alors que les cosaques meurent par dizaines sur le front. La semaine dernière, ils ont prétendu nous avoir envoyé un convoi d'armement, mais les camions ont disparu comme par magie à Krasnodon, près de la frontière russe.

— Où sont passées ces armes ?

— Allez jeter un œil à Krasnodon, il y a un énorme trafic d'armes dans ce secteur. Je ne blague pas, on peut acheter un véhicule de transport blindé pour le prix d'une bonne bagnole !

— Qui gère ce trafic ?

— À votre avis ? Les hommes de Plotnitski ont tellement d'armes qu'ils ne savent plus quoi en foutre. Alors ils les revendent à des criminels russes.

— Pourquoi refusent-ils de vous ravitailler dans ce cas ?

— Ils veulent se débarrasser de nous. Maintenant qu'ils ont signé leur cessez-le-feu ils veulent qu'on se calme, alors qu'il y a encore des dizaines de villes à libérer.

Et puis il y a leurs putains de trafics. Ils vendent tout ce qui leur passe sous la main : essence, armes, aide humanitaire. Les cosaques ne veulent pas se battre pour ces putains d'escrocs, et ils le savent. Voilà pourquoi ils ont foutu une bombe sous ma voiture le mois dernier !

— Vous pensez qu'ils vont essayer de s'en prendre à Batman et Mozgovoï ?

— C'est une question de jours. Ils sont prêts à tout pour écraser ceux qui ne les suivent pas. Ils s'accommodent bien du cessez-le-feu, ils n'ont pas besoin d'un plus grand territoire pour leurs magouilles. Mais les Russes, les cosaques, tous les volontaires qui sont venus dans le Donbass sont là pour l'idée de Nouvelle-Russie, pas seulement pour Lougansk et Donetsk, mais pour Marioupol, Kharkov, Kherson, et jusqu'à Odessa. Plotnitski a trahi la Nouvelle-Russie pour se faire du fric, mais croyez-moi, ça va pas durer. C'est une putain de guerre civile qui se prépare ici. »

31.

Une mauvaise surprise m'attend à mon retour à Lougansk. Les volontaires français ont eu vent de mon escapade à Altchevsk. Le soir, l'un d'entre eux m'envoie un message sur Skype, me conseillant de « bien faire attention à Lougansk ». Par ailleurs, mon article sur Mozgovoï a fortement déplu à certains prorusses français, et l'un d'eux a promis de faire parvenir une traduction au commandant. Je ne pense pas qu'un personnage aussi controversé que Mozgovoï puisse se vexer d'un énième portrait irrévérencieux, mais l'idée que les volontaires français sachent où je me trouve m'inquiète nettement plus.

Je téléphone à un ami, photographe italien, et lui expose mon cas. Alfredo est à Donetsk, avec deux autres journalistes. Pour me rassurer, il me propose de venir dès le lendemain matin. J'accepte de bon cœur, et c'est avec un soulagement immense que je les vois arriver aux premières heures du jour à l'hôtel « Rendez-vous ».

Alfredo et moi nous sommes rencontrés quelques mois plus tôt en Russie. Un ami m'avait parlé de la seule plage naturiste gay de la capitale, et proposait de m'y emmener pour réaliser un reportage, en compagnie d'un jeune photographe milanais. Là, à l'écart des autres plages prises d'assaut par les Moscovites en quête d'un peu de fraîcheur, une trentaine d'hommes nus bronzaient, pique-niquaient ou jouaient au volley-ball. Sur une palissade, un tag faisait la promotion d'un site de vente de lubrifiants. Derrière, une poignée de voyeurs se branlaient mollement autour d'un couple en plein ébat. Sur le sentier longeant les berges, les grands-mères de passage hâtaient le pas en cachant les yeux de leurs petits-enfants. Les couilles dans le sable et l'œil sur l'objectif, Alfredo et moi faisions connaissance en photographiant les nudistes.

Peu après, c'est ensemble que nous sommes allés dans le Donbass pour la première fois. Je ne pense pas que j'aurais entrepris ce voyage seul, mais même si Alfredo non plus n'avait jamais mis les pieds dans une zone de guerre, y aller à deux donnait à notre périple la légèreté d'une fugue un peu loufoque. On s'est aventurés sur le front à plusieurs reprises, jusqu'à celle de trop, quand à l'aéroport de Donetsk un tir de mortier a manqué nous tuer tous les deux. Ce soir-là je décidai de ne plus y retourner, mais un jeune photographe comme Alfredo n'avait pas vraiment le choix, et devait continuer à risquer sa peau pour ramener les meilleures *frontline pictures* : celles, rares, que les autres n'auront pas. Le matin il se levait tôt, guettait un moment d'accalmie pour partir sur le front, et ne revenait qu'à la tombée de la nuit, rendu à moitié sourd par les tirs de lance-roquettes, et c'était presque un miracle de le retrouver entier. Pour plaisanter, Alfredo aime nous comparer à Steinbeck et Capa. L'écrivain et le photographe avaient voyagé ensemble en URSS au lendemain de la Seconde Guerre mondiale, quelques années avant que Robert Capa ne finisse démembré par une mine antipersonnel en Indochine. Alfredo dit qu'il a moins peur des mines que des snipers. Je lui dis souvent qu'il fait un métier à la con. À choisir, je préfère mourir comme Steinbeck : après l'âge de la retraite, d'une insuffisance cardiaque.

32.

Intrigué par les propos de Pinzhanine sur le trafic d'armes, je propose à Alfredo de m'accompagner à

Krasnodon. Cette portion de frontière est tenue par les hommes de Batman. Nous passons à l'improviste voir le commandant, qui nous accueille avec courtoisie, et ordonne même à trois de ses hommes de nous escorter jusqu'à la frontière russe, 40 kilomètres plus à l'est.

La route que nous empruntons est recouverte de feuilles mortes et de gravats. Il n'y a pas un nuage dans le ciel. Au bord de la chaussée, les épaves tordues, les canons rouillés et les chenilles couleur sucre brun semblent fondre à feu doux. Une tourelle de tank soufflée par une explosion gît à une centaine de mètres du reste du blindé. En l'air, une botte calcinée pend à un câble électrique.

Nous arrivons à Krasnodon au coucher du soleil. Le responsable du poste-frontière se fait appeler « l'Abkhaze » et cultive un look d'officier américain : bomber d'aviation, casquette de l'US Army et une paire de fausses Ray-Ban. L'Abkhaze vit à part, dans une petite loge en préfabriqué où un drapeau du bataillon Batman est épinglé au mur.

Il nous invite à prendre place dans sa Jeep pour nous montrer la frontière. Au clair de lune, nous suivons un sentier défoncé le long d'une ligne invisible.

« On n'est qu'une vingtaine pour contrôler plus de 40 kilomètres. D'ailleurs on ne sait pas vraiment qui est censé contrôler quoi. On n'a jamais saisi autant de flingues : cinquante kalachnikovs en deux semaines ! À croire que tous les Russes qui repartent veulent en rapporter une en souvenir à la maison ! Et le pire c'est que c'est ça l'excuse qu'ils nous sortent quand ils se font gauler avec des mitrailleuses dans le coffre : “Je la ramène en souvenir.” Faut vraiment qu’ils nous prennent pour des cons, pas vrai ?

— Vous les arrêtez quand vous les attrapez ?

— Non… ça ferait désordre. On n’est déjà pas nombreux à se battre contre les Ukrainiens, on va pas commencer à se foutre en taule non plus.

— Et les douaniers russes dans tout ça ?

— Les Russes, ils font ce qu’ils peuvent… »

Nous revenons vers les baraquements. Quelques soldats se préparent sous la lumière crue d’un projecteur, puis se hissent à bord d’un blindé qui démarre vers Lougansk dans un nuage de fumée. Une minute plus tard, des lumières apparaissent du côté russe de la frontière. Deux phares, puis quatre, puis une trentaine. C’est tout un convoi de camions militaires qui passe en trombe devant le poste-frontière et prend la suite du blindé. Les plaques d’immatriculation ont été retirées, et les bâches kaki ne laissent rien voir de la cargaison. Alfredo a à peine le temps de sortir son appareil photo qu’un soldat lui ordonne de l’éteindre. L’Abkhaze colle son index contre ses lèvres et sourit largement.

33.

Les bombardements ont recommencé à toucher le quartier de notre hôtel ce matin. Après une brève accalmie, la situation s’est salement dégradée sur le front nord de Lougansk. Il faudra bientôt partir, faute de quoi il sera impossible de retraverser la ligne de front.

J'ai pris rendez-vous avec Vitali Kisseliov, vice-ministre de la Défense de la République populaire de Lougansk, pour lui demander le fond de sa pensée sur ces chefs séparatistes qui refusent l'autorité de son patron, Plotnitski. Le ministère est un frêle bâtiment de verre dont les vitres intactes contrastent avec les façades amochées de la rue Karl Marx, dans ce qui tient lieu à Lougansk de vieille ville. Derrière un guichet d'accueil, deux soldats trompent l'ennui en reluquant les employées. L'attaché de presse m'escorte jusqu'au fastueux bureau ministériel. Les consignes sont strictes : pas d'enregistrement, pas de questions sensibles, pas plus de quinze minutes.

Rondouillard et patibulaire, Vitali Kisseliov porte fièrement sa casquette à étoile rouge et son nouveau grade de colonel. Quatre soldats se tiennent autour de la table où nous conversons. L'entretien est bref, et se résume à une succession de menaces de mort à l'encontre des « traîtres » qui ne se plieraient pas aux ordres du président de la République, Igor Venediktovitch Plotnitski. « À Donetsk, les renégats ont été évincés et remplacés par des hommes loyaux, et nous sommes prêts à faire de même ici, qu'ils s'appellent Batman ou Superman, tempête-t-il. Chez nous, personne n'est indispensable. » Je réalise après être sorti qu'il s'agit d'une citation de Staline. Il y a de la purge dans l'air.

Les Italiens sont partis ce midi, je m'en irai demain. J'ai besoin d'un break. Je rentre à l'hôtel, prends une douche froide, lance un film, clope, mets le film en pause. Cela fait maintenant un mois que je suis en zone de guerre, et je n'arrive plus à penser à autre chose qu'au sifflement des obus. Je deviens claustro ici. La seule idée de rester dans cette piaule jusqu'au matin me donne envie de pleurer. Je rallume une cigarette, descends une bière, et tourne en rond pendant quelques minutes. Il faut que je sorte d'ici. Au moins, voir un visage familier.

Je décroche mon téléphone et compose le numéro de Youri. Nous convenons de nous voir dans la soirée.

34.

Je le retrouve dans sa chambre, rue Demioshkina, aussi calme qu'à l'accoutumée. J'ai ramené des biscuits et une grande bouteille de bière, déjà presque par habitude Mon angoisse retombe, je crois qu'il est content de me voir. Lui aussi est sur le départ. Demain, le bataillon doit partir sur le front pour plusieurs jours, et il règne dans la base une grande agitation. Des soldats vont et viennent dans la chambre, pour emprunter du sucre ou de l'eau potable, ou simplement pour discuter et se changer les idées avant la bataille de demain. Très rapidement, nous sommes cinq ou six à tenir salon dans la piaule crasseuse. Miltchakov passe une tête pour se plaindre du manque d'équipement. Un volontaire norvégien lui répond que les gars du bataillon Zarya n'ont pas ce problème. Youri verse une tournée de thé noir en traitant Plotnitski d'enculé. Ça met tout le monde d'accord. Il flotte dans le liquide sombre de grosses rognures de tartre, mais ils déclinent la bière : interdiction de boire la veille d'un combat.

Plus tard, nous sommes rejoints par les deux types en manteaux longs avec lesquels Youri s'était absenté l'autre soir. Encore une fois ils bavardent avec lui à l'écart, quelques phrases d'une voix inaudible, puis s'en retournent Dieu sait où. Les autres les suivent bientôt. Je me retrouve seul avec le Chat.

« C'est qui les deux civils ?

— Des contrebandiers. Le petit, on l'a fait sortir de taule récemment. On l'a échangé aux Ukrainiens contre des prisonniers de guerre. Il trafique de tout. Essence, bouffe, équipement…

— Armes ?

— Principalement des armes.

— Russes ? »

Youri engouffre un énorme bout de cake.

« T'es flic ou quoi ?

— Ça vaut la peine de demander…

— Peut-être pas. J'ai connu mon lot d'affranchis, et la dernière chose qu'ils veulent, c'est qu'on leur demande d'où vient leur camelote. »

Je pose mon enregistreur sur la table, et cherche du regard l'approbation de Youri, qui hoche la tête. J'enclenche le magnéto et parcours quelques notes biographiques griffonnées la veille.

« En février 1993, tu quittes la police pour te consacrer à la politique. En décembre 1994, tu subis une tentative d'assassinat. Tu fais de la politique ou t'es un mafieux ? »

Youri prend le temps de formuler sa réponse.

« Toute ma vie, j'ai été au cœur du typhon. Vivre sous ces gouvernements a fait de moi ce que je suis. À force de prison, de traques et de fusillades, je suis devenu un révolutionnaire professionnel. Mais pour faire la révolution, il faut de l'argent, alors j'ai trouvé l'argent où je le pouvais, j'ai fait ce qu'il y avait à faire. Je suis devenu un bandit. »

Il retire son pull, dévoilant pour la première fois la balafre qui barre son bras droit de l'épaule au coude. Il en a quatre autres sur le corps, épaisses et blanches. Youri se souvient du jour exact où il a reçu les balles qui faillirent l'envoyer *ad patres*. C'était il y a vingt ans, le 6 décembre 1994. Pas au fin fond de la Bosnie, mais en face de chez lui, en plein cœur de Saint-Pétersbourg.

35.

En France, les années 1920 sont entrées dans l'Histoire comme les années folles. Outre-Atlantique, le cocktail d'opulence, de criminalité et de prohibition dont s'enivrait la société américaine a valu à cette décennie le surnom de *Roaring Twenties*. Ce rugissement n'est parvenu que soixante-dix ans plus tard en Russie, quand l'apparition de grosses cylindrées européennes dans les rues de Moscou a inauguré le culte de la vitesse et du mépris des lois. Mais là où les années folles mêlaient savamment les ingrédients de la décadence et de la renaissance, la chute de l'URSS fut un shot brutal de crime et de destruction. Pour les Russes, les années 1990 restent à jamais les *likhie devyanostye*, la décennie enragée.

La libération massive des prisonniers de droit commun, la privatisation sauvage de l'économie et la misère ambiante ont eu tôt fait de transformer la Russie post-soviétique en superpuissance du crime. En 1993, dans un discours resté célèbre, le président Eltsine tire la sonnette d'alarme : le crime organisé, dit-il, est désormais la plus lourde menace pour la sécurité nationale. D'après les données officielles, deux tiers des entreprises de Russie auraient des liens avec la mafia. Le ministère de l'Intérieur décompte pas moins de 3 000 groupes criminels organisés dans tout le pays. Un an plus tard, un nouveau décompte de l'ONU porte ce chiffre à 5 700, pour un total de plus de trois millions de membres. Les plus prudents estiment à 30 000 le nombre de meurtres commis en 1993, mais des statistiques officieuses évoquent 60 000 homicides dans l'année. Depuis 1987, le nombre d'assassinats a été multiplié par huit dans la capitale.

Les chiffres sont vertigineux. Seuls, ils ne suffisent pas à décrire l'inconcevable état d'anarchie dans lequel la Russie s'est soudain trouvée plongée. D'un bout à l'autre du plus grand pays du monde, les criminels s'entretuent au couteau, abattent des commerçants, vident des chargeurs de kalachnikov sur des journalistes et des hommes politiques, et font exploser des bombes sous les voitures de leurs rivaux, quand ils ne tirent pas au lance-roquettes en plein jour sur des boulevards fréquentés. Les Russes s'habituent à voir des cadavres dans les rues de leurs villes. À Saint-Pétersbourg, Youri ne se déplace plus sans gardes du corps.

Au matin du 6 décembre 1994, comme d'habitude, les deux hommes viennent chercher leur patron à son domicile, au numéro 18 de la rue des Pionniers, dans un quartier résidentiel de la ville. La neige recouvre la chaussée. Adossés à leur Jeep bleue, Dmitri et Andreï allument une cigarette en attendant que Youri les rejoigne. Beliaev descend rapidement, salue ses hommes et prend place dans le véhicule, sans remarquer l'inconnu qui s'approche, la main cachée dans un sac plastique opaque.

« J'étais penché pour saisir le téléphone de la voiture, quand soudain j'ai entendu des tirs. »

Les gardes du corps n'ont même pas le temps de dégainer leurs armes. Une première rafale réduit en charpie le visage de Dmitri. Une fraction de seconde plus tard, une deuxième atteint Andreï en plein cœur. À l'arrière de la voiture, Youri relève la tête juste à temps pour voir l'assassin braquer sa mitraillette dans sa direction.

Le temps ne s'arrête pas quand on se retrouve face au canon d'une arme. Les corps de Dmitri et Andreï touchent à peine le sol que déjà le tireur s'attaque à sa véritable cible. Youri ne voit pas sa vie défiler devant ses yeux, pas plus qu'il ne comprend ce qui lui arrive. Un éclair de terreur le foudroie. Le pare-brise vole en éclats. Pourquoi se couvre-t-il le visage ? Ses lèvres se convulsent, une balle vient de lui perforer le ventre. Une autre l'atteint au bras, une troisième à la jambe. Youri hurle de douleur, mais parvient à ouvrir la portière avec son bras valide et à se jeter au sol. Il sait qu'il n'a que quelques secondes. Le tireur fait le tour de la voiture pour l'achever. Youri se met à ramper. S'il parvient jusqu'au corps d'Andreï, il pourra prendre son arme et se défendre. L'assassin se rapproche à pas lents. Il ne semble même pas pressé d'en finir avec lui. C'est sa chance. Plus que deux mètres. La douleur embrume ses yeux. Le froid lui donne des haut-le-cœur. Il tend le bras. Il peut toucher le pied d'Andreï. Encore un petit effort. Il sent le cuir de sa ceinture, retourne un pan de veste. Où est ce putain de flingue ?

Les pas se rapprochent tout près. Quand Youri se retourne, le tireur est déjà au-dessus de lui, l'arme tendue.

Une nouvelle rafale, puis plus rien.

36.

Assis au bord de son lit, Youri interrompt son récit, les yeux fixés sur ses pieds.

« J'étais trop imprudent à l'époque. Par la suite je n'ai plus jamais baissé la garde. »

Son front se plisse quand il caresse la cavité laissée par la balle sur son épaule. Un fragment s'y trouve encore.

« Merci pour cette leçon. »

37.

Youri a eu de la chance. Le tireur a fait l'erreur de s'armer d'une mitraillette de fortune assemblée dans un atelier clandestin de Tchétchénie. Pas fiable, peu précise, et de faible calibre. La dernière rafale atteint Youri au bras et lui fait perdre connaissance. Le croyant mort, l'assassin et son complice chargé de faire le guet disparaissent avant l'arrivée des secours et des caméras de télévision. Au JT du soir, les Pétersbourgeois voient la cervelle de Dmitri Alov répandue dans la neige.

Placé en réanimation, Youri sort du coma deux jours plus tard. Il reste un mois à l'hôpital. À cause de ses blessures, il est contraint d'annuler une visite en France, au cours de laquelle il devait rencontrer Jean-Marie Le Pen. Pour le réconforter, une délégation de nationalistes japonais lui offre une casquette militaire ayant appartenu à l'écrivain Yukio Mishima. L'internationale des réacs est une grande famille.

Les véritables motifs de cette tentative d'assassinat restent obscurs. Aux enquêteurs qui viennent à son chevet l'interroger, Youri jure que l'origine est politique. Cette version est vraisemblable. Le 3 décembre 1994, au terme d'une longue lutte d'appareil, Youri venait de prendre la tête du Parti national républicain, en évinçant son fondateur, l'extravagant député nationaliste Nikolaï Lissenko – qui s'était fait connaître dans les années 1990 en incendiant des drapeaux ukrainiens, en tabassant le prêtre dissident Gleb Yakounine, et en prenant un an de prison ferme pour avoir dégoupillé une grenade à la Douma. L'arrivée du Chat à la tête du parti avait provoqué une scission qui stoppa net sa rapide expansion. Lissenko aurait-il cherché à se venger ?

En privé, Youri Beliaev affirme cependant que le coup serait venu du chef criminel géorgien Mikhaïl Mirilashvili, propriétaire des plus importants casinos de la ville, en lien avec Youri Choutov, businessman et homme politique soupçonné d'opérer avec la mafia. Quelques années plus tôt, Choutov avait exercé des responsabilités aux côtés du maire de Saint-Pétersbourg, avant de se faire licencier pour « incompétence ». Selon Beliaev, Choutov et Mirilashvili auraient voulu le liquider pour faire main basse sur ses affaires.

Il existe une troisième version. D'après un reportage de l'époque, Youri aurait eu recours aux services de Valery Gavrissenko, mafieux réputé pour sa brutalité, afin d'extorquer 800 000 dollars à un homme d'affaires. Malheureusement pour lui, Gavrissenko aurait jugé plus lucratif d'éliminer Youri et de garder l'argent.

On ne saura jamais avec certitude où se trouve la vérité, mais est-ce si dramatique ? Le fait que chacune des trois hypothèses soit hautement plausible en dit long sur la férocité de l'époque, et sur l'inextricable mélange de politique et de criminalité dans lequel Youri s'est précipité à la chute de l'URSS.

Le Chat est retombé sur ses pattes, sa vengeance sera sans pitié.

38.

Une explosion plus forte que les autres fait clignoter le néon.

« L'offensive, marmonne Youri.

— Qu'est-ce qui s'est passé après la tentative d'assassinat ? La police a retrouvé le tireur ?

— Mort, avec ses complices. On les a tous tués.

— Qui les a tués ?

— Oh je ne sais pas… De bonnes personnes, ça c'est certain.

— Des hommes à toi ? »

Youri élude la question.

« Peu après la fusillade, la police a cravaté le guetteur. Grâce à ses indications, les enquêteurs ont retrouvé l'arme du crime en draguant un étang. Quelques semaines plus tard, il a balancé le tireur. Et c'est là que ça devient amusant. Quand la police a appris le nom de l'assassin, ils se sont rendu compte qu'il venait tout juste de se faire serrer pour vol et qu'il était déjà en prison ! Des copains dans la police m'ont donné son identité. On m'a raconté qu'il s'est chié dessus quand il a appris qu'on savait tout !

— Vous pouviez tuer des gens en prison ?

— Évidemment.

— Comment il est mort ? »

Youri plisse les yeux avec délice.

« Overdose dans sa cellule. »

Il claque des doigts.

« Comme ça. Deux “amis” l'ont immobilisé pendant qu'un troisième lui faisait un fix. »

J'imagine un instant la terreur qu'a dû ressentir le tireur en se débattant pendant que la seringue s'enfonçait dans son bras.

« Tous ceux qui ont trempé dans la fusillade sont morts.

— Combien de personnes au total ? »

Il compte sur ses doigts.

« Au moins quatre. On a géré ça proprement. Pas de bombe, pas de mitrailleuse. Le FSB et la police n'auraient jamais soupçonné une overdose d'héroïne. Pourquoi s'emmerder quand on peut s'occuper des problèmes en toute discrétion ?

— C'est toi qui as commandité les meurtres ?

— Pierre, y'a ton enregistreur sur la table… T'inquiète pas, tes lecteurs pigeront s'ils sont pas trop cons.

— En fait tu te servais de Rubicon Security comme d'une armée privée. Au besoin, pour tuer…

— Disons qu'on réglait 90 % de nos problèmes par la discussion. Mais évidemment, parfois ça n'était pas possible de résoudre un problème calmement… Il y a différentes manières de faire pression sur quelqu'un. On peut d'abord brûler sa voiture, son appartement ou son magasin. Si ça ne marche pas, alors on tue son meilleur ami, ou on torture un membre de sa famille. Par exemple… Un jour, il y avait un homme qui gênait nos affaires. Je lui en ai touché un mot, mais il n'a rien voulu entendre. Je suis allé lui parler une deuxième fois, je l'ai averti, toujours sans succès. À croire qu'il ne voulait pas comprendre ce qui lui pendait au nez. Alors on est allés lui rendre une petite visite dans sa datcha. C'était au milieu de la forêt, non loin de Saint-Pétersbourg. Il y avait quelques gardes à l'entrée, mais mes hommes n'ont eu aucun mal à les neutraliser. Voyant ça, notre ami s'échappe par une porte dérobée, et se met à détaler comme un lapin le long de la route. »

Youri commence à ricaner.

« J'étais resté dans ma voiture pour observer la scène, et je le vois s'enfuir à toutes jambes comme ça, à peine habillé, pendant que mes gars fouillent la maison à sa recherche. J'ai allumé le moteur, et accéléré dans sa direction. Il n'a même pas pensé à zigzaguer. »

Il éclate de rire.

« Merde, c'était trop drôle, il s'est envolé dans les airs comme une poupée de chiffon, cet abruti ! Je t'assure qu'il courait beaucoup moins vite après s'être mangé un pare-chocs de Jeep.

— Et il s'est passé quoi ensuite ?

— On l'a ramassé au bord de la route et on lui a défoncé la gueule. On voulait pas le tuer, non, mais il nous avait tellement emmerdés que, pour lui rendre la politesse, on a pris bien soin de le rendre invalide. Il s'en est tiré avec jambes et bras cassés, et une fracture ouverte du crâne. Les médecins ont dû lui amputer plusieurs doigts. Après ça, il ne nous a plus jamais causé d'ennuis. Voilà comment on fonctionnait à l'époque.

— Et pourtant t'avais été flic...

— Dans la police, je passais mon temps à me coltiner les bureaucrates. Ils ne comprenaient rien, ils me faisaient chier pour une descente non déclarée ou un papier mal signé. Ils ne comprenaient pas que la loi n'est pas conforme à la réalité, que la loi et la morale sont deux choses différentes. Un dealer qui empoisonne des centaines de Russes mérite la mort, pas la prison. »

Youri reste pensif quelques instants. Les bombes tombent plus près encore, à un kilomètre peut-être. Chaque détonation m'arrache un regard inquiet, que Youri calme d'un lent hochement de tête, présence imperturbable sous la lumière vacillante du néon.

« Donner la mort n'est pas une mauvaise chose, dit-il songeusement. Demain je retourne sur le front, mais je ne crains pas de mourir. Tu vois, il y a quelques jours, un jeune m'a dit "j'ai peur sur le front, je ne veux pas y aller". Alors je l'ai pris par l'épaule et je lui ai parlé doucement, comme je te parle maintenant. Je lui ai dit de ne pas avoir peur. "Je vais te raconter ce que ça fait de mourir, car moi, je suis déjà passé de vie à trépas, je vais tout te raconter", je lui ai dit. Ça ne fait même pas mal, tu sais, tout s'apaise. Mourir, ça ne fait rien. »

39.

Nous passons le reste de la soirée à parler de la « décennie enragée », et je reste stupéfait par son parcours : flic, député, soldat perdu en Bosnie, mafieux, chef de parti ; sa carrière est si éclectique que je peine à y trouver une logique, un motif commun qui puisse expliquer comment il s'est retrouvé à tremper dans tout ce que la Russie contemporaine a produit de plus scabreux. Je sens qu'il souhaite se confier, qu'évoquer ces souvenirs, même douloureux, lui fait peut-être du bien, et je voudrais poursuivre la discussion, mais le couvre-feu approche et il faut se dire au revoir. Il me raccompagne à l'entrée de la base et nous échangeons encore quelques mots.

« Au fond je t'envie. Moi aussi j'aimerais pouvoir rentrer chez moi. »

Youri a une femme et deux fils.

« Pourquoi ils veulent t'arrêter en Russie ?

— Il y a six mois, il y a eu des perquisitions chez mes proches pour une affaire d'appel au meurtre. C'est une affaire que la police ressort depuis que je suis sorti de taule en 2008. D'habitude, ils cherchent juste à faire pression sur moi pour que je balance des gens. Mais cette fois-ci ça avait l'air beaucoup plus sérieux, ils étaient déterminés à me foutre à l'ombre. J'ai pas le fin mot de cette histoire, mais j'ai compris que la justice russe ne me laissera jamais en paix. Alors j'ai mis les voiles.

— Et avec tous tes millions, c'est ici que t'as choisi de venir ? »

Il éclate de rire.

« Mes millions, ça fait longtemps qu'on me les a pris ! »

Comme toujours avec Youri, les adieux sont brefs et bourrus. Je lui souhaite bonne chance sur le front. Il hausse les épaules.

« C'est pas sur le front qu'on court le plus grand risque. Ce Plotnitski…

— Tu veux toujours pas m'en parler ?

— Je sais des choses… Il va bientôt se passer des choses qui vont tout changer à Lougansk, mais il est trop tôt pour en parler.

— Je comprends.

— Écris-moi à l'occasion.

— Je reviendrai dans un mois ou deux. J'ai juste besoin de souffler un peu. »

Nous nous serrons une dernière fois la main, et je monte dans le taxi qui me ramène à l'hôtel.

40.

Dans l'obscurité, les troncs clairs des pins et des tilleuls défilent sous les phares de la voiture. La nuit est tombée, et nous n'avons parcouru que deux cents kilomètres depuis que nous avons quitté Lougansk tôt le matin. Heureusement, nous sommes de retour en territoire ukrainien : il n'y a plus de couvre-feu, et nous pouvons rouler toute la nuit si nous le voulons. Encore une centaine de kilomètres et nous atteindrons Kharkov, deuxième ville du pays et « capitale de l'Est ».

Checkpoints, cratères, routes défoncées. Des routes qui étaient déjà pourries avant la guerre. J'ai passé la matinée à maudire ce pays, craignant que nous n'y parvenions pas, que nous ne passions pas le front, que nous nous éternisions dans la zone de mort. Et puis vers midi nous avons traversé la frontière invisible entre le danger et la sécurité. À 40 kilomètres du front, nous étions hors de portée des pièces d'artillerie. On s'habitue à vivre la tête courbée, sous la crainte des trajectoires elliptiques des mortiers et des roquettes, c'est pourquoi il m'a fallu plusieurs minutes pour comprendre. Je me suis affaissé dans mon siège, j'ai passé une main par la fenêtre, et c'était terminé. Il faisait beau. J'ai respiré l'air froid avec vigueur, comme je ne l'avais plus fait depuis deux semaines, et chaque tour de roue nous éloignant de la guerre faisait grandir en moi la gratitude d'être en vie.

J'ai repensé à Youri.

Comme la vie a dû lui paraître bienveillante quand il a repris conscience à l'hôpital, sonné, mais vivant. Beaucoup ont eu moins de chance que lui. En cette période où il n'était pas rare de voir des cadavres dans les rues de Saint-Pétersbourg, seuls les plus implacables des criminels pouvaient espérer s'en sortir. Et pourtant. Ses deux gardes du corps et leur assassin ne manquaient pas de détermination. La fortune ne leur a simplement pas souri, comme elle n'a pas souri à des centaines d'autres qui se trouvaient au mauvais endroit au mauvais moment quand éclatait une fusillade.

Youri n'a jamais autant prospéré que pendant la décennie enragée, et c'est bien ce qui m'intrigue. Comme Mozgovoï, il n'a commencé à briller que lorsque toutes les normes et les certitudes établies se sont mises à vaciller, comme un baril de poudre inerte qui n'attendait qu'une étincelle pour exploser. Puis l'ordre est revenu en Russie, et il a tout perdu. Je ne crois pas que sa chute soit la rétribution de ses méfaits, car il n'y a pas de morale dans cette histoire, et d'ailleurs Youri ne manifeste aucun regret. On dit que l'enfance d'une personne suffit à expliquer la majeure partie des traits de son caractère, mais je commence à penser que se superposent chez les Russes les fondations posées par ce traumatisme collectif que fut la chute de l'URSS. S'il y a quelque chose à comprendre chez Youri, alors c'est à cette période qu'il faut que je remonte.

Kharkov, enfin. La gare illuminée se dresse devant une place immense et vide. Encadrée de beffrois gothiques, la colonnade stalinienne ressemble aux barreaux d'une prison. Je paie le taxi et traîne mes affaires jusqu'au grand hall. Le dernier train pour Kiev part dans une vingtaine de minutes. J'achète mon billet et ressors respirer l'air vif. Une odeur de viande s'échappe d'un kiosque, où les clients discutent accoudés au comptoir. Assis sur les marches, je profite de chaque minute avant de rejoindre le train de nuit. Sur le quai, quelques passagers fument sous une neige légère. Je hisse mes affaires dans le wagon et m'allonge sur ma couchette. Le train arrive à Kiev au petit matin. Mon avion se pose à Roissy dans la soirée.

41.

Paris croule sous les guirlandes. Noël approche. Ces derniers jours, je me suis entièrement consacré à la rédaction d'un long article sur les luttes de clans chez les séparatistes, alignant les faits, me replongeant dans les interviews pour tenter d'y voir clair dans ce fatras de protagonistes. Batman, Mozgovoï, Pinzhanine, Plotnitski. Youri. Maintenant que l'article est terminé, l'acharnement au travail a laissé place au désœuvrement. C'est un sentiment insidieux, une vague tristesse, une boule au ventre. J'ai perdu cinq kilos. Ma consommation de cigarettes n'a pas diminué depuis mon retour, mes deux paquets par jour me donnent une nausée permanente. Quand mes gencives ont-elles commencé à saigner ?

Il faut croire que je me suis accoutumé à la solitude. Depuis que je suis rentré, je n'ai pas raconté grand-chose. À table, chez mes parents, je laisse la télé faire la conversation. Même avec mes amis, je reste silencieux, l'esprit ailleurs. Mes idées tournent en un manège répétitif de phrases musicales et d'expressions russes. En fait je ne veux voir personne. Ce matin j'ai renversé ma nuque en arrière, un coup sec, comme si je voulais la faire craquer, comme un besoin d'accélération. À la réflexion, ça n'est pas le plus étrange. Souvent, mon regard se porte sans raison vers le bas, comme si regarder devant moi relevait d'une torsion contre nature de mes nerfs optiques.

Avant d'aller en Ukraine, je ne sortais jamais sans écouteurs enfoncés dans les oreilles. Maintenant, ma musique reste au fond de ma poche. Il faut que je sois à l'affût, que j'analyse le moindre bruit, le plus infime sifflement. Parfois, j'ai l'impression de les entendre. Hier, c'est le bruit d'une moto qui m'a fait sursauter.

Cela fait désormais deux semaines que je suis rentré d'Ukraine, et c'est la première fois que je tape les lettres « PTSD » dans un moteur de recherche : « Type de trouble anxieux sévère qui se manifeste suite à une expérience vécue comme traumatisante avec une confrontation à des idées de mort. » Je parcours les symptômes du stress post-traumatique, tente un autodiagnostic. Pour l'instant, ça va. J'attends de voir si je me réveille la nuit en hurlant de terreur.

42.

Des nouvelles inquiétantes. Le vendredi 28 novembre, à 8 heures du matin, une fusillade a éclaté à Antratsyt. Les Ukrainiens n'y sont pour rien. Des combattants cosaques ont subi des tirs de la part d'autres prorusses, aux ordres du chef de la République de Lougansk, Igor Plotnitski. Au moins trois personnes auraient perdu la vie. Parmi eux, l'ataman Vyatcheslav Pinzhanine.

Je m'inquiète pour la suite. Il semble que Plotnitski ait enfin décidé de mater les chefs insoumis. Les cosaques réclament vengeance. Beaucoup craignent que ce soit le début d'une guerre civile en République populaire de Lougansk.

43.

Je profite d'être en France pour approfondir mes recherches sur Youri. À moins d'une erreur, il n'existe qu'un livre en français qui le mentionne nommément : *Le Rouge et le Noir*, ouvrage collectif dirigé par l'historienne Marlène Laruelle. Une typologie de tout ce que la Russie compte de nationalistes plus ou moins extrêmes, des patriotes en cravate qui siègent à la Douma, aux néonazis qui partent au boulot le lundi avec sous les rangers le sang des ratonnades du week-end. Apparemment, Youri est de cette dernière catégorie :

« Tous ces mouvements, qui regroupent rarement plus d'un millier de membres, sont difficiles à différencier les uns des autres (…) Tous ont connu des déboires judiciaires, soit pour incitation à la haine raciale, soit pour fraude fiscale ou détention illégale d'armes. Ils sont en effet bien souvent proches des réseaux mafieux, organisent des activités commerciales lucratives (en particulier des services de sécurité privés) et visent des milieux jeunes et urbains, parfois, eux aussi, proches de la délinquance. Par le culte de la violence, le caractère autoritaire de leurs leaders, leur sentiment d'un complot général contre eux regroupant des ennemis de toutes sortes, leurs rêves d'actions paramilitaires exaltantes, leur doctrine à la fois réactionnaire et révolutionnaire, et enfin leur refus de toute concession à l'opinion publique, ils peuvent être définis comme néo-fascistes. »

44.

J'ai fait mon premier cauchemar. Des obus pleuvent sur un terrain vague. Je tente en vain de gravir une pente boueuse sous le feu. L'intensité des tirs est inconcevable. Une grêle d'acier s'abat sur le sol et enterre les hommes par dizaines. La glaise se creuse et se remodèle. Bientôt la pente disparaît, se renverse dans une inclinaison contraire, puis s'écroule en bourbe indomptable battue par les ogives. Les notions géométriques disparaissent dans le martèlement du métal, le choc, le fracas, la promesse d'une mort non euclidienne.

J'ouvre les yeux, fixe mon radioréveil sans parvenir à m'en détacher. Les chiffres rouges clignotent dans le noir, je suis parfaitement calme. Le rêve ne m'a pas perturbé. À vrai dire, c'était presque amusant.

45.

12 décembre 2014. Un vieil ami de Youri est décédé aujourd'hui. Un homonyme, Youri Choutov. Beliaev

l'a accusé d'avoir trempé dans sa tentative d'assassinat, mais aussi étrange que cela puisse paraître ne lui en a jamais vraiment voulu. Ils étaient amis, se sont assis sur les bancs de la même Assemblée législative, et après tout, les affaires ne sont que les affaires. Ce qui les rapprochait était plus fort, les mêmes idées, mais plus encore une certaine communauté de destin, marquée par des déboires dont Choutov, au contraire de Beliaev, ne devait jamais se relever.

Ex-conseiller du maire libéral de Saint-Pétersbourg, Choutov était devenu une figure de la mouvance nationaliste en publiant en 1992 un pamphlet accusant son ancien patron de corruption.

Déjà incarcérée dans les années 80 pour détournement de fonds, cette personnalité sulfureuse voit sa vie basculer après avoir publié un article à charge rappelant le passé trouble du nouveau directeur des services secrets russes, Vladimir Poutine. Moins de deux mois plus tard, son immunité parlementaire est levée, et il est arrêté pour une série de crimes incluant l'assassinat de sept hommes d'affaires et de deux politiciens démocrates qui s'apprêtaient à l'accuser publiquement d'extorquer des entrepreneurs locaux. Quelques minutes seulement après la fin de la première audience, des hommes armés et cagoulés font irruption dans la salle. Choutov raconte avoir été emmené de force dans le bureau du procureur et longuement passé à tabac. Il en réchappe à moitié sourd et avec un œil en moins. Une nouvelle audience, quelques jours plus tard, aboutit à son placement en détention. Son sort est scellé.

S'ensuit une de ces sordides farces judiciaires dont la Russie a le secret. Ballotté de prison en prison, Choutov passe sept ans en détention provisoire avant de revoir ses juges. En février 2006, il est condamné à la réclusion criminelle à perpétuité.

Ce matin froid de décembre, les gardiens de la colonie pénitentiaire du Cygne Blanc ont retrouvé Youri Choutov face contre terre dans sa cellule. Personne ne connaît les circonstances exactes de sa mort. D'ailleurs, les gardiens n'ont sûrement pas remarqué au premier coup d'œil que Choutov était inconscient. Il n'était pas rare de le voir ramper d'un bout à l'autre de sa cellule depuis que la maladie lui avait fait perdre l'usage de ses jambes. Malgré ses recours devant la Cour européenne des droits de l'homme, l'autorité carcérale n'a jamais jugé nécessaire de mettre une chaise roulante à sa disposition.

46.

Au temps pour moi, il existe un deuxième livre français mentionnant Youri : *Le Nouveau Nationalisme russe*, toujours de Marlène Laruelle. Il évoque les soutiens du Parti de la Liberté, que Beliaev a dirigé jusqu'au milieu des années 2000 :

« Le Parti de la liberté de Iouri Beliaev est proche de certains groupes skinhead de Saint-Pétersbourg, auprès desquels il diffuse un discours raciste et aryaniste sur la grandeur du peuple russe et la défense de la race blanche.

Le Parti finit par être dissous en 2006, et Beliaev est reconnu coupable d'appel au meurtre pour avoir salué l'assassinat d'un étudiant congolais. »

Voilà pour les sources francophones.

47.

Ma mère verse des coupes de champagne. Ma sœur dépose les derniers cadeaux au pied du sapin en plastique. Sur le canapé du salon, j'écris les habituels SMS à mes amis, et passe des coups de fil aux oncles et aux cousins. On ne va pas tarder à attaquer les entrées. Je repose mon portable et essaie de penser aux personnes que j'aurais pu oublier.

Bien qu'ils aient adopté le calendrier grégorien après la révolution d'Octobre, les Russes continuent de célébrer les fêtes religieuses selon le calendrier julien, c'est pourquoi ils ne fêtent pas Noël le 25 décembre mais le 7 janvier. Pas grave, ça fera tout de même plaisir à mes amis russes. Je tape un e-mail en cyrillique, que je copie-colle à une dizaine de personnes. Puis j'en envoie un dernier, pour Youri.

Il me répond quelques heures plus tard, et nous échangeons plusieurs messages au cours de la nuit. Il est revenu en vie du front après mon départ, y est retourné, et en est encore revenu. Rien d'effrayant, la situation est assez calme d'après lui. Même s'il reste évasif, je suis content d'avoir de ses nouvelles. Il passera le Nouvel An et Noël à Lougansk, sans sa famille. Le premier Nouvel An que le Donbass passera sous drapeau séparatiste.

« Quand reviens-tu à Lougansk ?

— Janvier, certainement. »

Il s'en réjouit. Moi aussi.

DEUXIÈME PARTIE

Retour à Lougansk

1.

« Grande et terrible s'ouvrait cette année-là, seconde depuis le début de la Révolution. »

MIKHAÏL BOULGAKOV,
La Garde blanche (1926)

2.

Appelez-le Roman Boritchev, c'est son vrai nom. Les autres ne sont connus que par ces pseudonymes dont s'affublent les combattants de la guerre du Donbass. Certains dissimulent leur identité pour protéger la vie des membres de leur famille. D'autres ont choisi des noms de guerre terribles et grandiloquents, des noms de grands fauves ou de personnages de jeux vidéo. Les moins chanceux subissent jusqu'à finir par s'en enorgueillir le sobriquet que leur ont donné leurs frères d'armes, inspiré par une tare physique réelle ou imaginaire.

Armés jusqu'aux dents, « le Chat », « le Rasoir », « le Chevalier », « le Riche » et « Omega » accompagnent le commandant Batman, dont ils sont les gardes du corps. Seul Roman Boritchev continue de se faire appeler par son nom de baptême. Ils foncent en convoi, lancés à toute allure sur une route encrassée de neige et de poussière de charbon. Dans la vieille Toyota, le Chat et Omega échangent des plaisanteries. Dans le van Volkswagen qui les précède, les cinq autres gardent le silence.

Les mains crispées sur le volant, le Rasoir évite les nids-de-poule et les cratères d'obus qui parsèment la route H21. Batman somnole à l'arrière. Lougansk est bientôt en vue. Encore une vingtaine de kilomètres et ils pourront enfin récupérer du manque de sommeil et de la gueule de bois du réveillon.

La nuque renversée, Roman Boritchev siège à la place du mort. Sa tête bascule mollement de droite à gauche au hasard des cahots de la route. De subites contractions de la trachée et du larynx entrecoupent sa respiration. Six mois de guerre ont laissé leurs marques sur le corps et l'esprit du jeune Russe. Ses mains entrelacées ceignent le canon du fusil d'assaut coincé entre ses genoux, mais c'est à l'intérieur de sa poitrine qu'il croit ressentir cette pression légère. Il augmente le chauffage, et observe le paysage.

Les ruisseaux sont étroits et discrets. D'un horizon à l'autre, la steppe forme de grands billards que la neige recouvre à peine. Vers l'est, un plan d'eau réputé pour sa pureté accueillait encore l'an dernier les baigneurs en été et les patineurs en hiver. Personne ne sait si les rives ont été minées. Dans le doute, les habitants du coin ont pris l'habitude de ne plus marcher hors des sentiers en dur. Seule une poignée de vieux pêcheurs s'y aventurent encore pour découper la fine pellicule de glace et y jeter leurs lignes.

Un brouillard verglaçant colle aux champs en friche. Au-delà s'étend Loutouguino, agglomération de maisons dévastées et de blocs de béton. L'activité a cessé dans les mines de charbon qui employaient la majeure partie de la population. Les plus chanceux ont retrouvé du travail dans les exploitations de Sverdlovsk et Rovenki. D'autres extraient l'anthracite dans les *kopanki*, des mines clandestines aussi dangereuses que rentables, qui se comptent par centaines dans la région. Les rares distributions d'aide humanitaire améliorent l'ordinaire et maintiennent un semblant de vie, c'est pourquoi Loutouguino n'a pas eu la grâce de devenir une ville fantôme.

Dans les faubourgs, des tas de gravats et de briques s'amoncellent entre ce qui reste des murs d'une usine. Les rues de Loutouguino sont vides, comme toutes les villes au matin du premier jour de l'an. Les habitants restent au lit et cuvent les excès de la veille. Des roquettes non explosées dorment plantées dans le béton. Tout est calme. À l'avant du van Volkswagen, Roman passe le temps en remplissant sans hâte un chargeur de kalachnikov, une balle après l'autre, d'une habile pression du pouce.

Un char de la Seconde Guerre mondiale trône sur la place centrale de Loutouguino. Une tape sur son épaule tire Roman de sa rêverie. « Ouvre l'œil, on n'est pas encore arrivés. » Depuis le début de l'hiver, les bombardements sont moins violents, les victimes civiles moins nombreuses. Sur la route H21 pourtant, les embuscades se sont multipliées, et mettent à vif les nerfs des soldats.

Ils scrutent les voitures passant en sens inverse, les bas-côtés, les étendues d'herbes rases. Ils se demandent si la carlingue du van peut stopper une balle de calibre 7.62, s'il existe des chances de survie en cas d'impact de lance-roquettes, s'ils seraient assez forts pour supporter la perte de leurs jambes ou la fonte de leur visage. Roman se résigne à abdiquer tout contrôle sur son propre sort. Il s'est depuis longtemps habitué à cette impression de voler dans un avion en feu.

Je n'étais pas dans la voiture avec Roman, mais il n'est pas difficile d'imaginer l'ambiance qui y régnait au matin du 1er janvier 2015. Et nos sept « héros » avaient raison de se méfier.

3.

Message paru le 2 janvier 2015 sur la page VKontakte du bataillon Batman :

« *D'après les dernières informations, le commandant de la 4e brigade motorisée de la République populaire de Lougansk Alexandre Alexandrovitch Bednov, plus connu sous son nom de guerre "Batman", a péri au matin du 1er janvier 2015 au terme de l'attaque de son convoi. Les membres du bataillon ont identifié le corps de leur commandant, qui se trouvait dans un Transporter Volkswagen T-4. La voiture d'escorte, une Toyota Prius, a également été détruite. Les six gardes du corps de Batman sont morts.* »

Les photos montrent la violence de l'embuscade. Au milieu d'une flaque noire de caoutchouc et de métal fondu, l'épave de la Prius ressemble à une voiture miniature qu'un enfant cruel aurait pulvérisée à coups de marteau. Le van est dans un pire état encore. On devine les armes du crime. Mitrailleuses lourdes, lance-roquettes, peut-être un lance-flammes. Les photos permettent d'identifier un carrefour à la sortie de Loutouguino : une station d'essence carbonisée, des maisonnettes en ruines, et un calvaire, contre lequel le van est venu achever sa course.

Installé à l'arrière, le commandant Batman a brûlé vif. Son squelette carbonisé évoque ces habitants de Pompéi figés par l'éruption du Vésuve. Les dépouilles des autres ne valent pas mieux. Seul Roman Boritchev a échappé aux flammes. Son corps a été projeté à travers le pare-brise au moment de l'impact. Du sang coule de son front sur ses yeux vides. Les balles de sa cartouchière sont répandues par terre comme un collier de perles défait. Avec sa barbe et ses bras ouverts, il gît au pied du calvaire comme un Christ tombé de sa croix.

Grande et terrible, l'année 2015 s'ouvre sur un carnage.

4.

Communiqué du service de presse du procureur général de la République populaire de Lougansk, le 2 janvier 2015 :

« *Le 30 décembre 2014, le bureau du procureur de la République populaire de Lougansk a engagé des poursuites pénales contre Batman et plusieurs membres du bataillon "Batman" pour des faits de privation illégale de liberté, d'emploi de la torture, de meurtres, d'enlèvements de civils, d'extorsion et de vol. Le bureau du procureur a ordonné aux forces de l'ordre d'arrêter les membres du bataillon et d'assurer leur comparution pour interrogatoire. Lors de l'arrestation le 1er janvier 2015, le chef de bataillon "Batman" – Alexandre Bednov –, à l'encontre des exigences légitimes des forces spéciales, a refusé de baisser les armes, a opposé une résistance armée féroce, et a péri au terme de la fusillade.* »

Conneries. Batman et ses hommes n'ont même pas eu le temps de sortir leurs armes. C'était une exécution en bonne et due forme. Et ce « Chat » parmi les gardes du corps ?

J'envoie un court e-mail à Youri. « Réponds-moi si tu es en vie. »

5.

Batman est mort, on l'enterre le 8 janvier. Hier à Paris, deux djihadistes ont assassiné douze personnes, dont huit collaborateurs de *Charlie Hebdo*. L'annonce de la mort de

Wolinski, Charb et Cabu a provoqué une émotion considérable. Les images tournent en boucle à la télévision, les séquences jugées trop violentes pour les JT font de dizaines de milliers de vues sur Internet. Deux frères en noir, cagoulés, s'avancent armés dans les rues de Paris. Au sol, blessé, le policier Ahmed Merabet supplie qu'on lui laisse la vie sauve, avant d'être abattu d'une balle dans la tête. J'ai mis du temps à comprendre la gravité de ce qui se passait. Quand j'ai reçu l'alerte sur mon portable, j'y ai jeté un œil indifférent. Mon esprit était encore absorbé par une autre tuerie, quelque 3 000 kilomètres plus à l'est.

Sur mon ordinateur, je regarde la vidéo des obsèques de Batman. À l'écran, un cortège de voitures et de véhicules militaires s'étire dans les rues de Lougansk, direction le cimetière, dans le boucan d'enfer des ambulances et des sirènes de police. Le drapeau tricolore russe, le noir or blanc impérial, la bannière rouge de l'URSS, et toute une panoplie d'étendards cosaques claquent au vent. Au bord de la route, un homme commente la scène avec émotion : « Toute la ville connaissait Alexandre Alexandrovitch comme un défenseur du peuple, un homme d'excellente réputation et de haute moralité. Un homme sur lequel on pouvait compter. »

Au cimetière, des barbouzes en treillis, bérets et lunettes de soleil, portent les cercueils et les couronnes funéraires. Une foule les suit à pas lents : jeunes femmes emmitouflées dans leur fourrure, babouchkas éplorées, vieillards tremblants, et tout ce que le Donbass séparatiste compte de combattants débraillés, de sicaires, de cosaques, de businessmen et d'officiels véreux, un sacré paquet de monde rassemblé pour un dernier raout viril et larmoyant. La cérémonie est silencieuse jusqu'à la messe, puis une mère s'effondre en larmes, hurle à Dieu de la prendre, elle, pas son fils. Inclinés sur un cercueil, deux parents pleurent et un soldat se mouche bruyamment. La plaque de cuivre indique « Valentin Ivanovitch Gojenko, né le 19 août 1983 ». J'ignore le nom de guerre de celui-là, mais j'ai le cœur serré. Un père prend la parole pour remercier l'assemblée et saluer la mémoire du commandant et de son fils, qui gît dans l'un des six cercueils.

Seulement six. Il en manque un. Le septième a furtivement traversé la frontière russe en camion réfrigéré. Une semaine plus tard, Roman Boritchev sera enterré en secret dans un cimetière d'Ekaterinbourg.

J'espérais que Youri apparaisse dans la vidéo, mais en vain. Je sais seulement qu'il n'est pas mort dans l'embuscade : le « Chat » qui se trouvait parmi les gardes du corps du commandant le jour de l'an était en fait un jeune homme d'une vingtaine d'années. Youri avait raison, c'est un surnom répandu. Pourtant, mon e-mail reste sans réponse.

J'essaie de comprendre, mais tout cela semble n'avoir aucun sens. Pourquoi Plotnitski a-t-il fait assassiner Batman, alors que d'autres s'opposent plus frontalement à lui ? Qu'est-ce qui l'a motivé à agir maintenant, deux mois après les élections, alors que Batman semblait avoir renoncé à contester son autorité ? Rien n'est vraiment étrange à la guerre, et peut-être faut-il accepter que des choses s'y produisent sans raison, mais depuis mon retour en France, ce sont les seules choses auxquelles je pense constamment. Ça, et Youri.

D'après mes informations, les hommes de Plotnitski auraient mené des perquisitions dans tout Lougansk, et arrêté une dizaine de lieutenants du bataillon Batman. Youri pourrait très bien faire partie du lot. Après une semaine à tomber directement sur sa messagerie, j'ai arrêté d'essayer de le joindre sur son portable, mais l'obsession ne me quitte pas. Il est ma seule source chez les séparatistes, et Batman mort, il n'a plus de raison de se taire.

Je décide de retourner à Lougansk. Si Youri se cache, il faut que je le retrouve. J'espère seulement qu'il n'est pas déjà mort.

6.

Avant de partir, j'ai commandé sur Internet un des rares exemplaires encore en vente du premier bouquin de Youri – il en a écrit deux. À sa sortie en 2001, ce livre n'a été tiré qu'à 499 copies. D'après la description qu'il m'en a donnée, il s'agit d'un manifeste politique teinté d'éléments autobiographiques. Sur la couverture, on le voit pointer un pistolet Tokarev TT sur la tête de Valeria Novodvorskaïa, ancienne dissidente soviétique devenue une figure démocrate après la chute de l'URSS. Au-dessus, le titre s'étale en lettre rouges : *Tak Pobedim.* « Nous vaincrons ainsi. »

La préface s'ouvre sur ces mots :

« Le livre que vous tenez entre vos mains n'est pas comme les autres. C'est un acompte honnête, viril et impartial du chemin parcouru par le mouvement nationaliste russe. Il ne permettra pas seulement à notre cause de survivre, mais l'orientera vers une victoire décisive et totale. Youri Alexandrovitch Beliaev n'a rien d'un écrivain de salon. C'est un combattant expérimenté, qui s'est endurci sur les champs de bataille en luttant pour les intérêts du peuple russe. Des actions, pas des mots, un amour infini pour la nation russe, et la haine de ses ennemis, voilà la formule qui nous mènera à la victoire. »

Je le glisse dans mes affaires et prends la direction de l'aéroport.

7.

La nouvelle année russe commence. Nous sommes le 14 janvier. Depuis deux semaines maintenant, je m'attends à apprendre d'une manière ou d'une autre la mort de Youri.

Je suis arrivé hier soir à Kiev. Sébastien a accepté de m'héberger, le temps que j'obtienne le laissez-passer ukrainien pour accéder à la zone des combats à l'est. Dans la chambre que nous partageons, nous dormons sur des matelas à même le sol. Je retrouve le parfum des appartements ukrainiens, l'odeur du bois humide et du gaz de cuisson, et ce désordre familier des cuisines d'expatriés : bouteilles de bière vides, vaisselle kitsch débordant de l'évier, boîtes de gâteaux secs abandonnées, briquets, sachets de tabac en vrac, cendriers tièdes, monceaux de boîtes de thé et de café soluble. Le soleil brille et je me sens chez moi. Hier soir, depuis les hublots de l'avion, je distinguais à peine la ville sous les nuages noirs. À Volnovakha, douze civils sont morts dans un bombardement.

8.

Rencontre avec les deux responsables presse de l'ambassade de France à Kiev. D'après eux, la situation a rarement été aussi mauvaise à Lougansk. Les bombardements se sont multipliés ces derniers jours, et les luttes de clans augmentent le danger pour les journalistes. Je leur demande ce qu'ils peuvent faire pour moi en cas de « pépin ». Ils se tortillent les mains avec embarras. « Pas grand-chose… »

Les combats ont encore gagné en intensité, en particulier dans le secteur de Donetsk, où les Ukrainiens perdent chaque jour un peu plus de terrain. Aujourd'hui, la tour de contrôle de l'aéroport s'est effondrée, frappée par un tir direct d'artillerie. Au nord de Lougansk, Schastya vient de subir son bombardement le plus violent depuis le début du conflit. Ailleurs, à un checkpoint ukrainien, un vieillard malintentionné a offert un pot de miel bourré d'explosifs à des soldats. Un combattant est mort dans l'explosion. On rigole comme on peut.

9.

Il fait encore nuit quand j'arrive à la gare de Kiev. Une tempête de neige se prépare. Sur le quai, les passagers fument une dernière cigarette avant de se hisser à bord du wagon. Le train pour Kramatorsk part à 6 heures pétantes.

La température plonge à mesure que l'on progresse vers l'est. La végétation gelée qui défilait immobile au bord de la voie ferrée en banlieue de Kiev se met à ployer et craquer sous un puissant blizzard opaque qui encombre la voie et semble vouloir nous repousser vers l'ouest, loin, très loin de notre destination finale. Le paysage disparaît dans une immensité blanche, et c'est à peine si l'on distingue encore l'horizon des étendues neigeuses.

À la gare jaune de Mirgorod, « la ville de la paix », le train croise un convoi de blindés et de lance-missiles. Dans chaque gare où nous nous arrêtons, de nouveaux groupes de soldats grimpent dans les wagons. Leurs visages sont graves, ils reviennent de permission. C'est à peine s'ils ont eu le temps de profiter des fêtes. La menace d'un attentat est dans toutes les têtes. Avec l'intensification des combats, les opérations de sabotage orchestrées par des cellules prorusses se sont multipliées dans tout le pays. Il y a deux jours, des « partisans » ont fait sauter un train de marchandises roulant vers l'est. À Kharkov et à Odessa, la police chauffée à blanc tente en vain de déjouer une myriade d'attaques à la bombe contre les bâtiments officiels.

Nous arrivons sans encombre vers midi à Kramatorsk, base arrière de l'armée ukrainienne dans la région de Donetsk. La température a légèrement remonté, et atteint presque 0 °C. Le blizzard immaculé d'Ukraine centrale a laissé place à un brouet de glace fondue, de boue, et de poussière de charbon. Les armes à la main, les soldats sautent du train et rejoignent leurs unités à quai.

10.

Il était presque 10 heures quand un nid-de-poule de la taille d'un font baptismal a envoyé valser les chapelets qui pendent au rétroviseur. Oleg s'est contorsionné pour ramasser le GPS tombé sous le siège conducteur, tout en esquivant les blocs de béton qui parsèment la route. Au milieu de la brume poisseuse, la BMW file comme une balle. Nous n'avons croisé personne depuis que nous sommes partis, et mon chauffeur a tout loisir de zigzaguer d'une file à l'autre de cette route à géométrie variable pour éviter les cratères, les épaves de blindés et les portions d'asphalte les plus douteuses. Deux heures plus tôt, les réceptionnistes m'avaient dévisagé comme un spectre quand je leur avais demandé de me trouver un conducteur pour Donetsk. Au bout d'une trentaine de minutes, ils m'avaient finalement dégoté ce qui semblait être le dernier taxi de Marioupol disposé à effectuer la dangereuse traversée.

La route H20 trace une ligne droite au cœur d'une plaine gelée à perte de vue. À mesure que nous approchons du front, les taches noires laissées par les obus se font de plus en plus fréquentes, et le manteau de neige soulevé par les explosions dévoile çà et là le brun fécal de la steppe. Le dernier checkpoint ukrainien est bientôt en vue, puis ce sera le no man's land, et il faudra écraser l'accélérateur jusqu'aux lignes séparatistes.

Déjà le 30 janvier. J'ai passé la semaine à tenter en vain de traverser le front. Hier encore j'ai dû rebrousser chemin, après avoir essayé à trois reprises de franchir la ligne de feu, mais cela fait déjà un mois que je n'ai plus de nouvelles de Youri, et chaque jour qui passe diminue mes chances de le retrouver vivant.

Au milieu de la route, un amoncellement d'obstacles antichar gardés par un mitrailleur nous signale les positions ukrainiennes. Perpendiculaires à la route, les tranchées filent dans la steppe comme d'interminables cicatrices. À intervalles réguliers, des tanks enterrés suturent la ligne.

Sa kalachnikov en bandoulière, un soldat nous fait signe de nous garer, collecte nos documents, et disparaît dans la guérite au bord de la route. Mes papiers sont en règle, et la seule chose qui me préoccupe depuis que nous sommes partis est de savoir si Oleg possède lui aussi un laissez-passer. Quand je suis monté dans sa guimbarde, il s'était contenté de me dire de ne pas m'en faire, et de toute façon, j'aurais eu bien du mal à trouver une alternative.

Le soldat revient au bout de quelques minutes, l'air sévère. Il nous rend nos documents. « Le Français, tu peux y aller. Oleg Serhiyevitch, veuillez faire demi-tour. »

Je me suis fait baiser. Oleg m'offre un sourire pitoyable, et me propose de reprendre la route en sens inverse pour la moitié du prix.

Hier, un hebdo m'a proposé 1 500 euros pour un reportage à Lougansk, mais au cours des mois que j'ai passé à couvrir la guerre en Ukraine, l'argent n'a jamais été une motivation suffisante pour me faire prendre des risques. Ça n'est pas la raison pour laquelle je suis descendu de la voiture. Quelque chose de différent m'a fait rester sur le bord de la route pendant que la vieille BMW d'Oleg disparaissait dans la brume.

Quelques minutes s'écoulent. Des détonations sourdes résonnent dans la plaine comme des bâillements de géants. Je tends l'oreille et estime le danger – départ de tir côté ukrainien, à environ trois ou quatre kilomètres de ma position. Les explosions sont distantes, aucune voix ne se fait entendre. Les hommes sont loin, à l'abri du froid glacial. Ça devait être un tank. De part et d'autre de la route défoncée s'étendent barbelés et champs de mines. L'épais brouillard ne s'est pas encore levé, et on ne distingue rien à 100 mètres. Une dernière explosion retentit, puis les armes se taisent. L'espace d'un instant, je me sens en sécurité. Je tends le pouce.

Non, ce n'est pas pour l'argent que je me suis résigné à faire du stop dans le no man's land. Il fallait que je retrouve Youri, la clef pour comprendre le massacre qui venait de se produire, et plus encore. Quand ai-je commencé à ressentir de la sympathie pour lui ? Je ne saurais le dire. Une partie de moi était effrayée de ce que j'allais trouver de l'autre côté du front, mais plus fort encore était le désir de me confronter à son histoire. Dans l'abattoir qu'est devenu l'est de l'Ukraine, lui et moi étions allés trop loin. Il n'était plus question de faire demi-tour.

11.

Un quart d'heure s'écoule sans qu'aucune voiture ne passe. Enfin, un vieillard au volant d'une Lada hors d'âge s'arrête à ma hauteur :

« Eh bien fiston, besoin d'un coup de main ?

— Bonjour grand-père, je vais à Donetsk, vous pouvez me déposer ?

— En voilà des idées de jeune. Natacha, mets le chien dans le coffre ! On va faire de la place à notre ami ! »

12.

Je dépose une poignée de billets fripés sur le comptoir et commande un Long Island à une serveuse blonde en tailleur trois-pièces. Affalé contre le bar, un journaliste de la BBC siffle la dernière bière décente de l'établissement, sous le regard assassin d'un envoyé spécial de Radio France mal résigné à boire de la Desperados. Des dizaines de journalistes se sont abattus sur le restaurant du Ramada de Donetsk comme un essaim de sauterelles alcooliques. Dans le fumoir, un reporter du *Monde* flirte avec une photographe. Un soldat reluque une prostituée. Les cigarettes grillent par paquets entiers entre les claviers d'ordinateur et les médaillons de veau. Je sors de l'hôtel pour prendre l'air. Paul me suit à petits pas traînants de pigiste désœuvré.

Des obus fusent par-dessus le palace et viennent éclater dans les quartiers sud, comme des étoiles filantes calibre 152 mm, brûlant en flammes rouges, jaunes et bleues. Une équipe d'Al Jazeera en gilets pare-balles descend d'un 4 × 4 Nissan. Je sirote mon cocktail ambré. Paul rote ses carbonara.

« Pas mal, ta nouvelle coupe. »

Je passe une main sur mon crâne rasé. Plus tôt dans la journée une coiffeuse m'a fait la boule à zéro dans un salon pour dames, en haut du boulevard Chevtchenko, histoire de me vieillir et paraître un peu crédible en interview. Et puis, ça fait un moment que je voulais voir quelle tronche ça me ferait. On se réinvente tous un peu un look ici, même les journalistes, doudounes et grosses godasses pour braver la neige, se collent des pin's au pare-balles, arborent toujours la même écharpe distinctive, ou une tête de mort sur la casquette. Depuis qu'on est rentré en zone de guerre on marche différemment, en roulant un peu plus des épaules, et on n'a plus la même manière de tirer sur une cigarette, on fume plus nerveusement, ou au contraire avec un air détaché et inspiré – plus quelque chose en tout cas. La guerre est une affaire trop sérieuse pour ne pas se prendre au jeu, et tout le monde interprète au mieux son personnage de trompe-la-mort. J'imagine que changer de peau est aussi un moyen de mettre tout ce danger à distance. Moi j'ai opté pour le look skinhead. Sûrement que ça plaira à Youri.

Paul jette un regard de cabot triste sur sa montre.

« Couvre-feu dans une heure. Tu veux mater quoi ce soir ?

— Je sais pas. On a fini *American Pie* ?

— Les quatre. Mais on n'a pas vu tous les *Scary Movie.*

— Y'en a un cinquième ?

— Ouais. Je l'ai téléchargé ce matin avant d'aller chercher le petit dej.

— *War reporters, bro*… Elle est où Veronika ? »

Paul lève ses yeux vides au ciel.

« Aucune idée, on n'arrête pas de s'engueuler. Ça va pas durer cette histoire.

— Au moins elle bosse, elle… »

Cela fait maintenant une semaine que Paul et Veronika m'hébergent dans l'appartement qu'ils louent à Donetsk, un taudis khrouchtchévien à deux pas du Ramada. Faute de commandes d'articles, on passe le plus clair de nos journées à regarder des teen movies, et nos soirées à boire à l'hôtel avec les collègues, en espérant qu'une rédaction nous avance un jour les frais pour résider dans un quatre étoiles.

Une heure par jour, en début d'après-midi, on compte les morts à la morgue. Le bureau du directeur de la morgue est au premier étage d'un petit bâtiment du centre de Donetsk. On y accède par un escalier étroit au bout d'un couloir. C'est là que l'on consulte les listes qui compilent le nombre de décès, les circonstances de la mort, l'âge, l'origine, et le sexe des victimes. Les décès par balle sont minoritaires, la plupart ont perdu la vie dans des bombardements. Principalement des civils fauchés à distance par l'artillerie lourde alors qu'ils vaquaient à leurs occupations. Comme frappés par la foudre. Depuis que les combats ont repris, les listes n'ont fait que s'allonger, et la morgue est en surcapacité. Ses frigos débordent. Les employés ont entassé les corps le long des murs du couloir qui mène à l'escalier du directeur. Ils gisent sur des brancards, recouverts de linge de maison. Leurs plaies forment des corolles rouges sur les draps en coton. Deux rangs de chair morte, comme une haie d'honneur en décomposition. Sous leur suaire de fortune, on croirait qu'ils ne sont qu'endormis, prêts à se relever et à tendre une main vers les visiteurs – ou alors c'est moi qui ai regardé trop de mauvais films.

Et la vue des morts n'est rien comparée à leur odeur. Elle s'accroche aux vêtements, à la peau, aux narines, et peu importe le nombre de douches, elle revient toujours et rappelle à l'esprit l'image des cadavres allongés. L'alcool aide à masquer la puanteur qui s'installe dans le palais, en particulier le Baileys et le Jim Beam, mais la pestilence des corps ne s'en va jamais pour de bon. Ce n'est pas une odeur à laquelle on s'habitue en une semaine. Il doit y avoir dans notre cerveau un mécanisme de survie hérité de millénaires d'évolution qui nous rende cette senteur si révoltante. Impossible de la confondre avec celle d'un étal de boucher ou d'une charogne d'animal, on la reconnaît à la première bouffée, comme si on l'avait toujours connue : la viande macérée, le sang, la sueur rance, un relent de pieds sales et de flatulences, de fèces et de vomi, un mélange écœurant de toutes les exhalaisons corporelles rejetées depuis la naissance, comme un miroir tendu aux vivants, un memento mori olfactif. On dit souvent que les soldats boivent pour oublier, mais c'est faux. L'alcool n'est pas un élixir d'oubli. Ce n'est qu'un bain de bouche.

J'ai bien essayé de trouver des indices menant à Youri, sans succès. Plusieurs anciens du bataillon Batman ont fui Lougansk par peur des représailles et ont rejoint des unités à Donetsk, mais aucun n'a su me dire ce qu'il était devenu. Ceux que j'ai pu interroger affirment qu'il est en prison avec les autres lieutenants de Batman, ou qu'il est retourné en Russie, comme beaucoup de volontaires russes. L'un d'entre eux m'a dit qu'il avait vu Youri déguerpir de la base un peu moins d'une heure après l'annonce de la mort du commandant. Depuis, pas de nouvelles. Je ne pense pas qu'il soit revenu en Russie. Vu sa situation avec la justice, il se serait fait pincer à la douane avant d'avoir pu faire deux mètres hors d'Ukraine. En tout cas, nulle trace de lui à Donetsk.

Un journaliste de l'AFP vient nous taper une cigarette. Lui aussi s'emmerde un peu. Comme tout le monde, il traite des sujets mineurs en attendant que Debaltseve tombe aux mains des séparatistes. Ça peut prendre un certain temps. Je repose mon verre vide sur le plateau d'un serveur. Une explosion retentit à quelques centaines de mètres. Paul et moi rejoignons l'appartement à petites foulées ivres.

Mon camarade trébuche sur une bouteille vide en installant son ordinateur devant le canapé bancal. La gazinière graisseuse fuite et siffle. Un obus et on crame tous. « Manque plus qu'un joint et on est les rois du monde. » Il acquiesce en lançant *Scary Movie 5*. J'enfile le masque à gaz posé sur un piano cassé et consulte ma boîte mail. Scotché à son portable, Paul propose des rencards aux deux seules utilisatrices de Tinder dans un rayon de dix kilomètres.

Je parcours les e-mails de mon rédacteur en chef et les newsletters, et manque presque le message de Youri.

Après un mois sans nouvelles, il m'a enfin répondu. Je m'étais tant résigné à l'idée de sa mort que je relis plusieurs fois le texte pour être bien sûr. Il dit qu'il est en vie, toujours dans la région de Lougansk, il a trouvé refuge chez les cosaques. Un numéro de téléphone que je ne connais pas clôture le mail. « Appelle-moi quand tu arrives à Lougansk, on a beaucoup de choses à se raconter ! » Je crie de joie dans le masque à gaz, ça fait le bruit d'une baleine à l'agonie. Paul me tape dans le dos sans décoller les yeux de son téléphone : « Les affaires reprennent. »

J'appelle un taxi et lui donne rendez-vous à midi : « Demain, direction Lougansk. »

13.

L'après-midi touchait à sa fin quand nous avons dépassé le bas-relief délabré qui marque la limite entre la République de Donetsk et celle de Lougansk. Sous le visage écroulé du père de la révolution d'Octobre, l'usure efface l'inscription éternelle : « Lénine vit ». Nous arrivons à destination à la nuit tombée.

En plein cœur de la ville, l'hôtel Lougansk est une étrange tour de verre jaune, brillante comme une couverture de survie. Une vieille réceptionniste trône dans la lueur rouge du chauffage d'appoint au bout d'un hall désert garni de fauteuils en faux cuir. Je récupère la clef de la 1109, assez lourde pour fracturer un crâne, contourne les deux ascenseurs condamnés, et pousse la lourde porte menant à une cage d'escalier percée d'éclats d'obus où siffle un vent glacial. La chambre est au onzième étage.

J'arrive à bout de souffle dans une piaule garnie de mobilier kitsch, jette mes affaires dans un coin, et m'effondre sur le couvre-lit doré. Au mur, entre deux fauteuils en skaï dorés, un thermomètre indique 6 °C. Je reste affalé quelques minutes, et me lève enfin pour faire un brin de toilette dans la salle de bains jaune et or, me débarrasser de la crasse de la journée. Les robinets toussotent une eau couleur pisse. Je suis en train de m'asperger le visage, quand quelqu'un se met à toquer contre la porte.

J'ouvre. Une tête pivoine me souhaite la bienvenue en russe :

« La vieille a appelé pour dire qu'elle nous envoyait un confrère français. Moi c'est Dima, Russie 24 !

— Pierre, *L'Obs*. »

Il me tend la main en éclatant de rire.

« On boit l'apéro avec les collègues, joins-toi à nous !

— Avec plaisir. Y'a beaucoup de journalistes dans l'hôtel ?

— Que non ! Seulement toi et notre équipe. »

Je le suis dans le couloir jusqu'à la chambre 1111, où deux autres Russes regardent la télévision en buvant de la bière. Dima mène les présentations :

« Ça c'est Artiom, notre reporter, et le vieux là c'est Sergueï, c'est lui qui tient la caméra. Moi je m'occupe du montage.

— Va te faire mettre Dima », ricane Sergueï en se soulevant de son fauteuil.

C'est un cinquantenaire trapu, aux yeux gris et à la mâchoire carrée, aussi robuste que ses deux confrères. Il donne une bourrade à Dima, qui va s'écrouler en glapissant sur le matériel de tournage entassé sur le lit.

« L'écoute pas, le Français, c'est moi qui tiens le plus la forme ici ! »

Artiom se lève à son tour.

« Content de faire ta connaissance, dit-il en me serrant la main, c'est super que tu sois là.

— Pour sûr, renchérit Sergueï. Hésite pas à demander un chauffage d'appoint à la réception s'il fait trop froid dans ta piaule. »

Il m'indique un siège et me tend un verre de bière locale.

« Qu'est-ce qui t'amène à Lougansk ? »

Je le dévisage un instant, et opte pour une réponse évasive.

« Pas mal de choses. »

Sergueï éclate de rire.

« Bah, tu nous fais pas confiance, c'est normal ! T'es pas obligé. C'est ta première fois ici ?

— La deuxième.

— Nous c'est notre sixième séjour. On fait surtout du front, et des trucs sur la situation humanitaire. Des histoires chocs. »

Il allume une cigarette, et jette un œil à sa montre.

« D'ailleurs notre reportage du jour va plus tarder, tu vas voir comment on bosse ! »

À l'écran, une blonde vertigineuse achève son bulletin météo. Retour studio et indicatif tout en violons. La présentatrice déroule les sujets du jour sur un ton sévère : « À Debaltseve, des milliers de soldats ukrainiens risquent l'encerclement. Leur artillerie continue de terroriser la population civile du Donbass. À Kiev, un homme a tenté de mettre le feu à une église du Patriarcat de Moscou. Une centaine de rennes morts foudroyés en Yakoutie.

Le prétendu “primat” de l’Église schismatique de Kiev est à Washington pour demander une aide militaire. L’opposant Garry Kasparov appuie cette requête. Santé : comment éradiquer le cancer ? »

Sergueï s’ouvre une bière. La speakerine marque un temps. Tempête de violons – l’heure est grave. Dans un froncement de sourcils à s’en rompre l’arcade, elle lance le sujet du jour en voilant sa voix d’un demi-ton : « C’est la guerre totale dans la région de Lougansk. L’armée ukrainienne tente de prendre la ville d’assaut et a intensifié ses bombardements. De nombreux civils ont perdu la vie au cours de la nuit. Le reportage de nos envoyés spéciaux. »

Le sujet s’ouvre sur une ruine d’école. Artiom en voix off : « Les défenseurs de Lougansk constatent les dégâts après une nuit de bombardements. Ici un obus a fracassé le mur et toutes les fenêtres. » La caméra s’attarde sur les lapins dessinés aux murs et les jouets d’enfants. Artiom détaille le *who’s who* des canons : tanks T-72, artillerie de campagne de 122 et 152 mm, howitzers lourds et légers, mortiers fixes et portables, cluster bombs, phosphore blanc, shrapnels, fusées, obus, Grêle, Tornade et Ouragan, toute une variété de lance-roquettes multiples aux noms de catastrophes naturelles. Des séparatistes guident la caméra dans un décor de désolation, arbres fendus, bâtiments effondrés, cratères immenses. « Ici, il n’y a ni soldats, ni tanks, seulement des vieillards. » Suivent une distribution d’aide humanitaire et des plans de séparatistes aidant les habitants à nettoyer les débris qui jonchent le sol. Le sujet s’achève sur des interviews de retraités en larmes, entrecoupées de détonations. Retour plateau.

« Fils de putes », grommelle Sergueï.

Artiom coupe le son et s'allume une cigarette.

« Du bon boulot, pas vrai ? »

Les images ne mentent pas. C'est la force des médias russes : presque tout est vrai. Les mensonges sont noyés sous une vague d'images chocs, de détails et d'omissions. L'armée ukrainienne a bien utilisé des bombes à sous-munition sur les villes du Donbass, mais elle n'a jamais tiré d'obus au phosphore blanc. Le reportage se garde de préciser que les séparatistes établissent leurs bases dans des zones densément peuplées et utilisent *de facto* la population comme bouclier humain. Les intéressés rétorqueraient que cette conduite est dictée par la tactique la plus élémentaire : un campement en rase campagne se ferait détruire par l'artillerie. De ces reportages, on retient *a minima* que rien n'est imputable aux prorusses. Manichéisme et relativisme sont les deux seules conclusions possibles : soit les Ukrainiens sont des agresseurs et criminels, soit il n'y a pas de guerre sans crimes de guerre.

Je hoche la tête, trop fatigué pour entamer un débat.

Artiom tire sur sa clope avec satisfaction.

« Du putain de bon boulot. »

14.

Le matin, je passe un coup de fil à Youri. Il n'est pas disponible de la journée, mais me propose de le retrouver le lendemain après-midi, dans le centre-ville de Perevalsk, petite ville proche d'Altchevsk, non loin du front. D'après ce qu'on en dit sur Internet, cette grosse bourgade serait encore sous contrôle cosaque, et donc soustraite à l'autorité de la République de Lougansk. Ça explique pourquoi il est allé s'enterrer dans ce trou paumé.

Un gilet pare-balles racle le sol du couloir. L'équipe de Russie 24 se prépare pour sa journée de travail. Sergueï passe une tête souriante par la porte de ma chambre.

« On va à Tchernoukhino filmer les réfugiés, tu veux venir ? On a une place de libre dans la voiture.

— Non, merci, je vais rester bosser à l'hôtel ce matin !

— Pas de soucis. C'est quoi ton sujet ?

— Je dois voir avec mon rédacteur en chef, je vous dirai ce soir.

— Ça roule. Sois prudent !

— Vous aussi. »

Il referme la porte et rejoint ses confrères dans l'ascenseur. Ça n'a rien de personnel, mais il serait imprudent de faire confiance à des journalistes russes ici. Une quinzaine de minutes s'écoulent. Je rassemble mes affaires, attrape un café à la réception et sors de l'hôtel, direction le centre-ville.

15.

Au numéro 63 de la rue Karl Marx, la façade en verre teinté du ministère de la Défense de la République populaire de Lougansk se dresse insolemment dans un paysage de fenêtres éclatées et de routes défoncées. Sur le parvis enneigé, une dizaine d'hommes mal réveillés enchaînent les cigarettes en attendant l'ouverture du bureau de recrutement. La fatigue, l'anxiété et le froid de février font trembler leurs jambes. À 9 heures pile, comme chaque jour, un soldat sort du bâtiment, une kalachnikov sous le bras, et brise le silence :

« Bonjour messieurs, vous avez cinq secondes pour me former une belle ligne bien droite ! »

Les hommes jettent leurs mégots d'un geste sec et s'empressent d'obéir. Le soldat examine la rangée en savourant son effet. Après un court silence, il autorise les volontaires à pénétrer dans le bâtiment :

« Déclinez votre identité, votre âge et vos états de service à l'accueil. »

L'un après l'autre, les engagés se succèdent au guichet, futurs tankistes, artilleurs ou cuisiniers. Après de longues minutes d'attente, le dernier du groupe s'avance enfin :

« Sergueï Ilitch Ivanov, 45 ans, technicien. » Il bombe encore le torse. « Je suis venu m'engager dans l'aviation militaire. »

En janvier, la République populaire de Lougansk a annoncé la création d'une force aérienne. Le symbole est immense pour la ville, qui a prospéré sous l'URSS grâce à son industrie aéronautique. D'après les prorusses, cette nouvelle force aérienne serait composée d'appareils jusqu'alors exposés au musée de l'Aviation de Lougansk. Récemment, une équipe de télévision russe a filmé l'intérieur de cette ancienne base fermée en 1996. Sur la piste gelée, un monoplace d'entraînement a effectué une démonstration devant les caméras sans jamais quitter le sol. Le pilote déclare être un vétéran formé du temps de l'URSS. D'après la télévision d'État russe, l'avion serait fin prêt au combat. Nulle explication n'est donnée sur la provenance des pièces de rechange ou sur l'origine du kérosène, pourtant introuvable en territoire séparatiste.

Ces quelques avions n'ont aucun véritable potentiel militaire, mais la guerre du Donbass est un conflit où les faux-semblants peuvent parfois s'avérer très réels. Il y a quelques jours, à Kiev, un conseiller du ministre ukrainien de la Défense m'a exposé le problème : « Les séparatistes n'ont pas la logistique nécessaire pour une aviation de combat. La seule explication, c'est que cette prétendue force séparatiste n'est qu'une façade pour maquiller l'apparition d'appareils russes dans le ciel ukrainien. » Si c'est vrai, il s'agirait d'une escalade d'une ampleur sans précédent.

Aucun responsable militaire séparatiste n'accepte de me recevoir rue Karl Marx. J'arrête un taxi et lui demande de me conduire au musée de l'Aviation de Lougansk. On le trouve en bordure de la ville, dans le bien nommé quartier du « Tombeau tranchant ». La route qui y mène est un cordon boueux. Derrière le grillage qui ceinture le tarmac, des dizaines de soldats s'agitent autour de camions militaires et de véhicules blindés.

L'accès est condamné par de lourds verrous. Deux soldats montent la garde. Derrière eux, un blindé de forme atypique est garé dans l'allée principale. Sur un châssis de camion militaire, deux mitrailleuses lourdes et une dizaine de tubes pointés vers le ciel jaillissent de part et d'autre d'un système radar. Je sors mon appareil photo et m'apprête à le porter à mes yeux, quand un des deux gardes se rue vers moi. Je le vois armer sa kalachnikov. Il me met en joue. J'abaisse mon Canon lentement en tentant de rester le plus calme possible.

« Je suis journaliste, je veux seulement faire une photo… »

Le garde se rapproche. Le canon de son arme n'est plus qu'à quelques centimètres de ma tête, mon corps se fige. Il aboie.

« Fais ça et je t'explose le crâne. »

Je recule pas à pas vers la voiture les mains en l'air, ouvre la portière, et dis au chauffeur de me ramener à l'hôtel aussi vite que possible. Dans le rétroviseur, je vois le garde transmettre des ordres par talkie-walkie.

16.

La photo est trop floue pour être publiée, mais suffisamment nette pour distinguer le mystérieux blindé. Au bout d'une heure à éplucher des encyclopédies d'armement sur Internet, je parviens enfin à l'identifier.

Le Pantsir-S1 est un dispositif de défense antiaérien de moyenne portée entré en service dans l'armée russe en 2012. Il est armé de missiles à tête chercheuse et de canons mitrailleurs pouvant cracher jusqu'à 5 000 balles par minute. Son système d'acquisition de cibles est décrit comme un des plus perfectionnés au monde. Plus important : le Pantsir-S1 n'a jamais été exporté vers l'Ukraine.

Je copie la photo sur un cloud et sur plusieurs clés USB, et envoie un mail à mon rédacteur en chef pour lui signaler une nouvelle preuve de l'implication russe dans le Donbass. Puis je rejoins la chambre 1111. Le soleil s'est couché depuis bien longtemps. Artiom vide son verre en passant des coups de téléphone et Sergueï ressert une tournée de Baltika, pendant que Dima me montre le montage de leur sujet du jour avec son sourire habituel. Une petite fille enfouie sous une pile de couvertures raconte comme un obus ukrainien a détruit sa maison.

« Je sais pas comment ils peuvent continuer à faire ça, ces monstres, lâche Sergueï.

— Ça arrive des deux côtés, dis-je mollement.

— Cette guerre, c'est pire que notre Afghanistan. »

Je ne peux pas retenir un rire. Sergueï explose :

« Au moins c'était une guerre entre combattants !

— Laisse, Sergueï, intervient Dima, il peut pas comprendre. Vous les Occidentaux vous êtes pro-ukrainiens, c'est pas grave. Nous on est russes. Les séparatistes se battent avec leurs kalachnikovs, nous avec nos caméras, mais c'est le même combat. »

Il s'allume une cigarette, et se replonge dans le montage de son reportage en souriant :

« Ça empêche pas de boire un coup ensemble. »

17.

Le café Corona doit être le dernier restaurant de la ville où l'on puisse trouver un petit déjeuner décent. Depuis que je suis revenu en ville, je m'y rends tous les matins pour travailler quelques heures et avaler une plâtrée d'œufs au plat et de bacon fumé, mais les types de Russie 24 refusent de décoller du Sam's Steak House, diner américain sis rue des Soviets que squatte à longueur de journée un chapitre de bikers russes fous de la gâchette, et qui sert des milkshakes et des T-bones imbibés de mauvaise sauce aux baies pour un tarif scandaleux. C'est un des bouges préférés des soldats séparatistes, pas à une contradiction près dans leur haine-amour de l'Amérique, à égalité avec un Biergarten du centre-ville où les bastons laissent fréquemment un ou deux ivrognes sur le carreau, quand elles ne dégénèrent pas en fusillades. Au moins, au Corona, on a la paix. Je termine mon article sur l'aviation de Lougansk et l'envoie à mon rédacteur en chef. Vers midi, j'appelle un taxi, direction Perevalsk.

Youri m'a donné rendez-vous devant la maison de la culture, petit bâtiment à la peinture défraîchie entouré de hautes piles de sacs de sable, où les cosaques ont établi leur QG. Une dizaine d'entre eux glandouillent dans leurs uniformes disparates, dents gâtées, mains jaunes, incrustations indélébiles de charbon sous les ongles, les paupières et dans le moindre repli de peau, des gueules de mineurs de fond. Un tank T-34 de la Seconde Guerre mondiale pétarade à l'arrêt devant l'édifice. J'ignore quel garagiste désaxé a accepté de retaper ce tas de rouille, mais malgré les apparences, il est en parfait état de marche. « On l'a même emmené sur le front une ou deux fois ! » lance un vieillard kaki qui refoule l'alcool et la négligence bucco-dentaire. Un clébard miteux s'approche, renifle les chenilles, et urine généreusement contre le vénérable blindé, avant d'être chassé par le vieux d'un coup de pantoufle dans les côtes.

Enfin, une Kangoo que je connais bien déboule sur le rond-point et vient se garer devant le blindé. Youri en sort, barbu et boudiné dans son uniforme, une toque cosaque vissée sur la tête.

« Grimpe à l'arrière, gamin, on se serrera la main plus tard !

— Ça fait plaisir de te voir !

— Plaisir partagé ! T'as rien de prévu ? Il faut que j'aille donner un coup de peinture à la bagnole.

— Pas de soucis, je te suis. C'est sympa la barbe, très tendance. »

Il éclate de rire.

« Abruti, va trouver un rasoir dans ce bled à la con ! »

On roule dans Perevalsk jusqu'aux grilles d'un terrain vague où s'affairent une poignée de mécanos. Des minibus défoncés, quelques Kamaz kakis, deux trois vans peinturlurés, et des camions qui semblent ne pas avoir bougé de place depuis des semaines. Au sol, des douilles baignent dans des flaques d'essence. Youri salue d'une bourrade dans l'épaule le chef d'atelier, qui dépose une caisse d'aérosols sur la neige sale.

« Rouslan, je te présente Pierre, c'est un ami. Il me faut un motif camouflage, le blanc c'est trop voyant. Et arrange-toi pour qu'on ne voie plus la chauve-souris sur la portière.

— Ok Youri. Changement de look ?

— Vaut mieux. Les chauves-souris tombent comme des mouches en ce moment. »

Rouslan scotche des pages de journaux sur les vitres du véhicule. Sur l'une d'elles s'étire une photographie de Vitali Klitschko, champion du monde de boxe poids lourds et nouveau maire pro-européen de Kiev. « On va lui repeindre la gueule à ce pédé ! » éclate Rouslan en pulvérisant une giclée d'aérosol sur le papier.

« On va prendre un café à côté, t'en as pour combien de temps ? »

Rouslan tire la langue en recouvrant Klitschko d'une couche de peinture rouge.

« Dans une petite heure ça sera bon. »

Je suis Youri dans l'atelier voisin. Une jeune femme épluche des légumes dans le coin cuisine, pendant que trois hommes s'échinent à réparer un véhicule de transport blindé. La femme nous offre deux tasses brûlantes et retourne découper ses carottes. Il flotte dans l'air une odeur entêtante de fioul et d'urine de chien. Je sors mon carnet et un stylo.

« J'imagine que tu as beaucoup de choses à raconter, alors je propose qu'on commence maintenant. »

Il souffle doucement sur son café, prend le temps de rassembler ses pensées, et demande à la cuisinière de sortir de la pièce.

« Bien. Allume ton enregistreur. »

18.

« Le premier janvier, vers 11 heures du matin, j'étais dans ma chambre, quand j'ai reçu un appel d'un proche de Batman. Il était complètement paniqué. "Le commandant est mort, il a dit. Assassiné." Je suis resté quelques secondes sans répondre. J'étais sous le choc. Il a ajouté que des perquisitions étaient en cours, que des hommes de Plotnitski avaient arrêté plusieurs lieutenants de notre bataillon à Lougansk. Après ça il l'a bouclée, comme s'il savait plus quoi dire. Quand il a recommencé à parler, c'était pour me dire que j'étais le prochain sur la liste. Qu'il fallait que je détruise les documents, et que je me tire le plus vite possible.

J'avais pas de temps à perdre. J'ai rassemblé tout ce que j'ai pu, j'ai démarré le Kangoo, et j'ai tracé. Par chance, j'avais à ma disposition un appartement dont personne ne connaissait l'existence. C'est celui d'amis de Moscou, ils sont originaires de Lougansk. Avant de partir dans le Donbass en août je leur avais demandé de me filer les clefs. En cas de problème, tu vois… Ils avaient pas posé de questions. Dieu les bénisse.

Je suis arrivé à la planque, il y avait même un garage où je pouvais cacher la voiture. Le voisin du dessus était un type de confiance. Il m'a recommandé de ne sortir sous aucun prétexte, puis il s'est occupé de moi. Il m'a fait les courses tous les jours, et m'a tenu au courant de ce qui se passait en ville. Lui aussi, je lui en dois une belle.

J'imagine que tu te demandes de quels documents je parle… Il faut que tu comprennes. Presque personne n'est au courant, c'est pour ça que je ne t'en avais pas parlé la dernière fois, mais ça n'a plus d'importance maintenant. Batman m'avait confié la mission de mener une enquête sur Plotnitski et ses magouilles. Pour que ça ait une chance de réussir, il fallait que ça se déroule dans le plus grand secret, et c'est ce que j'ai fait. Dès mon arrivée en août, je me suis mis à creuser sur Plotnitski.

Au fil des mois, j'ai accumulé une quantité énorme de documents officiels, de photographies, de photocopies de contrats. Si seulement on les avait publiés, putain… ç'aurait été la fin de ce connard. Il y avait tout. Le trafic de charbon et d'essence, la vente d'armes, le détournement d'aide humanitaire… La Russie a envoyé des centaines de camions d'aide humanitaire à Lougansk, et ce fils de pute la revendait au lieu de la distribuer à ceux qui en avaient besoin. Alors ouais, on n'était pas des anges non plus, on extorquait des commerçants et tout ça, mais on le faisait pour financer le bataillon, comme un genre d'impôt révolutionnaire. Plotnitski, lui, c'était uniquement pour se remplir les poches.

Je me suis retrouvé dans ma planque avec tous ces documents. Je les ai regardés de longues minutes sans savoir quoi faire. Puis j'ai supprimé les scans et j'ai mis le feu au reste. Tu comprends sûrement pas, mais quand t'es vaincu, faut arrêter les frais. Et putain, j'avais pas envie qu'ils me foutent un fer à souder dans le cul pour me faire parler ! J'ai envoyé un mail à un gars de Plotnitski pour lui dire que j'avais pas de documents, que je savais rien et que je voulais rien savoir. Fini ! Mais rien à faire, ils continuaient quand même à me chercher. Je suis resté caché pendant deux semaines dans l'appart' de mes amis, et chaque jour des gars du bataillon m'appelaient pour me dire "Ils sont passés à la base, ils te cherchent !" J'ai passé quinze jours à me demander quand ils allaient défoncer la porte et me tirer une balle dans la tête. Ou pire.

J'y tenais plus, il fallait que je trouve une solution, mais j'ai été imprudent. J'ai appelé Sveta, une copine qui travaille au centre de presse, et je lui ai raconté ma situation. Elle m'a dit de ne pas m'inquiéter, et m'a donné rendez-vous, en me promettant de me fournir de nouveaux documents officiels. Je suis allé au rendez-vous à l'heure prévue, mais à la place de Sveta, c'est deux hommes qui m'attendaient, pistolet à la ceinture. J'étais tombé dans la gueule du loup.

Le premier s'est rué sur ma portière pour me sortir de la voiture, mais il a fait une erreur, il s'attendait pas à ce que je me défende ! J'ai frappé de toutes mes forces, putain, mon poing en plein dans sa gueule. Quand il a vu ça, l'autre a même pas pensé à utiliser son arme. Il a sauté par ma fenêtre pour essayer d'enlever les clefs du contact, mais j'ai enclenché la marche arrière et je l'ai envoyé rouler dans la neige, c'est un miracle que je l'aie pas écrasé, cet enculé. À ce moment-là, le premier commençait à se relever. Il était à peine redressé qu'il portait déjà sa main à sa ceinture pour prendre son flingue. J'ai pas réfléchi. J'ai enclenché la marche avant et je lui ai foncé dessus. J'ai senti ses os craquer sous les pneus. Mort ? Pas mort ? J'en ai aucune idée.

J'ai tracé jusqu'à chez moi et j'ai planqué la bagnole. Il fallait que je disparaisse. Je savais que les cosaques détestent Plotnitski, alors j'ai appelé leur centre de presse, comme le dernier des abrutis. Ils m'ont répondu directement : “Nous savons qui vous êtes. Nous vous aiderons.” Le lendemain, un homme est venu en voiture m'apporter de nouveaux papiers d'identité, sous un nouveau nom. Il m'a filé de quoi m'habiller en cosaque, la toque et les écussons, puis j'ai pris la voiture, et j'ai suivi la sienne jusqu'à la sortie de Lougansk.

Ça a dû être un des trajets les plus effrayants de ma vie. Les hommes de Plotnitski me cherchaient, mais le type connaissait son affaire, il a évité tous les checkpoints. Ensuite on a roulé pendant une heure ou deux, en faisant attention à n'emprunter que les checkpoints tenus par les cosaques. À la tombée de la nuit on arrivait à Perevalsk. Les cosaques m'ont donné le nécessaire. Un appartement, un peu d'argent, une kalachnikov et quelques grenades. Et me voilà… »

19.

Rouslan interrompt notre discussion.

« C'est bon, j'ai terminé la peinture. »

Youri frôle la crise cardiaque en découvrant sa voiture recouverte de pâtés verts et marron.

« Tu te fous de ma gueule ?

— C'est 300 grivnas.

— Tu peux te les mettre au cul. Rends-moi les clefs. »

Rouslan s'exécute, dépité. Youri met le contact.

« On va chez moi, on pourra discuter tranquillement. »

La Kangoo bariolée s'extirpe du terrain vague et bifurque vers un quartier de barres de béton sous les moqueries des passants. Sur le chemin, Youri jette un œil en direction du T-34 garé devant la maison de la culture.

« J'aurais l'air moins con au volant de ce truc. »

20.

La façade de l'immeuble s'effrite, le perron n'existe plus. Les lézardes indiquent le chemin. Quatrième étage, dernière porte à droite. L'appartement de Youri est simple, banal et bien tenu, garni des décorations kitsch des logements postsoviétiques, de dessins d'enfants et de l'habituel papier peint couleur beurre rance. Les habitants ont quitté la ville au début du conflit et n'y sont jamais revenus. Sur le balcon, le linoléum troué laisse voir le vide et la neige entre les planches de bois vermoulues. Youri m'autorise à fumer à l'intérieur. On déballe les courses : saucisson, œufs, gâteaux secs, une bouteille de bière à laquelle il ne touchera pas. Tout le nécessaire pour une longue soirée d'hiver. Il me verse un verre, et je reprends l'entretien là où je l'ai laissé. Les explications tombent les unes après les autres, sans que j'aie à poser de question. Youri a besoin de parler.

21.

« Tu te souviens d'Igor Girkin ? On l'appelait "Strelkov" quand il était encore à la tête de la République de Donetsk, pendant l'été. C'est lui qui m'a fait venir dans le Donbass en août. Strelkov était très populaire, mais trop indépendant, il ne suivait pas les directives du Kremlin. C'était le genre plus tsariste que le tsar, à vouloir reconstituer l'Empire russe de la Moldavie au Tadjikistan en annexant l'Ukraine au passage. Pas vraiment le truc des grosses huiles à Moscou. Et puis c'était pas un local, ça commençait à se voir. Alors Strelkov a été rappelé en Russie à l'automne, et c'est finalement Zakharchenko qui a été élu président à Donetsk. Mais comme on pouvait s'y attendre, Strelkov n'a pas du tout digéré sa mise à pied.

Batman soutenait Strelkov. Au cours de l'automne, ils se sont vus plusieurs fois à Moscou afin d'élaborer un plan pour permettre à Strelkov de revenir dans le jeu. Ils ont eu l'idée de rassembler les preuves des trafics de Plotnitski pour le remplacer par Batman. C'est pour ça qu'ils ont lancé cette enquête. Tout se faisait dans le plus grand secret. Les prises de contact passaient par moi. Quand ils voulaient se parler, je filais mon ordinateur à Batman pour qu'ils bavardent sans crainte des écoutes. Et quand ils avaient fini de discuter, je revenais et je récupérais mon ordi. Ni vu ni connu.

Quelques jours avant le Nouvel An, des émissaires de Strelkov sont venus nous rendre visite. Officiellement, ils accompagnaient le convoi d'aide humanitaire russe ; officieusement ils étaient là pour régler les derniers détails de la conspiration. Je les ai escortés dans toute la région pour qu'ils rencontrent les commandants impliqués dans le complot. On a vu tout le monde : Alexeï Mozgovoï à Altchevsk, Evgeny Ischenko à Pervomaïsk, Pavel Dremov à Stakhanov, et encore d'autres chefs cosaques à Antratsyt,

Krasny Loutch, Sverdlovsk et Rovenki. On avait tout : les documents et le poids du nombre. On a mis au point un plan d'action en deux temps. D'abord, les commandants devaient publier des vidéos dénonçant les trafics pour rallier la population, et ensuite on prenait le pouvoir par les armes. Un plan audacieux, ouais. Un putain de coup d'État.

Malheureusement, l'autre enculé nous a pris de vitesse. Trois jours après la publication de la première vidéo par les cosaques de Dremov, Batman était mort. Plotnitski aurait pu se contenter de le jeter en taule, mais non ! Il l'a fait cramer jusqu'à ce qu'il ne reste plus de lui que des putains de cendres ! Et je comprends, hein ! Je comprends parfaitement pourquoi il a fait ça. C'était nécessaire, j'aurais fait la même chose à sa place. C'était fait exprès, il fallait envoyer un message. Il fallait que tout le monde prenne peur. Que tout le monde comprenne que ce gros porc est le seul maître de Lougansk. »

22.

Le téléphone sonne. Youri décroche.

« Oui, ma belle… Eh bien, on t'attend… Il nous reste un peu de bière et des gâteaux. Tu veux quelque chose d'autre ?… Bon, j'ai pas trop envie de sortir mon cul de l'appartement. Achète-toi ce que tu veux à l'épicerie, je te rembourserai. »

Un rire de femme grince dans le combiné. Youri feint l'indignation.

« Eh quoi ? Je vais pas t'arnaquer, je te filerai l'argent, promis ! C'est juste que je veux pas bouger mon cul, tu vois… Allez, prends un truc au magasin, je te filerai l'argent. »

Youri raccroche.

« Écoute, Pierre, donne-moi une seconde, faut que je range un peu, Valeria va nous rejoindre dans un instant. »

Il s'empare d'une brassée de vaisselle sale et la déverse dans l'évier.

« C'est qui ?

— Une jeunette. Elle vient chez moi de temps en temps. Parfois elle dort ici.

— C'est ta maîtresse ?

— Non. Si elle voulait, je dirais pas non, mais tu sais, à mon âge, on n'attire plus les jeunes femmes.

— Juste une amie donc ?

— Ouais. C'est juste qu'elle bosse chez les cosaques, alors on a fait connaissance. Elle me tient compagnie. »

Youri vide le cendrier par la fenêtre. Dehors il fait nuit noire.

« Je peux te poser une dernière question avant qu'elle arrive ?

— Quand tu veux.

— Qui a tué Batman ?

— Hm… T'as entendu parler d'un certain Wagner ?

— Le compositeur ?

— Non. Wagner c'est un pseudonyme, je connais pas son vrai nom. C'est un Russe, il dirige une unité mécanisée.

— Un gars des services russes ?

— C'est un mercenaire. Je l'ai croisé il y a quelques jours, quand je suis allé à Debaltseve avec les cosaques, avant le début de l'offensive. Ils essayaient de percer le front du côté de Tsentralnoye. Un ataman me l'a présenté, "voici l'unité Wagner". J'ai tout de suite remarqué leur équipement. Je veux dire, leurs tanks, leurs blindés, ils étaient pas seulement nouveaux. C'était le dernier cri. Le meilleur armement, les meilleurs systèmes optiques. Idem pour les radios qu'ils utilisaient. Ils portaient des uniformes russes, tu piges ? Ils m'ont même demandé des écussons cosaques, histoire de faire plus "local".

— C'est un mercenaire russe qui a tué Batman ?

— Wagner n'est qu'un instrument. Si c'était pas lui, ça serait Beethoven, ou Salieri, va savoir. Il fait le ménage pour Plotnitski. Dix jours après la mort de Batman, son unité a désarmé un groupe à Krasnodon. Ils tuent et arrêtent ceux qui s'opposent à Plotnitski. Et crois-moi, ils oseraient pas si le Kremlin ne les soutenait pas. Wagner et ses hommes ont tiré, mais c'est Plotnitski et Moscou qui ont tué Batman. »

Une main toque à la porte. « Et voilà Valeria. » Une petite pécore de 19 ans aux lunettes fines fait son entrée dans le salon. Youri l'embrasse dans le cou et la prend par la taille pendant qu'elle enlève son manteau militaire. Valeria l'ignore et se colle devant l'ordinateur. S'ensuit une longue demi-heure à l'entendre déblatérer pendant qu'elle nous montre des photos de ses copines sur VKontakte. Elle est russe. Quand je lui demande pourquoi elle s'est engagée chez les cosaques, la réponse fuse : « Je suis venue pour tuer. » Je trouve qu'elle a l'air suffisamment hargneuse pour s'acquitter de la tâche. Elle repart vers 21 heures, sans que Youri ne se soit départi une seconde de son sourire le plus onctueux, puis on dîne tous les deux en discutant. À l'heure du couvre-feu, on s'installe sur son canapé-lit pour regarder un film japonais sur son PC.

« C'est comme ça que tu vis alors ?

— Ouais. Tous les soirs je m'endors devant l'ordinateur.

— Tu te sens pas trop seul ?

— Eh bien… je trouve toujours quelqu'un pour me tenir compagnie. »

Il rit doucement, les yeux plissés.

« Allez, je vais te préparer le plumard. »

23.

Un bruit de sirène me tire du lit le lendemain matin. Dans le salon, Youri nettoie sa kalachnikov devant une série policière. Il est de dos, torse nu, et je le regarde un long instant désassembler et graisser avec minutie les parties métalliques de son fusil d'assaut comme un horloger méticuleux. Tassé de la sorte, il semble avoir dix ans de plus, petit vieillard soigneux et inoffensif. Sa peau est blanche sous la lumière matinale, d'une pâleur diaphane. J'observe ses cicatrices laiteuses se tendre sur ses bras et ses épaules à chacun de ses gestes appliqués, puis me signale enfin, et me dirige vers la cuisine d'où je rapporte deux tasses de café. Il me salue d'un « bonjour gamin » maussade. J'avance un fauteuil face à la fenêtre et m'y installe pour profiter du soleil. Sa besogne achevée, Youri pousse un soupir soucieux, se lève, et s'habille lentement. Je l'aide à enfiler sa veste d'uniforme sans prononcer une parole, et nous décidons de sortir prendre le petit déjeuner en ville.

Dehors, le gel a formé une croûte râpeuse sur la neige. Je monte dans la voiture pendant que Youri inspecte le dessous du véhicule. Rien à signaler pour aujourd'hui. Nous arrivons au restaurant, une cantine logée au-dessus d'un garage, et je pose encore quelques questions, mais il y a d'autres clients attablés non loin, et Youri préfère ne pas parler en public.

« Je dois aller rencontrer quelques types à Krasny Loutch cet après-midi. Je te déposerai à la gare routière, il y a des bus pour Lougansk. »

J'acquiesce, et un silence pesant s'installe. Il a l'air plus accablé encore qu'hier.

« Youri, pourquoi tu restes ici ?

— Et où veux-tu que j'aille ?

— En Russie…

— Pour que je me fasse arrêter ?

— Il doit bien y avoir un moyen de passer discrètement la frontière.

— Il y en a un. Je connais des gens qui organisent ce genre de voyages, mais c'est pas donné. Et puis j'ai encore à faire ici. Je me tirerai que si je n'ai plus le choix.

— Tu crois pas que c'est déjà le cas ? »

Il termine son assiette sans un mot.

24.

Le repas terminé, nous retournons à l'appartement pour discuter plus tranquillement. Nous n'avons pas reparlé de son passé depuis que nous nous sommes retrouvés, mais je veux en savoir plus. À Lougansk, les récits de sa vie de criminel m'avaient accroché pour de bon. Et intrigué. Deux années de chaos après la chute de l'URSS lui avaient suffi pour devenir député et millionnaire. Pas mal pour un simple flic.

« Youri, ça te dérange si j'allume l'enregistreur ? »

Il dépose sa veste sur le dossier d'un fauteuil et s'y laisse tomber, l'air las.

« Si ça te chante. Qu'est-ce que tu veux encore savoir ?

— Qu'est-ce qui s'est passé après ton retour de Bosnie ?

— 1993... Année chargée... »

Il jette un œil à sa montre, pour s'assurer que nous avons suffisamment de temps pour faire le tour de la question, et me tend un cendrier.

« Pour commencer, on a essayé d'assassiner Boris Eltsine. »

25.

« Avec mon mandat de député et mes business qui roulaient, j'étais à l'abri du besoin, mais pour les gens normaux, c'était une période abominable. Les réformes de Eltsine avaient ruiné l'économie, le rouble valait plus rien, on était à peine deux ans après la chute de l'URSS, et on s'accrochait aux dollars comme à des planches de survie. C'était devenu si insupportable que le Parlement, à majorité nationaliste et communiste, s'apprêtait à revenir sur leurs putains de réformes. Pour empêcher que ça arrive, Eltsine a proposé une réforme de la Constitution qui lui permettrait de gouverner par décrets. Évidemment, le Parlement lui a proposé d'aller se faire foutre.

Le 21 septembre 1993, Eltsine est apparu à la télé pour annoncer la dissolution du Parlement. C'est là que la crise a véritablement commencé. À l'époque, le Parlement siégeait encore dans le Palais des Soviets, au bord de la Moskova, un bâtiment immense, qu'on avait surnommé la Maison blanche. Eltsine avait à peine fini son discours que des centaines de personnes se rassemblaient dans les rues et aux abords de la Maison blanche pour défendre l'ordre constitutionnel. Quelques heures plus tard ils étaient des milliers. Finalement, au terme d'une séance qui a duré toute la nuit, les députés ont voté la destitution de Eltsine, et désigné le vice-président Alexandre Routskoï nouveau président de Russie. Je saurais plus trop dire qui m'a mis au courant, mais j'ai été prévenu sur-le-champ.

Bordel, mon téléphone sonnait dans tous les sens ! "La guerre civile a commencé !" "Ils ont condamné Eltsine à mort !", "La police est en route pour l'arrêter !" Personne n'avait de vraies infos sur ce qu'il se passait, les rumeurs les plus folles circulaient. J'avais beau être à Saint-Pétersbourg, il ne m'a pas fallu longtemps pour piger que quelque chose d'historique était en train de se produire. J'ai passé encore quelques coups de fil, et une heure plus tard, j'étais en route pour Moscou.

À notre arrivée, on a filé sans attendre à la Maison blanche. Il y avait déjà un monde fou aux abords, mais le spectacle le plus saisissant était à l'intérieur. Des centaines de nationalistes et de communistes avaient investi les lieux pour barricader le bâtiment, et le défendre en cas d'assaut. Ils venaient de partout, des plus internationalistes des communistes aux membres de l'Unité nationale russe, avec leurs svastikas au bras. Dans l'hémicycle, les députés ont fait serment de ne pas quitter le bâtiment tant que Eltsine n'était pas déposé pour de bon. Je jubilais : on allait enfin se débarrasser de ce gouvernement de traîtres ! Par téléphone, j'ai ordonné à une trentaine de mes hommes de rappliquer de Saint-Pétersbourg aussi vite que possible. C'était des durs, des types qui avaient combattu en Yougoslavie, et qui pourraient donner un coup de main au cas où les choses devaient mal tourner.

Juste après leur arrivée, la police, restée loyale à Eltsine, a mis en place un cordon autour du bâtiment. Plus personne ne pouvait ni en sortir ni y entrer. L'affrontement paraissait maintenant inévitable, mais ça ne nous effrayait pas, la Maison blanche avait été construite pour tenir un siège. Il y avait des centaines d'armes au sous-sol, des réserves abondantes, et même un bunker pouvant résister à une explosion nucléaire ! Des snipers se relayaient jour et nuit sur les toits, et avec un millier d'hommes déterminés à l'intérieur, on était certains de pouvoir tenir une éternité.

C'était enfin notre chance, de renverser la table et de restaurer l'ordre, de coller contre un mur les traîtres qui avaient ruiné la Russie. On voulait en découdre, nom de Dieu, faire couler le sang et précipiter la révolution. Il régnait une ambiance morbide et exaltante. On était tous prêts à mourir pour notre cause, on s'y préparait. Dans l'hémicycle, les prêtres organisaient de grandes messes et donnaient leur bénédiction. Quand, après quelques jours, la police nous a coupé l'eau et l'électricité, on a allumé des bougies. On était coupés du reste du monde, et les députés continuaient à émettre des décrets et à distribuer les postes du gouvernement provisoire pendant qu'on arpentait les couloirs, kalachnikov à la main, seulement éclairés par la lumière de nos lampes torches.

On est restés plusieurs jours comme ça, encerclés par la police, avant que Routskoï ne se décide à entreprendre une action décisive. Dans les rues de Moscou, les affrontements entre les manifestants et la police avaient commencé à faire des morts. Le 2 octobre, les manifestants sont parvenus à bloquer plusieurs avenues de Moscou, et quand le lendemain ils ont réussi à chasser les policiers qui encerclaient la Maison blanche, on a cru que la victoire était à portée de main. Routskoï est apparu au balcon en treillis pour saluer la foule, et lui ordonner de s'emparer de la mairie et de la tour Ostankino, le siège de la télévision d'État. Quand il est revenu à l'intérieur, j'ai échangé quelques mots avec lui. "Il est temps d'en finir", je lui ai dit. Il était d'accord. Ordre a été donné de former un commando, et de se tenir prêts pour aller arrêter Eltsine. Les instructions étaient claires : si on ne pouvait pas le prendre vivant, il fallait l'assassiner.

C'est tout ce que j'attendais ! J'ai rassemblé une dizaine de mes hommes, et on a pris place dans un bus stationné dans la cour intérieure de la Maison blanche avec une trentaine d'autres volontaires. On avait toutes les armes qu'il nous fallait, des mitrailleurs, des grenades, même des lance-roquettes ! On s'est assis là pendant que les manifestants partaient à l'assaut de la mairie, et on a attendu que Routskoï nous donne le signal. Une heure s'est écoulée, puis deux. Quand on a appris que la mairie venait de tomber aux mains des pro-Parlement, on n'y tenait plus. Eltsine s'apprêtait à fuir en hélico avec des mallettes de fric, et nous on restait le cul vissé à notre autobus ! La foule faisait maintenant route vers Ostankino. Il fallait agir ! Au bout de la troisième heure, je suis descendu du bus pour aller trouver Routskoï dans son bureau. Quand je suis entré, il avait la mine complètement défaite."Eh, qu'est-ce qu'on attend pour y aller ?" je lui ai hurlé. C'est à peine s'il a su marmonner une réponse intelligible. J'en ai pas cru mes yeux. Il était tétanisé ! À mon avis, il avait tellement peur de ce qu'il avait déclenché qu'il n'avait pas pu s'empêcher de boire pour s'assommer.

Là j'ai compris. L'ordre ne viendrait pas. J'ai fait mes adieux à Routskoï, en lui souhaitant d'avoir du courage, et je suis retourné dans le bus, dire à mes hommes qu'on n'avait plus rien à faire ici. Ils étaient furieux. On a rendu nos armes, et on a profité du chaos pour rentrer à Saint-Pétersbourg. Dieu merci. On serait sûrement morts si on était restés.

Je suis convaincu qu'on aurait pu l'emporter si nos leaders avaient eu les couilles d'agir. On aurait pu saisir cette opportunité, et changer à jamais le destin de la Russie. Il aurait fallu distribuer les armes, former des unités, ne pas laisser la foule agir d'elle-même, désigner des objectifs, envoyer un groupe prendre une gare, un autre bloquer un pont, comme avaient fait les bolcheviks en 1917. Mais personne n'a eu les nerfs assez solides pour prendre les choses en main. Au lieu de ça, au soir du 3 octobre, alors qu'on rentrait à Saint-Pétersbourg en maudissant Routskoï, les partisans du Parlement se faisaient massacrer par la police au pied de la tour Ostankino. L'armée s'est ralliée à Eltsine dans la nuit, et à l'aube, les tanks ont ouvert le feu sur la Maison blanche.

Voilà comment on a manqué notre occasion de faire l'Histoire. »

26.

« Tout a changé après ça. À peine l'assaut terminé, Eltsine a émis un tas de décrets interdisant les partis communistes et nationalistes. Et comme la majorité des parlements régionaux s'étaient opposés à lui, il a ordonné leur dissolution et de nouvelles élections, en putain de grand démocrate qu'il était ! Bilan, le 21 décembre 1993, le Soviet de Leningrad était dissous, et moi je perdais mon statut de député pour de bon. Mais à vrai dire, je n'en avais plus rien à foutre. Eltsine venait de montrer au monde entier que le meilleur statut du monde, c'est une paire de couilles et un Tokarev TT. Alors j'ai suivi son exemple, et à la fin de l'année 1993, j'ai embrassé ma carrière de bandit. »

27.

Officiellement, Rubicon n'était qu'une société de sécurité comme une autre, mais en coulisses, son véritable cœur d'activité s'appelle *krysha*. Les Italiens connaissent bien ce système de racket institutionnalisé, qu'ils nomment *pizzo* : un homme entre dans une boutique, informe le propriétaire qu'il est désormais sous sa « protection », et qu'il doit donc lui verser chaque mois une partie de ses revenus, sous peine de sérieuses complications.

En Russie, un *krysha* (« toit » en russe) désigne le « protecteur ». Il peut s'agir d'un homme aux réseaux influents, d'un groupe mafieux, opérant ou non sous couvert d'une société de sécurité, et même d'unités de police corrompues. En échange de l'argent qu'il extorque, il n'est pas rare que le *krysha* aide effectivement les sociétés sous son aile à se défendre face aux prétentions des autres entreprises criminelles. C'est un service onéreux, mais dont aucun entrepreneur ne pouvait se passer en ces temps troublés, sous peine de se faire rançonner par tous les requins de Saint-Pétersbourg.

L'argent accumulé en exportant des volontaires vers la Bosnie avait permis de faire prospérer Rubicon Security tant et si bien qu'à la fin de l'année 1993, cette petite entreprise comptait pas moins d'une centaine d'employés parfaitement entraînés et armés, souvent des combattants aguerris par les champs de bataille de Yougoslavie, de Transnistrie ou d'Afghanistan. Des ex-flics au chômage et des anciens du KGB complètent le tableau. Déclassement, amertume et salaires minables avaient provoqué une grande saignée au ministère de l'Intérieur, et Youri, au chevet du grand homme malade, tenait la bassine en souriant à pleines dents. L'époque est violente, tout le monde a besoin de protection. À Rubicon, l'argent coule à flots, et le problème principal n'est bientôt plus de faire rentrer le fric du racket, mais de le blanchir.

La guerre est une opportunité rêvée pour quiconque veut se lancer dans des activités criminelles. Youri sait qu'il doit tout à la guerre de Yougoslavie. C'est encore grâce à elle qu'il se lie avec l'ataman Nossatchev, chef de la communauté cosaque de Pouchkine, petite ville au sud de Saint-Pétersbourg, où se trouve la résidence d'été de la famille impériale. À l'époque, les cosaques sont en pleine renaissance, et nombre d'entre eux s'en vont porter le combat partout où les intérêts russes sont menacés, en Ossétie, en Transnistrie, et en Bosnie. Pour Youri, c'est plus qu'un simple partenariat. Le voilà cosaque ! L'autoritaire Nossatchev lui ouvre les portes d'un univers de légende, peuplé de guerriers courageux, patriotes et décidés, à l'image d'une Russie fantasmée. Les cosaques de Pouchkine formaient la garde personnelle du tsar. C'est dans l'église de Pouchkine que Nicolas II, maintes et maintes fois, pria pour le salut de l'Empire et de ses armées. L'église, encore, où, quand tout était déjà perdu, se tinrent les funérailles de Raspoutine. Mais surtout, les cosaques de Pouchkine disposent de quelque chose d'indispensable pour toute entreprise criminelle : une banque.

Avec la banque des cosaques, Youri n'a plus qu'à traverser la rue pour blanchir l'argent de Rubicon, et ça n'est qu'un aspect de cette coopération. D'un bout à l'autre de la ville, et dans toute la région de Leningrad, les cosaques tiennent des business aussi bien dans l'édition que la sécurité privée, et leurs relations remontent jusqu'aux plus hauts échelons de la politique et du clergé, ce qui ne les empêche jamais, quand c'est nécessaire, de sortir les flingues, car l'époque est sanglante. Autour de Youri, associés, amis et employés de Rubicon meurent par dizaines. En cette année 1994, la grande guerre mafieuse fait rage. À Saint-Pétersbourg s'opposent les plus puissantes structures criminelles de la région : les Tatares du groupe de Kazan, la bande des frères Gavrilenkov, le gang de Tambov de Vladimir Koumarine, ou encore leurs ennemis jurés, le gang d'Alexandre Malychev. Rubicon ne pèse pas grand-chose à côté de ces organisations. Pourtant, il arrive parfois que les requins aient besoin de poissons pilotes comme Youri pour conclure certains deals. C'est comme ça qu'il a mis la main sur la plus grosse manne de fric qu'il ait palpée de toute sa vie.

Le quartier Kalinine, où se trouvait le siège de Rubicon, était aux mains d'un bandit de haut vol nommé Vladimir Kolesnik, alias Kolesso, « la Roue ». Physiquement, c'était un monstre. De ses années en Afghanistan, il avait ramené un torse bardé de médailles, un dos entièrement brûlé par l'explosion de son tank dans une embuscade, et un caractère de chien. Malgré cela, cet homme taciturne était d'un naturel plutôt discret, ce qui a le don de plaire à Youri. Alors que les autres bandits dévalent les boulevards en Jeep ou en Mercedes classe S, Kolesso roule avec majesté, au volant d'une grosse Volga noire d'apparatchik.

Youri et Kolesso sont déjà associés sur plusieurs affaires et cohabitent en belle harmonie dans le quartier Kalinine quand, un beau jour d'hiver 1994, le bras droit de Kolesso, un ancien policier lui aussi, se rend au siège de Rubicon avec une proposition. Youri le connaît bien, les deux hommes ont déjà traité ensemble par le passé. Mais le plan que le *consigliere* a à lui présenter ce jour-là a de quoi ridiculiser tout ce qui s'est fait auparavant, car Kolesso vient de réaliser un coup fabuleux : il est devenu le *krysha* de tous les terminaux pétroliers de la région de Saint-Pétersbourg. L'ennui, c'est que pour un deal aussi énorme, Kolesso ne peut pas simplement demander une mallette de cash toutes les semaines, car le FSB a l'œil sur les terminaux. Il faut que la transaction paraisse légale. Ce qu'il faut, propose le *consigliere*, c'est un contrat bidon avec une boîte de sécurité privée, qui reversera ensuite l'argent à Kolesso. Et si c'était Rubicon ? Youri écarquille les yeux quand l'émissaire lui propose une commission de 10 % sur le montant total. Sa fortune est assurée. L'espace d'un instant, Youri tapote nerveusement le cendrier de cristal sur son bureau, et fait mine de réfléchir à la proposition.

« Tu n'auras même pas besoin d'y poster tes hommes, insiste le *consigliere*, Rubicon ne sera qu'une façade, c'est Kolesso qui s'occupera de tout. »

« La fortune », pense encore Youri, avant d'accepter.

28.

J'allume une cigarette et ressers une tasse de thé noir à Youri, qui continue son récit sur un ton exalté.

« Tout ce que j'avais touché avant, c'était des clopinettes en comparaison ! Au total, le contrat portait sur une vingtaine de terminaux pétroliers, il y en avait pour des millions et des millions de dollars. Malheureusement ça attisait les convoitises. En seulement quelques semaines, on s'est retrouvés avec une guerre sur les bras. Bordel, il y avait des règlements de compte presque chaque jour, on se serait cru à Chicago ! Tous les gangs de la ville voulaient mettre la main sur cette affaire. Je gérais les terminaux avec un des brigadiers de Kolesso, Andreï, c'est lui qui assurait la protection des sites. Un type adorable, et un beau gosse en plus. Il buvait pas, et il se droguait pas. Mais il était pas assez prudent. Quelques mois après la signature du contrat, deux tueurs l'ont flingué alors qu'il fumait une clope à la sortie d'un restaurant allemand où on se retrouvait souvent pour parler business. Ça a été un choc, mais les choses se sont vites tassées après ça, c'est pourquoi on n'a pas eu l'impression d'avoir baissé notre garde. Andreï mort, je dealais maintenant directement avec Kolesso, et à la fin de l'année 1994, la plupart de nos problèmes nous semblaient derrière nous.

— C'est là qu'on t'a tiré dessus… »

Youri garde le silence quelques instants, l'air pensif.

« Je sais ce que tu te dis, mais je reste convaincu que c'est lié à mes activités politiques, pas au business. À cette époque je venais de prendre le contrôle du Parti national républicain. C'était seulement un mois avant ma tentative d'assassinat. Enfin, je t'ai déjà expliqué… »

Il balaye cette pensée d'un lent revers de la main, et reprend d'une voix douce-amère.

« Je n'étais pas aussi radical qu'aujourd'hui à l'époque. J'avais pas le temps ! Il fallait tout le temps que je coure d'un endroit à un autre, du matin au soir. Je m'arrêtais que le soir. J'aimais finir mes journées au casino Volkhov, faire une partie, boire quelques vodkas et manger un bout. C'est seulement là que je me détendais. C'était pas un casino de pégreleux, non, la décoration était classe, il y avait une salle de banquet avec de hauts plafonds à la française. Personne ne se faisait voler ici, c'était chic et bien fréquenté, et quand quelqu'un gagnait une somme importante, l'établissement le raccompagnait jusqu'à son domicile pour qu'il n'y ait pas d'incident sur la route. J'y ai rencontré une serveuse qui a été ma petite amie pendant quelque temps. C'était une Ouzbèke, avec les yeux bridés, mais née à Saint-Pétersbourg, une éducation parfaite. Elle habitait pas loin de chez moi, alors on se voyait souvent, et parfois le week-end je l'emmenais faire un tour en yacht. Je l'aimais bien. »

Il se sourit à lui-même, et semble retenir un soupir.

« Tu sais, si je te raconte tout ça, c'est pour que tu comprennes bien ce que j'ai perdu. Cette épopée avec Rubicon, ça a été mon zénith. Tout ce que je désirais, je l'obtenais. Je portais des vestes roses et des chemises à 300 dollars. J'avais une vraie zone d'influence, économique et politique. J'étais devenu une autorité dans la ville. Et même quand on m'a tiré dessus, ça n'a pas mis un terme à cette aventure. J'ai perdu des alliés, mais j'avais l'argent, les armes et les ressources pour faire face, et j'ai fait face, et tous ceux qui ont trempé dans la tentative sont morts. Les vrais problèmes sont arrivés quelques années plus tard. »

Il jette un œil à sa montre. Il est midi passé.

« Tu vas manquer ton bus. On continuera une autre fois. »

Je rassemble mes affaires, et il me conduit jusqu'à la gare routière.

29.

La nuit vibre dans la chaleur des incendies, une basse continue pilonne la ville. C'est toujours la veille d'un cessez-le-feu qu'une guerre fait le plus de victimes. Les belligérants veulent consolider leurs positions avant que les lignes ne se figent, ou simplement se défouler une dernière fois. Ce soir, les négociations traînent à Minsk, alors les Ukrainiens en profitent pour bazarder les stocks. L'hôtel Lougansk en tremble sur ses fondations. Par ma fenêtre ouverte, au onzième étage, je regarde le quartier est s'embraser. Le bruit des explosions cogne dans ma poitrine en salves denses et rapides, quarante fusées à la fois, qui vrombissent dans le ciel, se disloquent à mi-chemin, martèlent le béton dans un fracas polyphonique. L'artillerie chante en canon. Les négociations brûlent jusqu'au lever du jour.

30.

Dima pleure dans sa chambre. Des larmes roulent sur ses joues cramoisies. Ça l'a pris d'un coup, alors qu'il montait le reportage du jour. Il n'avait pourtant pas eu à risquer sa peau aujourd'hui : ni bombardement, ni fusillade, tout juste une évacuation de civils dans un coin éloigné du front. Mais en revoyant les séquences, il a aperçu un détail qui lui avait échappé lors du tournage. Au fond du bus qui emmenait les réfugiés, dans un coin du cadre, une fillette blonde regarde par la fenêtre. Une couverture brune réchauffe ses bras de papillon. Dima a craqué en découvrant cette petite fille qui ressemble tant à la sienne. Elle ne devait pas avoir plus de cinq ans.

J'essaie de le consoler, sans succès. Je le laisse aux soins de Sergueï et sors passer un coup de fil à Sébastien. Il crache ses poumons depuis plusieurs jours. Craignant une pneumonie, un docteur a menacé de l'aliter pour une semaine. « J'arrive sur mes trente ans avec un cœur de cinquantenaire et un système immunitaire de séropositif. » Je raccroche après lui avoir souhaité un bon rétablissement, puis je retourne voir Dima. Je le trouve affalé sur un fauteuil doré. Il ne pleure plus. Un téléphone à la main, son iPad dans l'autre, il enchaîne les coups de fil, son double menton éclairé par la lueur rouge d'un site d'escort girls.

« Allô. Disponible ? Toujours à Lougansk ?... Salope. »

Les appels se succèdent, infructueux, jusqu'à ce qu'il remarque ma présence.

« Elles sont toutes parties à Kiev… Tu vois, j'avais raison sur l'Ukraine. C'est un pays de putes. »

La phrase est prononcée avec amertume, comme un désolant constat. Je retourne dans ma chambre. Trois semaines de Donbass m'ont donné un teint cireux et des aigreurs d'estomac. Je m'allonge sur le lit et me prends le pouls. Le sang pulse doucement dans ma carotide ; rythme cardiaque stable. On continue.

31.

Je n'étais plus retourné sur les rives du Donets depuis que Sébastien et moi étions entrés pour la première fois en République populaire de Lougansk, il y a déjà trois mois. Un cessez-le-feu est entré en vigueur dans la nuit, et *Le Parisien* m'a demandé un reportage sur la situation sur le front. Mis à part la neige, peu de choses ont changé depuis ma dernière visite. Ukrainiens et séparatistes se font toujours face, à un kilomètre de distance, de part et d'autre d'un pont drapé de brouillard. Leurs positions n'ont pas bougé d'un pouce. Perché sur un coteau, je découvre le paysage de jour. Des cratères d'obus maculent de noir une saisissante vallée enneigée. Au bord de la rivière, les pins ont été couchés par le souffle des explosions. Des débris de roquettes jonchent la terre gelée. Quelques tirs de kalachnikovs claquent dans l'air froid.

Je demande à mon chauffeur de continuer vers les lignes séparatistes.

On se gare derrière un terre-plein. Le chef d'unité, un cosaque d'une trentaine d'années prénommé Rouslan, me salue en me voyant sortir de la voiture, et me demande la raison de ma présence. Je lui dis que je fais un reportage sur la trêve. Il répond d'un haussement d'épaules :

« Fallait voir ça il y a quelques heures… »

Un braséro répand dans l'air une odeur agressive. À couvert derrière d'épais blocs de béton, les hommes profitent de l'accalmie pour jouer aux cartes ou préparer le repas du soir, sans jamais s'éloigner de leurs armes.

« Il y a encore eu des tirs d'obus sur le pont pendant la nuit, poursuit Rouslan. On peut aller l'inspecter si ça vous dit.

— Vous êtes certain que c'est une bonne idée ?

— D'habitude on n'y va pas, à cause des snipers en face. Mais là, avec le cessez-le-feu et ce brouillard… »

Le bruit rond d'un tir de lance-grenades rebondit au loin. C'est une mauvaise idée, mais j'ai besoin de photos pour mon article. Je le suis en essayant de ne pas trop y réfléchir. Rouslan ouvre la marche d'un pas rapide et continue d'avancer avec assurance une fois sur le pont, sans se soucier de la structure qui vacille sous nos pieds. Parvenu à mi-chemin, il embrasse la rive sud d'un grand revers du bras :

« Nos gars sont postés le long de la rivière, toutes les casernes de Lougansk sont vides. »

On reste quelques instants à contempler l'eau gelée sinuer sous une brume pastel. Une sueur froide me coule dans le dos. La brume est moins dense que je le pensais. J'essaie de me persuader que nous sommes en sécurité. Rouslan rompt le silence. « Le cessez-le-feu ne tiendra pas. Tôt ou tard on le franchira, ce foutu pont… À la place des Ukrainiens, je l'aurais déjà dynamité depuis longtemps. »

Une violente traînée de chaleur me frôle soudain la joue. Un bang éclate dans mes oreilles. Sur la rive nord, une nuée d'oiseaux prend son envol à tire-d'aile, puis viennent les sifflements. J'ai à peine le temps de réaliser, que Rouslan se jette sur moi et me plaque au sol en criant. La douleur me vrille les tympans. En un mois dans le Donbass, j'avais appris à reconnaître le rugissement d'une mitrailleuse PKM, mais je ne m'étais jamais retrouvé directement sous son feu. Déjà les prorusses commencent à riposter. Je n'ai pas plus le temps de réagir que d'articuler la seule pensée que parvient à formuler mon esprit : « Tir croisé. Mort. »

Rouslan hurle quelque chose à quelques centimètres de mon visage. Je ne comprends pas ce qu'il dit. Je ne perçois que son haleine lourde et l'éclat des balles qui ricochent sur le treillis métallique. Je tente de ramper, mais mes muscles ne répondent pas. Mon gilet pare-balles me cloue au sol. La douleur irradie de mon oreille à la moitié gauche de ma tête, je touche mon visage pour vérifier qu'il est toujours là. Des images passent dans mon esprit à une vitesse ahurissante. Les yeux effarés de

Rouslan. Le sillage rouge des balles traçantes. L'eau qui roule sous la glace. Mon cœur creuse dans ma poitrine. Il y a une matinée froide. Deux hommes morts dans la neige. Je vois un bras qui se lève sur une mare de sang, un éclair, un pare-brise qui vole en éclats.

Une gifle de Rouslan me ramène à la réalité. « Il faut qu'on se tire d'ici ! » Il m'aide à me relever, me pousse devant lui de toutes ses forces, m'ordonne de courir vers la terre ferme. La mitraille tinte sur les haubans. Tic tac. Dix secondes de course pour chronométrer nos chances. Le 7.62 tronçonne l'asphalte comme s'il s'agissait de gazon tendre. On court au ras du sol, presque à quatre pattes, deux bêtes traquées fuyant l'hallali. Je titube, manque de tomber, repars, on couvre les derniers mètres, on touche enfin la terre ferme. Rouslan me pousse à couvert dans une tranchée éboulée, mon nez s'écrase contre la boue gelée. J'ai un goût de sang dans la bouche.

« Ça va barder, il faut que tu t'arraches », ordonne Rouslan.

Un mitrailleur prorusse engage une nouvelle bande de munitions. Les artilleurs accordent leurs instruments. Je crie à mon chauffeur de démarrer le moteur, et me rue à l'intérieur du véhicule. Les pneus crissent, patinent dans la neige, l'adrénaline inonde mon cerveau pendant que la voiture gravit la route couverte de givre. Des tirs de lance-grenades se font entendre. Je me retourne sur mon siège pour regarder une dernière fois, par-delà la lunette arrière encrassée, la vallée qui s'éloigne, et finit par disparaître pour de bon derrière la crête.

32.

À mon retour à l'hôtel, Dima, Artiom et Sergueï m'invitent dans leur chambre. L'excitation de la survie a glissé vers un profond abattement. J'ai besoin d'un verre. Eux aussi ont eu leur lot de frayeurs en filmant les combats à Debaltseve. Ils me montrent leurs images, pendant qu'Artiom s'éloigne pour passer un coup de fil. Il parle à voix basse, mais j'entends l'essentiel de sa conversation avec le responsable de presse de Lougansk :

« Salut Kolya. Non rien de spécial, le Français est allé sur le front, du côté de Stanitsa… Oui, on garde un œil sur lui. Allez, à demain. »

Il revient s'asseoir, et m'adresse un grand sourire. Je feins de ne rien savoir et lui tends mon verre pour trinquer. La découverte de sa duplicité m'attriste sans me surprendre. Je me dis que ça n'a sûrement rien de personnel, et me résigne à contrecœur à ne plus refoutre les pieds chez eux.

33.

Les éclats de vitraux crissent sous mes pas. Au plafond et sur les murs, une épaisse couche de suie a recouvert les fresques religieuses. Du clocher à bulbe il ne reste qu'une structure calcinée, et quelques gouttes de métal fondu répandues dans la nef comme la cire d'un cierge consumé.

Les flammes ont défiguré une Vierge à l'Enfant. Dans les rayons de soleil que laisse passer la trouée, les poussières de pierre et de bois brûlés paraissent s'élever vers le ciel auquel elles étaient consacrées. Le pope me guide vers l'iconostase réduite en cendres par le feu sacrilège. « Qui leur pardonnera ? » Je n'ai rien à lui répondre. Je hume les senteurs de l'encens répandu. J'apprécie le dépouillement cistercien. Dans l'église martyrisée de Pervomaïsk, l'harmonie, la tristesse et la grâce font oublier l'espace d'un instant l'artillerie qui, dehors, poursuit son pesant labour.

Je ne crois pas en Dieu. Youri non plus. Aussi étrange que cela puisse paraître, il se revendique de la « vraie foi », une reconstitution approximative de la religion que célébraient les Slaves avant l'orthodoxie. Depuis les années 1980, ce néopaganisme est en vogue dans les milieux ultranationalistes, où l'on a tendance à penser que le christianisme n'est qu'un vaste complot juif destiné à asservir le peuple slave. Pour Youri, Jésus-Christ n'est pas plus le fils de Dieu que Saddam Hussein.

Il n'en a pas toujours été ainsi, et peut-être Youri serait-il resté orthodoxe si on n'avait pas essayé de le tuer, en 1994. Ses blessures l'ont cloué deux mois à un lit d'hôpital, gardé jour et nuit par des hommes en armes. Saint-Pétersbourg était devenue hostile. Des rivaux venaient d'essayer de kidnapper son fils, et les assassins couraient toujours. À sa sortie de l'hôpital, l'ataman Nossatchev, chef des cosaques de Pouchkine, le prend à part. « Ton corps a récupéré, lui dit-il, mais il faut désormais guérir ton âme. Le père Varsonofi t'accueillera en son monastère. » C'est une tradition cosaque que de rendre grâce à Dieu quand on a triomphé des pires blessures, et bien que Youri n'ait jamais été dévot, il sait en tout cas qu'il est nécessaire de faire profil bas, le temps que les choses se calment à Pétersbourg. Alors il accepte, et le printemps venu, les cosaques le conduisent au monastère de Valaam, perdu sur une île boisée du grand lac Ladoga.

Les premiers jours ne sont que silence et recueillement, mais Youri ne se refait pas, et la vie monastique l'ennuie rapidement. Après une première semaine de retraite spirituelle, il abandonne les offices, et ne passe plus son temps qu'à pêcher sur les rives du lac, et descendre des bières avec les religieux du monastère. Le père Varsonofi s'en accommode. Pour ce vieil higoumène, volontiers buveur, Youri est une distraction bienvenue, et il l'accueille souvent à sa table, le soir, pour évoquer après quelques verres ses souvenirs du goulag. Ainsi s'écoulent les premières semaines au monastère de Valaam, entre bitures et parties de pêche, et Youri ne s'étonne bientôt plus de voir les moines se rabattre sur le vin de communion quand la vodka vient à manquer. Le printemps avançant, les beuveries se font plus fréquentes encore.

Je préfère avouer d'emblée que je n'ai aucun moyen de vérifier le récit de ce séjour. Mais s'il faut en croire Beliaev, ils sont parfaitement ivres, un soir, à la table du père Varsonofi, quand Youri se met à tonner en battant du poing sur la table :

« C'est bien chez vous batiouchka, mais ça manque de femmes ! »

Entendant cela, l'intendant du monastère, une fripouille alcoolique affalée sur la table en bois, relève la tête :

« Je te trouverai une femme, Youri Alexandrovitch ! » ânonne l'ivrogne, avant de s'effondrer à nouveau dans l'indifférence générale.

Quelques heures plus tard, les bouteilles sont vides, et les noceurs dorment à poings fermés, quand au beau milieu de la nuit, le vieil intendant vient réveiller Youri dans sa cellule.

« Youri Alexandrovitch, tu veux toujours une femme ?

— T'es complètement fêlé ou quoi ? T'as vu l'heure ?

— Suis-moi, tu ne le regretteras pas ! »

Youri se frotte les yeux, incrédule, s'habille, et se laisse conduire par les couloirs sombres du vaste monastère. Ils marchent longuement dans le bâtiment silencieux. Parvenus au-dehors, ils empruntent un sentier semé de tilleuls et des pins odorants, qui les mène jusqu'à un dortoir aux murs blancs. L'intendant pousse le portail sans le faire grincer. Ils déambulent encore quelques minutes, et s'arrêtent enfin devant la porte d'une cellule. L'intendant toque trois fois.

Une jeune novice leur ouvre. Elle a vingt ans et s'appelle Maria, lui dit l'ivrogne avant de disparaître en titubant. Maria fixe un instant le carrelage, pendant que Youri contemple les longs cheveux blonds qui coulent sur sa poitrine. Elle le laisse entrer. Peut-être Youri aurait-il eu des scrupules quelques mois plus tôt, mais après des semaines à observer de près la dépravation des religieux, il n'est plus bien certain de croire en quoi que ce soit. En la baisant cette nuit-là, il n'a même pas l'impression de commettre un sacrilège.

La charpente craque. Le cosaque qui m'escorte me conseille de ne pas m'éterniser. C'est lui qui a insisté pour que nous nous arrêtions à Pervomaïsk avant de continuer vers Stakhanov, afin de constater l'étendue des dégâts. Ils sont sans pareil dans la région. La ville est déserte, plus une trace des 40 000 habitants qui vivaient ici avant la guerre. Dans le centre, des barres d'habitation hautes de vingt mètres ont été fendues en deux. Tels de grands scalps, les façades gisent fracassées dans un chaos de gravats et d'effets personnels, découvrant l'intimité de dizaines d'appartements, comme des transpositions architecturales d'écorchés anatomiques. Je prends quelques photos et demande aux cosaques de me conduire à Stakhanov, où l'ataman Pavel Dremov nous attend.

Cet ancien maçon a joué un rôle important dans la conspiration qui devait conduire à l'éviction de Plotnitski, en dénonçant le premier les trafics auxquels se livre l'homme fort de Lougansk. Depuis la mort de Batman, il se terre dans son fief de Stakhanov, où il occupe un bâtiment administratif sans âme. Les cosaques me conduisent à l'étage, où l'ataman siège dans un vaste bureau tendu de tapisseries sombres.

Pavel Dremov s'exprime avec une éloquence furieuse, louant le courage de ses hommes pour mieux cracher sur les « planqués de Lougansk », oscillant comme un métronome de la colère la plus noire à la sérénité d'un lac de montagne. Une chose est sûre, sa haine de Plotnitski est intacte :

« J'ai été blessé trois fois sur le front pour que nous vivions dans une société plus juste, pas pour enrichir un salopard comme lui ! Il se prend pour un tsar ! Pour Dieu le Père !

— Vous pensez que Plotnitski est un voleur ?

— Et vous, vous pensez le contraire ? »

Un silence pesant s'installe. Pavel Dremov répond à sa propre question :

« Plotnitski a nationalisé les magasins de la région. Allez jeter un œil dans les rayons. Vous verrez ce qu'on y vend.

— Vous dites avoir des preuves que Plotnitski revend l'aide humanitaire russe au lieu de la distribuer. Où sont-elles ? »

Son visage se ferme.

« Je m'oppose à un homme qui dessert notre cause. Mais pour l'instant, ces documents doivent rester secrets.

— Vous ne voulez pas les publier ? »

Son ton devient menaçant.

« Pourquoi vous intéressent-ils tant ? Ces informations sont confidentielles.

— Pourquoi ne pas les révéler maintenant ?

— Le moment est mal choisi. Si je le faisais aujourd'hui, cela ne nuirait pas seulement à Plotnitski, mais à toute la République populaire. Les Ukrainiens s'en serviraient contre nous, et je ne peux pas le permettre.

— Je comprends. Une dernière chose : avez-vous entendu parler d'un certain Wagner ? »

Ses yeux fouillent longuement dans mon regard, comme un médecin légiste se penchant sur les plaies d'un cadavre. Puis il se lève de son bureau et me tend une main glacée, manière d'indiquer que le temps imparti est écoulé.

34.

Je remarque pour la première fois combien Youri s'est voûté depuis que je l'ai rencontré en novembre, comme si le poids de l'anxiété avait fait ployer ses vertèbres. De nouvelles rides sont apparues derrières ses lunettes fines. La crainte d'être fauché par les purges a enfoncé sa tête grise entre ses épaules. Par la fenêtre de son appartement, j'observe un carré de ciel bleu. C'est vrai qu'il fait un temps à moissonner.

Cet après-midi, les hommes de Plotnitski ont investi la petite ville de Krasny Loutch, tenue par les cosaques. La violence de l'assaut a stupéfait les habitants. Des bâtiments entiers ont été réduits en cendres. Quand la fusillade s'est achevée, plusieurs cosaques gisaient au sol, morts. Leur chef a été arrêté, conduit à Lougansk, et incarcéré pour un motif fantaisiste. Les premières sources affirment que des forces spéciales russes auraient pris part à l'opération. D'autres pointent Wagner du doigt. Youri fait les cent pas dans son appartement, lâchant une bordée de jurons à chaque aller-retour. La nouvelle de la reprise des purges l'a plongé dans une angoisse fébrile. Je tente de l'apaiser comme je peux.

« Au moins ils ne l'ont pas tué…

— T'es con ou quoi ? T'as déjà vu un procès dans la région ? »

Le silence retombe, lourd comme un poing serré.

« Y'aura pas de procès. »

Je verse deux verres de bière et lui en tends un. Il fronce les sourcils, perplexe, me dévisage un instant, et s'empare du verre, qu'il descend d'une traite, rompant une abstinence vieille de plusieurs années. Il se laisse tomber dans un fauteuil et s'y affaisse complètement. Son regard se perd sur le linoléum sale.

« Il y a trois ans, Sergueï, mon fils aîné, est tombé malade. Une mauvaise grippe, rien de très original en hiver. En Russie on sait s'occuper de ces maux-là, on a l'habitude. Je suis venu à son appartement et je me suis occupé de lui. Chaque jour je restais à son chevet. Je lui préparais à manger, je lui frictionnais la poitrine pour calmer sa toux, je lui préparais ses médicaments. La nuit je dormais sur un canapé dans le salon. On passait nos journées ensemble à discuter et à regarder des films pendant qu'il reprenait des forces ; le genre de moments que tous les pères aiment passer avec leurs fils. Un matin, le voyant rétabli, je me suis absenté pour régler quelques affaires en ville. À mon retour, le soir, son état s'était soudain aggravé. J'ai fait venir un médecin, mais il n'a rien pu faire. La pneumonie l'a tué en trois jours. »

Il se redresse pour se resservir un verre, le contemple longuement, avant de le reposer.

« On l'a enterré, et je suis resté dans son appartement, à pleurer et à boire. Je n'avais même plus la force de me traîner jusqu'à la chambre, et quand j'étais trop bourré pour tenir sur mes jambes, je m'écroulais et je m'endormais là, le visage sur le plancher, et les larmes s'arrêtaient quelques heures. Au réveil je recommençais à pleurer. Mon fils était mort et je n'avais pas pu l'empêcher, j'aurais voulu crever. J'ai passé deux semaines dans son appartement vide, à boire et crier de chagrin avant de me ressaisir. Après ça, j'ai plus bu une goutte d'alcool. »

Il s'écoule de longues secondes avant que j'ose prendre la parole.

« Il avait quel âge ? »

Youri relève les yeux, qu'il plonge dans les miens. Sa bouche esquisse un sourire.

« À peine plus vieux que toi. »

35.

La nuit est tombée furtivement. Au fil des heures, la mélancolie de Youri s'est estompée sans vraiment disparaître, flottant sur notre discussion comme l'écume d'une mer agitée. Se plonger dans son passé l'apaise, et j'essaie de le guider vers des souvenirs anciens enfouis profondément, loin des menaces tangibles de la surface.

Il a d'abord évoqué ce long service militaire en Europe centrale, deux années nimbées d'ennui. L'animosité entre les États-Unis et l'URSS avait alors perdu en intensité depuis la reprise de négociations qui devaient mener à l'accord SALT-II sur la limitation des armes nucléaires. Saïgon et Phnom Penh venaient de tomber aux mains du Viet Cong et des Khmers rouges, mais tout cela paraissait bien loin d'une Pologne où Solidarnosc n'avait pas encore fait son apparition. Deux ans de corvées de vaisselle et de « Marais de la Mort », ces cigarettes de bidasses plus fortes qu'une décharge de fusil. À son retour à Leningrad, Youri travaille quelque temps dans une usine de radios, avant que sa carte de membre du Parti et son assiduité aux cours du soir ne lui ouvrent les portes d'une carrière dans la police.

« Autant te dire que j'étais une aberration dans un pays communiste.

— Pourquoi ça ?

— D'après le Parti, la criminalité résultait de l'exploitation et de la propriété privée. Donc le crime ne pouvait pas exister dans une société sans classes comme l'Union soviétique.

— C'est des conneries, non ?

— Évidemment !

— Tu traitais quel genre d'affaires ?

— J'étais enquêteur de la police criminelle, rattaché à une section spécialisée dans les vols de voitures. Ça a l'air de rien à première vue mais il faut savoir qu'un crime implique presque toujours une voiture, souvent volée. Quel abruti irait commettre un crime avec sa propre caisse ? Presque chaque fois qu'on enquêtait sur un véhicule volé, on aboutissait sur un meurtre ou sur une affaire de banditisme, du coup on récupérait le dossier. Un jour, on nous a signalé la disparition d'un officier du KGB et de sa voiture. Comme il est plus facile de trouver un véhicule qu'une personne, on est partis à la recherche de la bagnole. Au bout d'une semaine, on l'a retrouvée garée sur un parking, avec à l'intérieur deux mecs en train de baiser une fille. On emmène les mecs au poste pour interrogatoire, on enquête, et finalement on découvre le corps. Ces fils de pute l'avaient buté et balancé dans une bouche d'égout ! Assassinat d'un officier du KGB, ils doivent encore être en taule à l'heure qu'il est. Meurtres, viols, tueurs en série, on trouvait de tout avec les vols de voitures. On a même démantelé un réseau de médecins légistes qui revendaient au marché noir les dents en or qu'ils arrachaient aux cadavres. Bref, on ne manquait pas de travail. On n'était que douze policiers sur ces dossiers-là. Douze pour toute la ville.

— Vous aviez des cas de trafic de drogue ?

— Rarement. Dans le monde entier la drogue était le plus important marché criminel, mais en URSS c'était les voitures volées. Les drogues dures, amphétamines, héroïne, cocaïne, tout ça est arrivé dans les années 1990 en Russie, avant c'était de vraies raretés en URSS. Par contre on croulait sous le cannabis.

— T'es pas sérieux ?

— Je te jure. T'es au courant qu'on avait aussi des hippies en URSS, avec barbe, cheveux longs et fleurs dans les cheveux, comme aux États-Unis ? Dès les années 1960, ils faisaient le déplacement jusqu'au Kirghizistan pour s'enfumer la gueule, ça pousse comme de la mauvaise herbe là-bas. Tous les jeunes en fumaient. Putain, même le chef de la brigade des stups de Leningrad s'allumait des tiges dans son bureau ! »

On éclate de rire tous les deux.

« Et toi, t'as jamais essayé ? »

Il fronce les sourcils, soudain très sérieux.

« J'ai l'air d'un drogué ? Moi, j'organisais les descentes. On filait chez les tsiganes, on leur cassait la gueule et on les mettait au trou. D'une pierre deux coups. »

Je me ressers un verre en réfléchissant à la formulation de ma prochaine question.

« Dis, ça remonte à quand tes… Je veux dire… ça vient d'où tes convictions nationalistes ? J'ai du mal à croire que tu tiennes ça du système éducatif soviétique… »

Il éclate de rire.

« Quand j'ai été envoyé en prison pour la première fois, en 1996, mon dossier était plus épais qu'une brique. Si les enquêteurs ont bien fait leur travail, il devait certainement s'y trouver la liste des livres que j'ai empruntés à la bibliothèque pendant mes années de service. Ils ont dû faire une drôle de gueule en voyant mon genre de lectures.

— Je pensais que ces livres-là étaient interdits du temps de l'URSS…

— Bien sûr, introuvables pour le pékin lambda. Je faisais mon marché dans les rayons de la bibliothèque spéciale de la police de Leningrad. Il suffisait de prétexter que ça servait à une enquête, et on pouvait en emprunter autant qu'on voulait. T'imagines pas le nombre de livres qu'elle contenait : tout ce que l'Union soviétique avait mis à l'index depuis 1917. C'est là que j'ai lu *Mein Kampf* pour la première fois.

— Alors c'est avec ces livres que tu es devenu nationaliste ?

— Non, ça remonte à bien avant. Les communistes ont fait beaucoup de mal à ma famille. Les parents de ma mère ont été liquidés quelques années après sa naissance, pendant les purges staliniennes, à cause de leurs origines cosaques ; elle a grandi dans un orphelinat. Du côté paternel, c'est pas mieux. Mon grand-père possédait une petite fabrique de chaussures, quelques chevaux, et un peu de bétail : ça faisait de lui un "koulak". Il est mort dans un camp de Sibérie. Alors quand les Allemands sont arrivés... Oh, c'est l'histoire russe classique...

— C'est-à-dire ?

— Mon père avait deux oncles. En 1941, quand les Allemand ont envahi l'URSS, ils se sont retrouvés en territoire occupé, et ils ont fait le choix de collaborer. Ils ont intégré une unité de chasseurs de partisans. De son côté, ma grand-mère s'était trouvé un nouveau mari qui avait, lui, rejoint les rangs des partisans !

— T'en penses quoi ?

— Je comprends les deux choix, chacun a fait ce qu'il pensait être juste. Moi, j'aurais certainement fait comme mes oncles. C'est pas les Allemands qui avaient déporté leur frère en Sibérie. Ils sont morts au combat tous les deux. Après la guerre, le mari de ma grand-mère a été décoré pour ses faits d'armes, mais elle n'a jamais pardonné aux communistes d'avoir déporté son premier époux...

— T'as bien connu ta grand-mère ?

— Ouais, on était très proches. Quand j'étais enfant je passais mes vacances scolaires chez elle, et elle m'apprenait l'histoire des tsars et du peuple russe, et d'autres choses dont on ne parlait pas à l'école. On regardait des films et on parlait pendant des heures de sa jeunesse, de sa famille, ou des lignées nobles et anciennes d'avant les Romanov. Elle a beaucoup compté pour moi. Une vraie nationaliste !

— Et tes parents ?

— Mon père était un homme aimant, mais il ne m'a pas donné d'éducation politique. C'était ce genre de Russe naïf, capable de dire “je fais confiance à Untel parce que j'ai bu un verre avec lui”. Quant à ma mère, c'était une simple cuisinière à la cantine d'une usine de chaussures... Y'a jamais rien eu d'épatant dans sa vie. »

Il secoue la tête, comme pour désapprouver une vie si désespérément terne.

« Non, c'est ma grand-mère qui m'a formé. Je suis un homme haineux, je ne m'en cache pas – je suis lucide là-dessus. C'est elle qui m'a transmis cette haine que j'ai en moi. Elle m'en a nourri, comme on nourrit de lait un nourrisson. »

Il se sourit à lui-même, le regard absent.

« Avec une éducation pareille, tu peux te douter que je me suis attiré des emmerdes dès l'école primaire ! Je me souviens, quand j'avais huit ans, on nous avait projeté un film en noir et blanc, *Opération Trust*. Ça raconte comment, après la révolution d'Octobre, les services secrets soviétiques ont mis en pièces les réseaux contre-révolutionnaires en Europe. Il y a une scène où l'on voit les tsaristes chanter une chanson en marchant à pas cadencé : "Et pour le tsar, la patrie et la foi, nous crions hourra, hourra, hourra !" C'est une vieille chanson, que plus personne ne chantait. Elle était interdite. Mais elle me plaisait. Alors à la récréation, avec deux camarades de classe, on s'est mis au garde-à-vous dans le couloir de l'école, et on a défilé le torse bombé en chantant "Pour le tsar, la patrie et la foi !" T'imagines le scandale, on s'est tous retrouvés en commission disciplinaire !

— Et pour vous ce n'était qu'une blague ?

— On n'avait que huit ans, on ne comprenait pas l'enjeu. N'empêche, j'imagine que ça a joué à un niveau inconscient. La commission disciplinaire a condamné ma mère à payer une amende de 10 roubles. Parce qu'elle ne m'avait pas élevé convenablement. »

Je range mon enregistreur et propose un dernier verre à Youri, qui refuse en souriant.

« Pas besoin. Ça m'a fait du bien de discuter avec toi. »

36.

Le lendemain, Youri me raccompagne à la gare routière après le déjeuner. J'arrive à Lougansk en fin d'après-midi. Une fois à l'hôtel, je télécharge *Brat* (« Frère »), film de gangsters russe d'Alexeï Balabanov. Youri m'en a parlé comme étant son film préféré, et le personnage principal, un modèle dans lequel il se retrouve. Un film, dit-il, dans lequel on peut sentir l'ambiance de la décennie enragée en Russie.

L'histoire se déroule en 1996. Le héros, Danila Bagrov, un jeune provincial taciturne, vient d'achever son service militaire en Tchétchénie. À son retour à la maison, sa mère recommande à Danila d'aller à Saint-Pétersbourg, où son grand frère Viktor pourra l'aider à trouver du travail. Mais la vieille femme ignore que Viktor y fait fortune en tant que tueur à gages. Arrivé à Saint-Pétersbourg, Danila erre plusieurs jours dans les bas-fonds de cette ville méconnaissable de crasse et de délabrement, et parvient à retrouver Viktor, qui lui dévoile sa véritable activité, et lui propose de s'occuper d'un « contrat ». La cible : un bandit tchétchène qui donne du fil à retordre à la mafia russe. Il y a 2 000 dollars à la clef.

« C'est un ancien terroriste, lui explique Viktor lors d'un trajet en voiture. Avant ils n'opéraient qu'à Moscou, mais maintenant ils s'attaquent à Saint-Pétersbourg. Ce Tchétchène a pris un marché sous son contrôle, et désormais il écrase les Russes. Ceux qu'il n'a pas pu acheter, il les a tués. Putains d'animaux... »

Danila accepte, et liquide sa cible avec une froide efficacité. On aurait du mal à comprendre aujourd'hui pourquoi un jeune homme débarqué de sa province se reconvertit si facilement en tueur à gages, mais tel était l'irrésistible attrait du crime pendant la décennie enragée. Comme le note le journaliste suédois Claes Ericson dans son livre *Les Oligarques* :

« Les nouveaux criminels russes étaient vus comme des aventuriers et des exemples de réussite. La bande originale du *Parrain* résonnait dans tous les restaurants du pays. Quand on leur demandait ce qu'ils voulaient faire plus tard, les petits garçons répondaient "boss de la mafia", et les fillettes "prostituée" – tant l'idéal de l'époque était l'argent facile. (...) Les assassins vendaient leurs services aux plus offrants. Le plus audacieux d'entre eux était le légendaire Alexandre Solonik, dit "Superkiller" et "Alexandre le Grand". Il était célèbre pour sa capacité à tirer avec un pistolet dans chaque main, et pour sa relation avec Svetlana Kotova – Miss Russie 1996. »

Peu résistent face à de telles promesses. L'appât du gain est délirant. Danila et Youri y cèdent sans hésiter, et dans un monde criminel dont les lignes de front épousent les divisions raciales ils se convainquent en jubilant que « s'occuper du business » équivaut par la même occasion à sauver la nation russe des « terroristes » venus du Caucase.

Mais comme pour Youri, les choses ne se passent pas comme prévu pour Danila. Après ce meurtre, les deux frères se retrouvent pris dans le conflit qui fait rage entre mafieux russes et tchétchènes. Dans une débauche de violence, Danila parvient à sauver sa peau et celle de son frère, mais découvre finalement que Viktor a tenté de le sacrifier pour s'en sortir. Désabusé, Danila se résigne à fuir la ville. Le dernier plan le montre le bras tendu au bord d'une route enneigée. Il n'emporte pour tout bagage qu'un fusil à canon scié.

Je sors manger un morceau au café Corona, et reviens peu avant le couvre-feu. De retour à l'hôtel, je passe la soirée à retranscrire une partie des entretiens avec Youri. Depuis plus d'un mois, il est le seul visage familier dans cette zone de guerre, alors la sympathie que j'éprouve pour lui n'a rien d'étonnant, et aussi loin que je me souvienne, j'ai toujours préféré les bandits. J'imagine que c'est un travers d'enfance. En grandissant, j'admirais chez eux ce que je percevais comme de fascinantes transgressions ; et dans l'audace des malfaiteurs, cette liberté dédaigneuse qui fait sauter les interdits juridiques et les carcans moraux en même temps que la serrure d'un coffre. Ils sont libres, me disais-je, et même la prison ne les dissuade pas. Vivre du crime, pour moi, ça voulait dire avoir le courage de tout remettre en jeu à chaque main. C'était l'ultime nonchalance. J'ai grandi, depuis, et mieux vaut ne pas trop pousser cette réflexion, ce n'est qu'une pensée à mèche courte. Mais quand on rêve d'évasion, quoi de plus normal que de fraterniser avec ceux que guette la prison ?

Youri ne recevait d'ordres de personne. Était-il libre pour autant ? À force d'interviews, je commence à avoir une vision claire de son parcours, mais je ne comprends toujours pas ses motivations. Qu'est-ce qui l'a poussé à commettre tant de méfaits au cours de sa vie ? Ses convictions politiques ne suffisent pas à expliquer ses actions. Il semble ne rien regretter, mais de là à parler de sadisme… Ça ne colle pas, comme le reste. L'appât du gain offre une piste, mais le crime ne paie qu'un temps, et je ne crois pas plus à la gratuité du Bien qu'à celle du Mal. Reste la question de l'opportunisme. Je m'endors sans l'avoir tranchée.

37.

Un bruit sec me tire du sommeil. Quelqu'un frappe à la porte. J'attrape mon portable dans le noir : 1 h 36. Les coups redoublent. Je sors du lit et me dirige vers l'entrée. Deux femmes d'âge mûr se tiennent dans la lumière du couloir.

« On nous a dit que t'étais seul, alors on vient te tenir compagnie. »

Je me frotte les yeux. Elles entrent en se déhanchant. La première, blonde, porte un casque de soldat et un short en jean aux couleurs passées. La cellulite ourle le haut de ses cuisses. Elle s'allonge sur mon lit pendant que la seconde, une brune aux cheveux courts, se penche exagérément pour déposer une part de gâteau sur la table basse. Pas de sous-vêtements sous sa minijupe. Elle se cambre encore, et sourit à pleines dents.

« Tu as faim ? C'est important de prendre des forces. Moi c'est Katya, elle c'est Anya. »

Elle tend un bras pour désigner la quadra étalée sur la parure dorée. Son haut se soulève au rythme de soupirs insistants. Des vergetures convergent vers son nombril piercé. Je me pince. Ça fait mal. Soudain, Anya bondit du lit sur ses talons aiguilles, enfonce son casque sur ses cheveux blonds, attrape la télécommande qui prenait la poussière sur le guéridon, et me la tend d'un geste martial :

« Mets MTV, on va danser ! »

Je m'exécute, hébété. Elles battent des mains en découvrant à l'écran un genre de Lady Gaga ukrainienne. Dans l'assiette, le mille-feuille dégouline comme un fromage trop fait pendant qu'Anya et Katya se trémoussent sans grâce. J'avale une bouchée. Pas mauvais. Anya suce les doigts de Katya. Katya pioche dans l'assiette un gros bout de gâteau qu'elle écrase sur les seins d'Anya. Assis sur le lit, je gamberge pendant qu'Anya me passe dans les cheveux une main couverte de crème. J'ai des miettes plein la gueule et deux prostituées dans ma chambre. Quelqu'un a dû planquer un micro ou une caméra en mon absence. Anya défait les boutons de son short. Je jette un coup d'œil, recherche un câble suspect ou une LED rouge mal dissimulée. Je ne trouve rien. Katya lèche Anya. Mon regard s'attarde sur les va-et-vient de sa langue contre le ventre de sa camarade. Anya se cambre, renverse en arrière sa tête casquée, qui vient cogner le mur dans un bruit de casserole vide, et les muscles de ses cuisses tremblent tandis qu'elle presse le visage de Katya contre son slip en poussant des râles de veau. Je termine le mille-feuille. Une nouvelle chanteuse braille à plein volume sur MTV, à peine assez fort pour couvrir les cris d'Anya. D'un geste lent, Katya me fait signe de les rejoindre. Je m'approche. Ça sent la cyprine et la pâtisserie industrielle. Katya est encore à genoux. Elle se tourne vers moi, m'offre un sourire carnassier, puis pose ses mains sur mes jambes nues, et remonte le long de mes cuisses, toujours plus haut, sur mes fesses et mes hanches. J'inspire profondément. Ses ongles se glissent sous l'élastique de mon boxer. J'attrape la télécommande, coupe le son.

« Ça suffit. Tout le monde dehors. »

38.

« Et alors, elles sont sorties ?

— Elles ont pas insisté.

— T'es sacrément con, t'as perdu une occasion de t'amuser. »

Youri se lève du fauteuil et se dirige vers la cuisine de son petit appartement.

« Je te fais un sandwich ?

— Ouais, s'il te plaît. »

Il revient avec un sachet de pain de mie et une demi-saucisse.

« J'ai une copine à Paris.

— Et ?

— Ils m'ont pas envoyé deux putes juste pour le plaisir. C'était pour me faire chanter. Ou pour me tirer des informations, je sais pas.

— Tu parles du Donbass après avoir baisé, toi ?

— Va savoir… »

Il découpe quelques morceaux de viande, qu'il dispose sur les tranches de pain.

« Ben mon vieux… »

On mâche en silence.

« Du nouveau à Perevalsk ?

— Sur ?

— Je sais pas, la situation… »

Il soupire.

« Les cosaques ne contrôlent plus rien. Avant ils s'approvisionnaient eux-mêmes, via des trafiquants tchétchènes, mais maintenant… Ils dépendent complètement de Plotnitski. Pour les armes, les munitions, putain, même pour l'essence. »

Il secoue la tête.

« C'est comme ça que ça avait commencé pour Batman…

— Tu penses qu'ils peuvent encore te protéger ?

— Je sais pas… Plus pour longtemps. »

Il se tait pour ruminer un rare aveu de faiblesse.

« J'ai peur, tu sais. Si demain on vient me chercher et qu'on me colle un flingue dans le dos pour m'emmener Dieu sait où, qui viendra me chercher ?

— Qu'est-ce que tu vas faire ?

— Je suis en train d'arranger mon départ pour Donetsk. J'ai des contacts, ils devraient pouvoir m'aider.

— Tu penses pas que tu ferais mieux de rentrer en Russie ? »

Il me jette un regard noir.

« Et pour quoi, putain ? Pour finir en taule ?

— Bordel, Youri, c'est mieux que de crever ici ! Au pire t'en prends pour six mois, putain, c'est pas grand-chose !

— Ça fait dix ans qu'ils me sortent de nouvelles affaires ! Jamais ils me foutront la paix, tu piges ? Je suis coincé ! Fait comme un putain de rat ! »

Il se tait un instant.

« Excuse-moi d'avoir gueulé, mais tu comprends pas comment ça fonctionne chez nous. Mon nom est sur la liste officielle des terroristes et extrémistes de Russie. J'ai même pas le droit d'avoir une carte de crédit.

— Ça existe ça ?

— Ouais. La liste est sur le site du service de lutte contre le financement du terrorisme. Je suis au même régime que les bougnoules d'Al-Qaïda ! S'ils me renvoient en prison, ne serait-ce que pour six mois, ils continueront d'inventer des affaires pendant ma détention. J'aurai à peine le temps de comprendre ce qui m'arrive que j'aurai déjà une peine de quinze ans sur le dos. Et je finirai comme ce con de Youri Choutov, à me traîner par terre dans ma cellule jusqu'à ce que je crève. Crois-moi, le mieux c'est encore Donetsk...

— T'as arrêté une date ?

— Pas encore. Peut-être dans trois ou quatre jours. Il faut juste que je passe rendre mes armes à l'armurerie de Perevalsk. Je leur dirai que je pars en permission, ils feront pas d'histoires. Tu veux que je te laisse la mouche ? Je te l'offre.

— La mouche ? »

Il désigne le RPG-18 sur le canapé.

« Le bazooka. Tu le veux ? Je te le laisse si ça te dit. Je ne m'en suis servi qu'une fois, il est comme neuf. Y'a une caisse de roquettes à fragmentation sous ton plumard, tu peux te servir.

— Qu'est-ce que tu veux que je foute d'un lance-roquettes ?

— En souvenir, quoi. Ou tu le revends, qu'est-ce que ça peut me faire ? Ça arrondira tes fins de mois.

— Ça va surtout m'attirer des emmerdes.

— Comme tu veux. Ni baise, ni flingue. »

Il enfourne un sandwich dans sa bouche en ricanant. Je me lève pour fumer à la fenêtre. La neige tombe dans l'obscurité. Une explosion soulève les aboiements d'une meute de chiens errants.

« Youri, tu penses que c'était une bonne idée de venir ici ?

— Je te l'ai déjà dit, si j'étais resté en Russie, je serais en taule à l'heure où l'on parle.

— Et entre mille endroits, t'as choisi le Donbass…

— J'ai pas choisi de faire la guerre uniquement pour fuir la justice russe, j'aurais pu aller n'importe où ailleurs.

C'est comme la Bosnie, il fallait que je le fasse. C'était une question politique. »

Il cherche ses mots.

« Une question de prestige. »

L'air frais dissipe la fumée qui flotte sur les cendriers pleins. Je regarde le papier peint défraîchi, les dessins d'enfants, les meubles sombres d'une famille en fuite, et le vieil homme fatigué qui prétendait les protéger. Je ne pense pas qu'il doute, et ça n'est pas à moi de le juger. La morale ne donne aucune clef pour comprendre pourquoi il a choisi la violence pour carrière. Tenons-nous-en aux faits. Je ne vois pas de prestige. Seulement des dégâts collatéraux et la faillite de ses ambitions.

Youri se lève et m'apporte un autre verre de bière. Il reste quelques secondes sans parler, puis plante son regard dans le mien.

« Si je te demandais de m'aider à rentrer en Russie, tu le ferais ?

— Pardon ?

— Tu le ferais ?

— Pourquoi tu me demandes ça tout à coup ?

— Au cas où. Savoir si c'est une option…

— T'as quoi en tête ?

— J'ai des contacts qui peuvent me faire passer la frontière russe, mais de l'autre côté… J'ai personne. Tu saurais me récupérer à la frontière et me conduire jusqu'à Saint-Pétersbourg ?

— J'en sais rien. J'ai même pas le permis… »

Il me regarde, un peu incrédule.

« Laisse tomber. C'est rien. »

C'est la dernière chose à laquelle je m'attendais. J'ose à peine le regarder dans les yeux.

« Je suis désolé Youri, je sais pas quoi dire... »

Je descends mon verre d'une traite, et le remplis de nouveau.

« Tu devrais lever le pied, gamin.

— J'arrive plus à trouver le sommeil sans ça... Il me faut au moins deux litres chaque soir, c'est plus fort que moi. Y'a que ça qui me fasse dormir.

— On revient jamais indemne de la guerre. Tu sais, j'ai vécu des temps plus troublés que toi. Beaucoup sont morts, mais moi je suis toujours là.

— T'es un veinard.

— C'est pas de la chance. J'ai seulement pigé quelque chose que des types comme Batman ne comprennent jamais à temps : ça sert à rien de faire le héros. L'essentiel, c'est de rester vivant. »

39.

Je retourne à Lougansk le lendemain matin. Au ministère de la Défense, le service de presse refuse de renouveler mon accréditation militaire. Un employé en uniforme me prend à part d'une voix menaçante : « On sait pas ce que tu trafiques à Perevalsk, mais on peut te foutre à l'ombre quand on veut, alors fais gaffe à toi. » Je rentre à l'hôtel en regardant par-dessus mon épaule. Le soir venu, je passe un coup de fil à Youri. Il ne répond pas.

40.

Le roulement de l'artillerie me donne des migraines, j'ai l'impression qu'on joue au squash dans ma tête. J'entame mon deuxième mois à Lougansk en luttant pour ne pas sauter dans le premier taxi et me tirer le plus loin possible. Avec la proclamation du cessez-le-feu, les commandes d'articles ont subitement cessé, et je ne sors presque plus de l'hôtel que pour faire le plein de cigarettes et acheter à manger à la rôtisserie du coin. J'occupe le temps en réécoutant mes entretiens avec Youri pendant que les bouteilles vides et les os de poulet s'entassent dans un coin de la chambre. Les femmes de ménage doivent commencer à se poser des questions.

Nous sommes fin mars, cela fait presque une semaine que je suis sans nouvelles de Youri. Malgré sa promesse de me prévenir de son départ, rien n'est venu. Pas d'e-mail. Il y a quelques jours, mes appels sonnaient encore dans le vide ; désormais, ils tombent directement sur messagerie. Il lui est arrivé quelque chose, c'est certain. Je me suis résolu à ne pas quitter le Donbass tant que je ne serai pas fixé sur son sort, mais je n'ai pas encore trouvé l'énergie d'aller à Perevalsk enquêter par moi-même. Hier j'ai pleuré comme un gosse en regardant *Aguirre*. Je crois que je commence à avoir un pet au casque.

J'ouvre mon ordi et relis encore les transcriptions de mes entretiens avec Youri. Sur l'écran s'étalent des dizaines de pages de conversation qui délimitent les contours d'une époque que j'apprends à connaître, et je réalise pour la première fois l'étendue de la matière rassemblée. Il y a là de quoi écrire un film. Ce serait un film violent, une saga mafieuse dans la veine des *Affranchis* ou de *Casino*, et comme tous les bons films, ça commencerait par la fin : un homme en costume chamarré s'avance sur un parking du Nevada. Le soleil éclate sur la carrosserie de sa voiture de luxe. Il prend place sur le siège conducteur, savoure un instant la puissance inerte qui gît sous le capot. Il tourne la clef dans le démarreur. Une bombe explose, le corps de Robert de Niro s'élève dans les flammes sur fond de Jean-Sébastien Bach.

Dans ma chambre de Lougansk, j'écris la scène d'ouverture de ce film dont Youri serait le héros, une odyssée criminelle en pleine perestroïka, comme Hollywood n'en a jamais fait. Je vois la neige tomber sur Saint-Pétersbourg, une cour froide entre de hauts immeubles, le souffle des gardes du corps au pied d'une tour gelée. Youri contourne la Jeep, toise ses hommes, s'installe à l'arrière. Il y a une réception au palais Marinski et un flingue sur le siège passager. Sur sa poitrine, la chaîne en or des autorités du crime. Il a beaucoup tué, et tuera encore, pourvu que la roue ne tourne pas, car ainsi vont les affaires pour les requins de la décennie enragée. Un rayon de soleil perce les nuages. Une main ennemie arme le chien d'un pistolet-mitrailleur. Youri salue la journée qui commence d'un sourire cauteleux. Le pare-brise explose sur un air de rock russe. Une voix off entame le récit amer d'une vie baroque et monstrueuse, le biopic d'un bourreau aux yeux bleus.

J'imagine un titre, une bande originale, les contes carcéraux de Mikhaïl Kroug, la guitare triste d'Alexandre Dolski. La nuit tombe et j'écris les patrouilles en Bosnie, les réunions dans les palais et les bars enfumés. Mon angoisse s'estompe, l'envie de dormir également. Je me replonge dans les souvenirs de cette époque et tente de les mettre en forme en une longue histoire. J'écris toute la nuit. Au lever du jour, le nombre de pages excède de loin la taille d'un article. Les bribes ne se répondent pas encore, il me faudra plus d'entretiens, mais j'aperçois la trame d'une épopée méconnue. Il est 7 heures du matin lorsque je vais me coucher, obsédé par une envie nouvelle : celle de retracer la vie de Youri Beliaev.

41.

Il s'écoule encore quelques jours avant que Youri ne m'envoie par mail un signe de vie : « Ma mère est à l'agonie, je suis rentré en Russie. » Je lui adresse mes condoléances, boucle mes valises et commande un taxi. Je n'ai plus rien à faire dans le Donbass. J'atteins Kiev deux jours plus tard, avec une idée. Avant d'embarquer dans l'avion qui doit me ramener à Paris, je me décide enfin à lui écrire :

« Tu accepterais que l'on se voie à Saint-Pétersbourg pour poursuivre les entretiens ? J'aimerais en faire un livre. »

Sa réponse me parvient à l'atterrissage :

« Comme tu veux, gamin. Essaie juste d'arriver avant la police. »

TROISIÈME PARTIE

Saint-Pétersbourg

1.

2 avril 2015. Une voix a réveillé le Tsar de Toutes les Russies. Quelqu'un gueule encore dehors. La lune passe un bras par la fenêtre, éclaire le merdier qui jonche la guérite : jerricans d'huile, câbles électriques, morceaux de moteur, quelques pneus, un repose-tête dans une litière pour chat. Un lit. Le Tsar de Toutes les Russies rejette la couverture d'un coup sec. Une constellation de miettes de pain et de mousse polyuréthane s'envole dans la pièce. Il s'assied au bord du plumard. Sa panse tend son maillot de corps. Il allume l'ampoule qui se balance au-dessus de la table, bâille en grand, puis s'installe à la machine à écrire. Il regarde les vers écrits la veille :

« *Le Tsar de Toutes les Russies parlait,*
Et le peuple le soutenait.
La Russie n'a jamais eu que deux alliées,
Sa marine et ses forces armées. »

Des bruits métalliques accompagnent maintenant les hurlements. Le Tsar de Toutes les Russies se soulève de sa chaise, ouvre la porte d'un coup de pantoufle, et agrippe à deux mains une rambarde branlante pour inspecter du regard le terrain vague qui s'étend au bas des escaliers. Un chat se rue entre ses jambes. Il y a une silhouette barbue entre deux épaves de bagnoles, une boîte de conserve à la main. Le Tsar de Toutes les Russies lui balance une bouteille vide à la gueule. « DISPARAIS DE MA CASSE, CONNARD ! » La silhouette siffle entre ses dents et s'en va en courant, les épaules basses. Le Tsar de Toutes les Russies regagne sa chaise. Il jette un œil au cadre suspendu face à la machine à écrire. Le miroir brisé lui renvoie l'image d'un pochard en surpoids. Il s'allume une cigarette pendant qu'une sirène de police glisse au loin. De la cendre tombe sur son maillot de corps. Il reprend la lecture de son poème :

« *Maintenant que les fils de Trotski règnent sur Terre,*
On n'y sert plus le Tsar, mais le Démon.
Désormais, les invalides de guerre
Vivent en parias dans leur propre nation. »

Le poème s'arrête là. Encore un sizain pour boucler son sonnet. Il allume une nouvelle clope avec l'ancienne et fume sans inspiration. Deux heures plus tard, les premières lueurs du soleil dissipent la courte nuit pétersbourgeoise. Le Tsar de Toutes les Russies n'a pas bougé de sa chaise. Ses doigts hésitent au bord des touches graisseuses.

Une heure s'écoule encore, jusqu'à ce qu'il accouche enfin :

« Dormez en terre, Souvorov et Koutouzov,
Personne ne défend plus Peterhof.
Dans une banlieue lointaine vit caché
Le Tsar de la Grande Russie.
Son âme souffre pour un peuple tout entier,
Son nom : Terentiev Vassili. »

Il s'étire, s'installe dans son fauteuil et décapsule une bière. Il allume son vieux poste de télévision. Russie 24 diffuse les dernières nouvelles. On y parle surtout de guerre. Les informations l'absorbent tant et si bien que le Tsar de Toutes les Russies manque deux appels sur son portable. Au troisième, il décroche.

« Salut, Ta Majesté. Tu crois aux fantômes ?

— Hm ?

— Tu vas pas le croire. Youri est revenu. »

2.

Mon avion se pose à Moscou au soir du 20 avril, et comme dans un film, il neige. La capitale russe tient toujours ses promesses, c'est pourquoi j'aime tant y revenir. J'y ai vécu plus d'un an pendant mes études, et je n'ai jamais trouvé depuis de ville qui surpasse ses Mercedes dorées glissant au bas d'avenues bâties pour des tanks, ses immeubles marmoréens et ses fenêtres borgnes, les lampions roses du parc Gorki, les églises en glaces à l'italienne, le labyrinthe de Sokolniki, les mains froides d'Anastasia, le bourdon du Kremlin, et jusqu'à sa sonorité. Mos-cou. Deux pas dans la poudreuse fraîche. La seule ville au monde où j'ai vu des types se battre et vomir en même temps.

J'ai prévu de rester quelques jours avant de rejoindre Youri à Saint-Pétersbourg, afin de rencontrer certaines personnes qui l'ont connu. La plupart d'entre eux trouvent étrange que je veuille écrire un livre sur lui, mais presque tous acceptent de me voir. Au cours des mois qui se sont écoulés, j'ai établi une chronologie précise des événements de sa vie. J'en connais les dates et les détails, mais je n'arrive pas à en comprendre le sens. Policier, député, chien de guerre, mafieux, loser, fugitif. J'ai des épisodes, il me manque une vision d'ensemble, un trait d'union qui permettra peut-être d'expliquer ce qui a motivé Youri pendant toutes ces années. J'espère que ces entretiens pourront enfin m'éclairer. Je grimpe dans un taxi et lui donne l'adresse de mon hôtel. La voiture démarre et s'engage sur le périphérique à dix voies qui ceinture Moscou.

Mon chauffeur est du genre taciturne, mince, la quarantaine marquée. Il ne desserre les dents qu'au bout d'une dizaine de minutes, pour engager la conversation sur le prix de la vie, les sanctions américaines, les préparatifs de la cérémonie pour le Jour de la Victoire, le 9 mai, qui marquera les soixante-dix ans de la victoire contre l'Allemagne nazie. Puis la discussion s'oriente vers l'annexion de la Crimée (il est pour) et la guerre en Ukraine (il est contre). Je lui dis que j'ai passé plusieurs mois dans le Donbass. Ses yeux se tournent vers moi pour la première fois. Il me désigne du menton d'un mouvement sec, les sourcils relevés, comme une reconnaissance tacite.

« Et alors ?

— Ça allait. »

Le silence retombe, complice cette fois-ci, propice à la rêverie. Il ne se remet à parler qu'après quelques minutes de cette étrange et nouvelle proximité. Lui aussi a été à la guerre, il y a vingt ans. Deux années de service militaire, à faire ce qu'on lui disait de faire, après quoi il a rempilé dans les paras et reçu un éclat d'obus dans la cuisse. C'était lors de la première guerre de Tchétchénie. Celle que les Russes ont perdue.

« Tu touches une pension ?

— 4 000 roubles. »

À peine 100 euros.

« Pas grand-chose. »

On allume une cigarette. Presque tous les garçons de son école ont combattu en Tchétchénie, avec des fortunes diverses. Plusieurs y sont morts. En 2008, l'armée a voulu le rappeler pour combattre en Géorgie malgré son invalidité, mais ses deux enfants l'ont convaincu de contourner l'appel. Certains de ses amis se sont résignés à y retourner. Au bord du périphérique, affiches et bâches de chantier célèbrent la gloire des combattants de la Seconde Guerre mondiale.

« C'est à eux qu'on offre des fleurs, alors qu'il n'en reste qu'une poignée en vie », lâche-t-il avec amertume. Les anciens de l'Afghanistan et de la Tchétchénie sont pour ainsi dire presque oubliés. J'aimerais qu'il m'en dise plus sur la manière dont ils sont perçus par la population, mais il a trop de respect et d'humilité pour mêler les vétérans de la Grande Guerre patriotique à son ressentiment. Vingt millions de Soviétiques sont morts en quatre ans, ils n'ont pas volé leurs fleurs. Eux au moins ont gagné leur guerre.

Et les commémorations du Jour de la Victoire s'annoncent grandioses. La ville entière pavoise aux couleurs du ruban de Saint-Georges, noir et or. Le même que les prorusses d'Ukraine accrochent à leur uniforme pour symboliser leur lutte contre le « fascisme » ukrainien et leur attachement à la Russie. J'arrive à mon hôtel et sors prendre un verre avec des amis, mais même à Moscou, j'ai du mal à entendre du russe sans me croire à portée de canon.

3.

L'apparition du mouvement skinhead en Russie dans les années 1990 est un des aspects les plus déroutants d'une décennie qui n'est plus à ça près. Après un demi-siècle de célébration de la victoire contre le fascisme, qui aurait pu s'attendre à ce qu'apparaissent dans les rues des grandes villes des bandes de jeunes nazillons au crâne lisse ? L'effondrement économique, l'explosion des repères culturels et le naufrage du système éducatif consécutifs à la chute de l'URSS y sont pour beaucoup. Ces phénomènes sont la toile de fond d'une véritable renaissance nationaliste entamée lors de la perestroïka. Des adolescents fascinés par le rock et la jeunesse britannique se sont mis à copier le style et les attitudes des skinheads anglais auxquels les journaux russes consacraient des piles d'articles. La rencontre de ces deux tendances a donné naissance aux skinheads russes.

Vers la fin des années 1990, dans une Russie qui ressemble de plus en plus à la République de Weimar, les partis ultranationalistes comprennent l'intérêt qu'ils ont à rassembler sous leur aile les groupuscules skinhead qui pullulent dans les grandes villes. À la tête du mal nommé Parti de la Liberté, c'est Youri Beliaev qui fédère les skins de Saint-Pétersbourg. On en compte alors une dizaine de milliers dans la capitale impériale. En 2001, il s'allie avec la formation néonazie la plus nombreuse de Russie : l'Union slave, de Dmitri Diomouchkine. C'est avec lui que j'ai rendez-vous ce midi dans un appartement de la banlieue de Moscou.

4.

Déjà trente minutes que j'attends au pied de l'immeuble de Diomouchkine. Tous mes appels tombent sur son répondeur, et pas un bar où se réchauffer dans le quartier. Il fait un froid mordant, même pour un avril moscovite. Une demi-heure plus tard, toujours pas de Diomouchkine en vue, et ma batterie est à plat. Je mets les voiles et rentre de sale humeur. Quelques heures s'écoulent. De retour à l'hôtel, pris d'un doute, je tape « Diomouchkine » dans Google Actu. Résultat :

« Une dizaine d'individus, au nombre desquels le leader nationaliste Dmitri Diomouchkine, ont été arrêtés cette nuit dans une boîte de nuit de la capitale où ils s'étaient réunis pour célébrer l'anniversaire de Hitler. »

Évidemment…

Les prises de contact suivantes ne s'annoncent pas meilleures, les mauvaises nouvelles s'accumulent dans l'après-midi. Un vieux rival politique de Youri me fait savoir qu'il ne sera pas disponible avant deux mois, un écrivain célèbre accepte de me rencontrer mais précise qu'il ne me sera « d'aucune utilité », le service de presse d'Igor Strelkov me fait mariner, et j'apprends qu'un intellectuel proche de Youri à ses débuts en politique a été retrouvé mort il y a quelques mois à peine.

Le soir venu, Alexandre Tarasov, spécialiste des skinheads russes, me retourne enfin mon coup de fil :

« Excusez-moi de ne pas avoir appelé lundi, j'ai fait une crise cardiaque. Êtes-vous disponible demain ? »

5.

Tarasov m'a donné rendez-vous à Kitaï-gorod, un quartier du centre de Moscou. Je connais bien l'endroit pour y avoir vécu quelques mois, à mi-distance de l'église de la Trinité et de la Loubianka, le siège du KGB. C'est un bâtiment massif au milieu d'une place vide, fait de briques jaunes qui épousent les variations du ciel russe. D'un gris austère les jours de pluie, la Loubianka éclate d'une teinte ocre aux dernières heures des après-midi d'été. Au milieu d'un fronton sans ornements, une horloge ronde comme un œil donne à l'édifice l'apparence d'un cyclope monstrueux.

Il est 16 h 30 quand Tarasov me rejoint. Il porte cette longue barbe noire semée de gris qui donne aux intellectuels russes cette allure de mystique, et un sweat-shirt trop large floqué « Sotchi 2014 ». Nous nous installons dans un restaurant pour discuter. Tarasov commande un thé, fronce ses sourcils broussailleux quand je lui explique mon intérêt pour les skinheads, caresse sa barbe en attendant que je termine, puis répond par une question :

« Dites-moi, Pierre, depuis que vous êtes arrivé à Moscou, combien de skinheads avez-vous croisés dans la rue ?

— Aucun. »

Il pointe un doigt en direction des trois jeunes hommes en parka claire et chemise cintrée attablés à quelques mètres de nous. Auprès d'eux, un skate repose sur un fauteuil vide.

« Avant c'était normal de croiser tous les jours des groupes de dix garçons au crâne rasé, mais maintenant la jeunesse russe, c'est ça. »

Il se renverse dans son siège et énonce d'un ton docte :

« Toutes les sous-cultures de Russie meurent selon le même schéma : elles s'inspirent des sous-cultures occidentales, apparaissent dans la capitale, se répandent en province, puis atteignent un plafond. À partir de ce moment-là, ceux qui ont rejoint les skinheads pour être à la mode ont déserté pour des mouvements plus tendance, comme l'altermondialisme. Seuls les plus radicaux sont restés. » Il sourit, espiègle. « Et il en ira de même pour nos amis hipsters. »

Je lui explique que j'ai rencontré Youri Beliaev à Lougansk. Je rogne la complexité de la relation que j'ai nouée avec lui, et me contente de le présenter comme une simple source qui s'est longuement confiée à moi. Je lui dis que je compte écrire un livre à son sujet, et que je souhaite vérifier certaines informations à propos de ses relations avec les skinheads de Saint-Pétersbourg. Ses sourcils décollent d'étonnement.

« Vous voulez écrire… un livre… sur Beliaev ? »

Il détache clairement chaque mot de sa phrase, comme pour mieux en souligner l'incongruité. Quelques secondes s'écoulent avant que j'acquiesce.

« Pourquoi pas ? »

Le serveur revient avec nos commandes. Tarasov plonge son nez dans sa tasse de thé vert. Je me suis toujours demandé comment faisaient les barbus pour boire sans se mouiller les poils.

« Je vois seulement mal en quoi Beliaev se distingue au point qu'on lui consacre des livres… Il n'a rien d'unique, il n'est qu'un exemple parmi d'autres de ces petits Führer qui se sont tiré la bourre ces vingt dernières années. Les types comme lui sont des extrémistes, mais pas des fanatiques. Ils savent qu'ils n'ont aucune chance d'accéder à des responsabilités dans un parti institutionnel. Ils n'en ont ni les moyens financiers, ni les compétences intellectuelles. Ils préfèrent rester de gros poissons dans de petites mares. À la tête du Parti de la Liberté, Beliaev pouvait réaliser son rêve et jouer au Führer. »

Tarasov repose sa tasse sur sa soucoupe. Pas une goutte de thé dans la barbe.

« Donc il n'a jamais été une figure importante en Russie ?

— Eh bien… Dans le milieu nationaliste et à Saint-Pétersbourg, c'est évident que c'était quelqu'un, mais il n'a pas réussi à aller plus loin politiquement. Il y avait de la concurrence, beaucoup de petits Führer dans son genre, et aucun grand sponsor n'a jugé bon de placer en lui sa confiance et ses ressources. Quant à ses qualités personnelles, vous les connaissez : ce n'est pas une figure charismatique. »

Il reprend une lampée de thé, déglutit, et conclut lapidairement.

« Beliaev est un vétéran, mais pas une figure nationale. C'est un homme du passé. »

Les vieux routiers comme Youri, Tarasov les appelle presque affectueusement « *dyedushki russkogo faschizma* » : les papys du fascisme russe. Il s'émerveille de l'obstination avec laquelle ils tentent de faire parler d'eux en se jetant à corps perdu dans le soutien au Donbass, comme s'ils étaient à la recherche d'une nouvelle jeunesse, d'un chaos ambiant qui leur rappelle les années fastes de la décennie enragée, quand ils étaient riches et influents, et sûrement cherchent-ils un terreau vierge où prospéreraient de nouveau leur nom et leurs idées. Aujourd'hui ils espèrent bâtir en Ukraine cette Nouvelle-Russie qui leur a glissé entre les doigts vingt ans plus tôt, mais Youri et ses semblables ont raté le coche, leur bestiaire est périmé. Ils ne veulent pas voir qu'il n'y a pas de match retour pour les animaux en voie de disparition.

« Les monarchistes de Stanislav Vorobiov, les ultranationalistes d'Alexandre Barkachov, ou les néonazis d'Ivanov-Soukharevski, tous se vantent d'avoir envoyé des centaines de combattants à Donetsk et à Lougansk. »

Tarasov rigole doucement.

« Le chiffre réel ne dépasse pas quelques dizaines d'individus. Quant à Édouard Limonov, que les Français admirent tant, la moitié de ses volontaires n'ont même pas de lien avec son parti. »

6.

Quand Emmanuel Carrère a publié sa biographie d'Édouard Limonov en 2011, Viktor Yanoukovitch dirigeait encore l'Ukraine. Rien ne laissait alors présager qu'une guerre éclaterait aussi soudainement. Et personne ne se doutait qu'à 70 ans révolus, Limonov émergerait des eaux stagnantes de l'opposition russe pour écrire dans le sang un nouveau chapitre de sa vie.

Dès février 2014 et l'aboutissement de la révolution sur la place Maïdan, des membres de son parti Autre Russie ont afflué en Crimée pour exiger son rattachement à la Fédération de Russie. En mai 2014, un mois seulement après le début des combats dans l'est de l'Ukraine, Limonov publie un texte annonçant la création de « Brigades internationales de volontaires » pour lutter aux côtés des séparatistes.

À Moscou, un centre d'entraînement d'Autre Russie a accueilli des volontaires de tous horizons avant de les expédier dans le Donbass. Des dizaines de membres du parti s'en sont allés combattre en Ukraine. Beaucoup y ont trouvé la mort. Du best-seller de Carrère, on retient qu'Édouard Limonov a rêvé toute sa vie d'être un jour chef de guerre. C'est désormais chose faite. À 72 ans, le voilà reconverti en prophète du djihad russe.

Qu'est-ce qui a poussé ce héraut de l'antisystème à devenir le porte-voix de la propagande du Kremlin ? Comme toujours, les raisons remontent à l'enfance, qu'il a passée à truander à Kharkov, dans l'est de l'Ukraine. Peut-être aussi s'est-il lassé de son vain combat contre le régime de Vladimir Poutine. En mai 2014, dans les rues de Moscou, j'avais assisté à un rassemblement d'Autre Russie en soutien aux séparatistes du Donbass. D'une voix chevrotante, le vieil Eddy appelait aux armes devant une centaine de militants. Avait-il l'assentiment des autorités ? Le contraire paraît peu probable. C'était son premier meeting autorisé depuis des années.

7.

Avant de nous quitter, je demande à Tarasov si les skinheads de Youri pourraient être derrière certains assassinats racistes commis à Saint-Pétersbourg dans les années 2000. Sa réponse est prudente, mais sans ambiguïté.

« Il y a un paquet de meurtres non élucidés à Saint-Pétersbourg, et il n'est pas exclu que Beliaev en ait commandité quelques-uns. Je vous laisse regarder de ce côté. »

Les cloches de l'église de la Trinité sonnent 18 heures. Derrière nous, les briques de la Loubianka se parent d'une carnation sanglante.

8.

C'est le jour du départ pour Saint-Pétersbourg. Le train de nuit part à 20 heures pour arriver à l'aube. Vue du ciel, la place Komsomolskaïa fait penser à un énorme cirque romain où les Lada auraient remplacé les quadriges. Depuis le parvis de la gare de Leningrad, les gratte-ciel staliniens donnent à Moscou des airs de ville hantée. De la même manière qu'à New York, rien ne semble à taille humaine, mais c'est une tout autre variété de démesure, car malgré ses 15 millions d'habitants, Moscou est désespérément froide et vide. À New York on ne voit pas le ciel. Ici, on le voit trop. Les avenues sont des fleuves immenses aux rives lointaines. Sur leurs berges, les façades se dressent comme des falaises de granit. Leurs fenêtres n'ouvrent sur rien, ce sont des trouées opaques où glissent les nuages, et un ciel infini prêt à tout aspirer. Seuls les Moscovites connaissent ce vertige ascendant, la crainte que la gravité s'inverse, c'est pourquoi ils marchent courbés, à la recherche d'une prise à laquelle se retenir.

Je finis ma cigarette et me dirige vers les quais. Je voyage en troisième classe, dans les wagons à couchettes sans compartiments. Les lits sont alignés le long du couloir et dans des alcôves sans cloisons. La meilleure place est en milieu de voiture, suffisamment loin de la chaleur moite du samovar, et à l'écart du passage des fumeurs. Outre qu'elle est économique, cette formule offre l'avantage de ne pas avoir à engager la conversation avec mes voisins, alors que les portes closes de la deuxième classe instaurent rapidement une gêne qui pousse les voyageurs à s'échanger des platitudes. Une autre fois peut-être. J'ai des entretiens à réécouter avant d'arriver.

9.

À notre arrivée, la gare de Saint-Pétersbourg est nappée de bruine et de brouillard. C'est la copie conforme de la gare de Leningrad à Moscou, comme si le train avait traversé un miroir à mi-chemin entre la nouvelle et l'ancienne capitale de Russie, quelque part au bord du lac Valdaï. Il est à peine 6 heures, et il fait le temps qu'on imagine de l'autre côté d'un miroir : gris métallique. Avril est le mois le plus étrange, celui des aubes ternes et des impressions confondantes, pas encore la saison des nuits blanches, mais déjà celle des matins trop longs. Devant la gare, place de l'Insurrection, un obélisque se dresse en mémoire des morts de la Grande Guerre patriotique. Au fronton de l'hôtel Octobre flambent les lettres immenses : « LENINGRAD, VILLE HÉROÏQUE ».

10.

Il est 18 heures. Youri m'a donné rendez-vous dans son quartier, à la sortie de la station de métro Lomonosovskaïa. Je suis en avance. J'en profite pour examiner l'esplanade et les bâtiments alentour. Nulle trace ici des canaux et des palais du quartier de l'Amirauté. Ce n'est pas encore la banlieue, mais ça n'est plus le centre historique. On pourrait être n'importe où en Russie. Des vendeurs de fleurs et des hommes-sandwichs squattent le parvis de la station. Un type déguisé en panda fait de la réclame pour un opérateur téléphonique. Perché sur un Segway, un samouraï africain distribue des prospectus pour une chaîne de restaurants japonais aux usagers du métro qui s'empressent de rentrer chez eux.

« Alors gamin, on rêvasse ? »

Le Chat m'attrape par le bras et me secoue comme un prunier. Je ne l'ai pas vu arriver.

« Excuse, Youri, j'ai pas l'habitude de te voir en civil ! »

Il éclate d'un rire nerveux et m'entraîne par l'épaule.

« Viens, restons pas là, vaut mieux pas s'attarder dehors dans ma situation ! T'as fait bon voyage ? Je sais pas comment tu fais pour voyager en troisième, je t'ai dit quarante fois de prendre le train de jour ! Tu t'installes, tu branches ton ordi, tu regardes la télé et t'es tranquille, tu peux même travailler. Va ! Des fois je me demande pourquoi je perds mon temps à t'expliquer tout ça, t'es comme mon fils, t'écoutes jamais rien ! »

Il me tape dans le dos et continue de rouspéter en souriant. Je ne l'ai jamais vu porter autre chose qu'un uniforme, mais il me semble avoir toujours connu sa casquette plate, ses lunettes fines, les plis de sa chemise rayée, le frou-frou de son anorak quand il accélère le pas. On traverse à toute allure le pont Volodarski qui enjambe la Neva, puis il s'arrête un instant pour admirer la puissance du fleuve, repart aussitôt, s'engage dans une longue tirade sur les merveilles de Saint-Pétersbourg, et lance une bordée de jurons contre Moscou et ses avenues sales. Il ne prend pas de mes nouvelles, ce qui est son habitude.

« Je suis content de te voir, Youri. »

Il me sourit et me donne encore une tape dans le dos en regardant derrière lui. Parvenus de l'autre côté du fleuve, on fait quelques emplettes dans un supermarché et on repart en longeant la rive bétonnée.

Il déblatère désormais sur la campagne législative de 1990, raconte les après-midi de tractage dans ce quartier où il a été député, lâche quelques anecdotes de bagarres, et le silence retombe. Je ne réponds rien. Il reprend sa harangue. Je l'écoute sans l'interrompre, heureux de le retrouver comme je l'avais laissé, jusqu'à ce que l'on parvienne au pied de son immeuble, une construction sans style haute de quatre étages. Youri vit au deuxième. Il vérifie une dernière fois que nous ne sommes pas suivis, et s'assure qu'il n'y a personne dans le couloir avant d'ouvrir la porte de chez lui.

L'appartement est sombre et mal aéré, la visite est l'affaire de quelques secondes : une cuisine, un salon, une chambre, une salle de bains, réparties de part et d'autre d'un couloir exigu. Une forte odeur de renfermé se dégage de la chambre à coucher.

« J'ai mis des draps propres dans le lit si tu veux crécher

ici. Moi je dors dans le salon. Faudra juste que t'évites d'allumer la lumière la nuit, il ne faut pas qu'on sache que je suis ici.

— Youri, c'est vraiment nécessaire tout ce cirque ?

— Et comment bordel ! Tu crois que je fais ça pour le plaisir ? J'ai encore des contacts dans la police je te signale, et d'après eux je suis toujours recherché !

— Ok, ok… on est chez qui ici ?

— C'est l'appartement de Sergueï. Mon fils. »

Il jette un œil au lit.

« C'est ici qu'il est mort.

— Excuse-moi, je savais pas… Je loue un appart' en ville, ça ira pour le couchage. »

Je m'efforce de changer de sujet.

« Comment t'as fait pour revenir en Russie ?

— J'ai quitté Perevalsk sans prévenir personne et j'ai roulé jusqu'à Izvarino, à la frontière russe. Un contrebandier que je connais bien m'a hébergé quelques jours, puis un matin on a embarqué sur un canot pneumatique, et on a traversé le Donets en catimini. Cinq minutes plus tard, j'étais en Russie. Une Jeep m'a emmené au premier village, où j'ai attendu le bus comme n'importe quel citoyen modèle, et après deux jours de trajet, je suis arrivé à Saint-Pétersbourg. On a été contrôlés sur la route, mais j'ai montré mon passeport ukrainien, et c'est passé sans problème. »

Youri sort de sa poche un livret bleu frappé du trident ukrainien. C'est bien sa photo à l'intérieur, mais sous un faux nom : Nikolaï Kolenitchenko.

« Je l'ai depuis 2009. Il m'a tiré de pas mal d'ennuis quand j'étais en cavale. »

On s'installe dans la cuisine pour déballer les courses. Dehors, la nuit tombe rapidement. Après quelques minutes, Youri se lève pour allumer la lampe du couloir. Un rectangle de lumière passe l'encadrement de la porte et éclaire le linoléum. Il vient se rasseoir après s'être assuré que les rideaux sont bien tirés dans chaque pièce de l'appartement.

Je fais mine de ne rien remarquer, et attrape une boîte de foie gras dans mon sac à dos :

« Je t'ai ramené ça de France, tu connais ?

— Bien sûr. Fais-nous des toasts, je m'occupe des légumes. Thé, café ?

— On a de la bière. »

J'allume une cigarette et contemple la cuisine. La toile cirée sur laquelle on est accoudés est aussi crasseuse que le linoléum au sol. Il y a des monceaux de vaisselle dans l'évier. Une puanteur sucrée émane du tas de poubelles entassées contre le frigo. Tout dans la pièce trahit la réclusion et l'abattement.

« T'aurais un verre propre ?

— Bois au goulot, j'en prendrai pas.

— Bordel, Youri, ça fait combien de temps que tu vis comme ça ?

— J'ai peur, merde ! J'ose à peine sortir de chez moi, tu comprends ça ? C'était déjà inconscient de venir te chercher au métro ! »

La scène qui se déroule dans cette pièce mal éclairée me semble si familière que j'ai l'impression de l'avoir vécue cent fois. J'ai perdu le compte des heures passées avec Youri. Nous reprenons notre routine, et les mots au-dessus des autres se pardonnent facilement.

« Excuse-moi. Comment va ta mère ?

— Elle survit. Enfin, c'est ce qu'on me dit. Je peux même pas aller à son chevet, voilà où j'en suis, putain… Des amis vont la voir pour moi et me tiennent au courant de l'avancée du cancer. Elle est très faible.

— Je suis désolé. »

J'hésite à sortir mon enregistreur après avoir parlé de la maladie de sa mère. Youri devine mon embarras. Il pointe du doigt mon sac à dos.

« Va chercher ton matériel, on sait tous les deux pourquoi t'es là. »

Je n'essaie pas de nier. J'installe mon dictaphone sur la table.

« Youri, je veux te demander… Pourquoi t'acceptes de me parler ?

— Pour que les gens sachent ce qui s'est passé. J'aurais pu le faire moi-même, tu sais. En 2011 j'ai écrit mes mémoires, presque un testament. Ils étaient terminés, prêts à être imprimés, mais il y a eu une descente de police chez moi. Ils m'ont mis une raclée et ils ont saisi mon ordinateur, avec le manuscrit dessus. Après ça, j'ai pas eu la force de tout réécrire.

— Et tu me fais confiance ?

— Oui… Évidemment, il y a des choses que je ne peux pas dire, mais je veux raconter cette histoire. J'imagine que tu diras que je suis une ordure fasciste, mais franchement je m'en branle, ça sera pas la première fois. »

J'acquiesce en silence. Une gêne me retient d'entamer l'entretien. Je réalise que c'est de la honte. Je tartine encore quelques toasts, comme si je voulais prouver à Youri qu'il y a quelque chose de plus dans notre « amitié » qu'un simple intérêt réciproque. Ou peut-être est-ce moi que j'essaie de convaincre. Youri prend les devants.

« Où est-ce qu'on en était ?

— Après ta tentative d'assassinat. C'est là que t'as quitté le business ? »

Youri se lève, passe un gobelet sous l'eau, et me le rapporte. Son tabouret grince quand il vient s'y rasseoir pour entamer son récit.

« Pas vraiment. J'avais encore quelques belles années devant moi. »

11.

À l'automne 1993, alors qu'à Moscou le soulèvement de la Maison blanche s'écroulait dans le sang, le gang de Tambov inaugurait dans un sous-sol des archives impériales un restaurant comme Saint-Pétersbourg n'en avait jusqu'alors jamais vu. Passé la salle de banquet et les alcôves privées décorées à l'européenne, on y trouvait un dance-floor, un bar proposant plus d'une soixantaine de variétés de bières belges à quatre dollars la pinte, et dans une arrière-salle enfumée, un casino clandestin doté d'un aquarium dans lequel les joueurs de roulette et de black-jack venaient piocher à n'importe quelle heure de la nuit le crabe de leur choix, spécialité du chef hollandais Rob Bunder. Après quelques mois, on y installa un vivarium à crocodiles, et en 1996, « Le Sénat » acquit un statut quasi mythique quand Bill Clinton en visite officielle vint y déguster du caviar, un saumon grillé et un sorbet à la mangue. C'est aussi là que Youri se lia avec celui qu'on appelait le « gouverneur noir » de Saint-Pétersbourg : le tout-puissant parrain du gang de Tambov, Vladimir Koumarine.

Sa tentative d'assassinat n'avait pas mis Youri à terre, bien au contraire. À son retour à Saint-Pétersbourg après son séjour au monastère de Valaam, à l'été 1995, il était rétabli de ses blessures et débarrassé de ses ennemis. Vladimir Koumarine n'avait pas eu cette chance. Presque en même temps que Youri, des tueurs du gang des frères Gavrilenkov avaient essayé de lui faire la peau, ce qui lui valut un mois dans le coma, l'amputation de son bras droit, et un exil en Suisse, où il s'était planqué deux ans en ruminant sa vengeance. Lorsqu'il revint à Saint-Pétersbourg, en 1996, peu après Youri, les deux frères Gavrilenkov étaient morts, et Koumarine avait fait main basse sur leurs activités.

C'est lui qui avait insisté pour rencontrer Youri. Koumarine voulait voir de ses yeux celui qui, quasiment au même moment que lui et dans des circonstances identiques, avait encaissé un chargeur de mitraillette et survécu. De ces blessures communes naquit une estime immédiate.

« Alors c'est vrai ce qu'on dit », lui demanda Koumarine en le saluant ce soir-là, un sourire entendu aux lèvres, « toi aussi t'es immortel ? »

Ils s'attablèrent avec un flacon de vodka et discutèrent de longues heures. Koumarine n'était pas venu que pour faire connaissance. Depuis son retour, il était déterminé à mettre la main sur la ville pour de bon en légalisant ses affaires et en prenant le contrôle du business du pétrole. Il avait commencé à racheter une à une toutes les filiales pétersbourgeoises de Surgutneftegas, la boîte pour laquelle Kolesso gérait la sécurité des terminaux pétroliers sous couvert de Rubicon Security.

« Je vais proposer à Kolesso de travailler pour moi, asséna Koumarine. En échange je m'engage à préserver votre petit accord et tes 10 %. »

Youri n'eut rien à y redire, Koumarine n'était pas un homme auquel on disait non. Peu de temps après, le gang de Kolesso prêtait allégeance à la mafia de Tambov. Au même moment, Youri devenait partenaire d'affaires du roi du crime de Saint-Pétersbourg.

Koumarine pensait en avoir fini, quand Youri lui souffla une idée. L'élection à la mairie de Saint-Pétersbourg devait avoir lieu dans deux mois, et Youri avait présenté sa candidature en tant que leader du Parti national républicain.

« Je sais que vous voulez remplacer ce salopard de Sobtchak par Yakovlev pour avoir les coudées franches.

Ça vous dirait que je me désiste pour Yakovlev ? C'est pas vraiment un nationaliste, mais au moins avec lui on peut s'entendre… »

12.

Youri mord dans un toast pendant que je me verse un verre. La LED rouge de l'enregistreur clignote toujours sur la toile cirée.

« Les bandits qui ont réussi, c'est ceux qui ont pigé que pour survivre, il faut tenir les politiciens. Koumarine a accepté ma proposition, et pour 20 000 dollars je me suis désisté en faveur de Yakovlev. La veille du scrutin, j'ai retiré ma candidature en direct à la télévision et j'ai appelé à voter pour Yakovlev. Je dirais pas qu'il me doit sa victoire, mais vu qu'il a gagné à seulement quelques centaines de voix près… »

Dans le couloir, l'ampoule se met à clignoter.

« La même année, Koumarine m'a filé 150 000 dollars pour que je fasse élire Evgueni Mikhaïlov au poste de gouverneur de Pskov. J'ai fait éditer des dizaines de milliers d'exemplaires de tracts et de journaux en sa faveur, et j'ai consacré toutes mes apparitions publiques à vanter ses mérites et calomnier les autres candidats. Il a remporté l'élection. En échange, il a protégé mes opérations et celles de Koumarine jusqu'à la fin de son mandat. »

Tout à coup, Youri se fige, puis bondit de son siège pour regarder par la fenêtre.

« T’as pas entendu un bruit dans la cour ?

— Non.

— Je te dis qu’il y a eu un bruit. Éteins la lumière, vite !

— Youri, qu’est-ce que… »

Il ne me laisse pas finir ma phrase et se rue sur l’interrupteur. Nous nous retrouvons plongés dans la pénombre. Au rez-de-chaussée, on entend la porte métallique du hall s’ouvrir, puis des bruits de pas gravir rapidement les escaliers. Youri se raidit, une main toujours sur l’interrupteur. Les pas se rapprochent, grimpent les marches en foulées lourdes et cadencées. Quatre ou cinq personnes. Parvenus au palier du premier étage, le rythme ralentit. Les foulées se font lentes, presque inaudibles. Ils arrivent au deuxième palier. Youri tend une main dans ma direction, pour m’intimer l’ordre de rester immobile. Il retient son souffle. Ils sont derrière la porte.

13.

Un éclat de voix résonne sur le palier. C’est une voix claire. Jeune. Des rires lui répondent dans la cage d’escalier. Puis les pas s’en vont vers le troisième étage, une porte s’ouvre et se referme, et bientôt de la musique joue à plein volume dans l’appartement du dessus. On est un vendredi soir à Saint-Pétersbourg. Je me résous à briser le silence.

« C’est juste tes voisins qui font la fête. »

Youri rallume la lumière, vient se rasseoir, et passe une main sur son visage. Je remarque pour la première fois qu'il a les yeux rougis. Ses traits sont tirés, marqués par l'anxiété. J'essaie de masquer la pitié dans ma voix.

« Ça peut pas durer éternellement… »

Il éclate.

« Est-ce que j'ai le choix, putain ? Je peux pas retourner à Lougansk, je peux pas aller à Donetsk, et ici je suis toujours recherché, c'est mon contact dans la police qui me l'a dit ! Bordel, faut te le répéter combien de fois ?

Il se laisse retomber sur le tabouret comme un sac de farine.

« Youri… Qu'est-ce que tu comptes faire ?

— La Russie est imprévisible… on s'endort paisiblement un jour, et le lendemain c'est la guerre civile…

— Ça fait longtemps qu'il n'y a plus d'opposition en Russie.

— Tous les nationalistes sont soit en taule, soit contrôlés par le Kremlin, mais s'il y a la moindre chance de dégager ce putain de gouvernement, alors je suis prêt à tout… »

Je tente un sourire.

« Même bosser avec les libéraux ?

— Et merde, quelle différence ? Même avec Nemtsov s'il s'était pas fait flinguer, et Dieu sait que je l'aurais buté moi-même ! Avec les communistes même, pourquoi pas ? Après tout c'est de là que je viens ! J'en ai plus rien à foutre. Hitler, Mussolini, Porochenko, n'importe qui, tant que ça permette d'écraser ces salopes. »

Il hurle, et les veines sur ses tempes semblent sur le point de se rompre. Puis subitement sa voix retombe, comme brisée.

« Je voudrais qu'ils crèvent… Si j'ai tout perdu, c'est à cause d'eux… J'avais tout, et ils m'ont tout pris. »

Ses lèvres se crispent sous ses yeux hagards, comme si quelque chose s'apprêtait à craquer en lui. Il cherche encore ses mots, mais il ne les trouve pas. Alors il arrête de parler.

« Je suis fatigué, Pierre… Rentre chez toi. Je te raconterai tout ça dans les jours qui viennent. »

14.

L'appartement que je loue appartient à un Anglais expatrié à Saint-Pétersbourg depuis une vingtaine d'années. Lui et ses enfants sont partis en vacances le jour de mon arrivée. J'ai tout le logement pour moi. C'est une pépite, vaste et lumineuse, au dernier étage d'un immeuble historique de l'île Petrogradski. Les murs en briques apparentes évoquent un studio de Brooklyn, et d'une belle terrasse chargée de plantes vertes on voit le dôme de la cathédrale Saint-Isaac dépasser des toits ocre et indigo de la capitale impériale. En cette fin d'après-midi, le soleil perce enfin la grisaille. Dans le ciel, les nuages d'avril s'en vont en dérivant lentement vers la mer, comme des navires s'en retournant à leur port d'attache après un long blocus.

Youri a besoin de repos, je ne le verrai pas aujourd'hui. À la place, j'ai rendez-vous avec un de ses anciens compagnons de route, l'ultranationaliste Nikolaï Bondarik, ancien président du « Parti russe » pendant quelques années après la chute de l'URSS.

Je le retrouve devant le tribunal de quartier où il est venu chercher son acte de condamnation. Déjà condamné à cinq ans de prison en 1997 pour avoir battu un type à mort, il vient de reprendre un an et demi avec sursis pour trouble à l'ordre public, et interdiction de s'exprimer dans la presse pendant trente-six mois. Je serai donc sa dernière intervention médiatique avant trois ans de silence.

On s'installe dans un café adossé au tribunal, et il s'étonne en rigolant quand je lui parle de mon projet de livre. Grand blond aux épaules carrées, des cheveux courts tirant sur le gris, il porte bien la cinquantaine et sourit constamment. Il aime parler à la presse, et le fait en showman, avec un ton blagueur et un débit de mitraillette. Bondarik n'est plus en contact avec Beliaev depuis bientôt dix ans, mais se souvient avec précision des années où lui et Youri évoluaient dans les eaux troubles du national-banditisme pétersbourgeois. Il s'étire sur sa chaise, et rassemble ses souvenirs en fumant mes cigarettes.

15.

« J'ai rencontré Youri Beliaev en 1990, à une réunion du mouvement patriotique Otetchestvo, quand il était déjà député du Soviet de Leningrad. C'était une époque extraordinaire, la première incursion de démocratie dans un pays qui n'avait connu que le tsar et le communisme ! Difficile à imaginer, quand on voit l'état d'apathie de notre société aujourd'hui, mais il y avait un niveau de politisation phénoménal à l'époque. On recrutait à tour de bras, on organisait des meetings, des dizaines de milliers de personnes ! Puis la chute de l'URSS est survenue, et ç'a été une tragédie pour nous tous. D'ailleurs je ne pense pas que le terme de "chute" soit approprié. C'était plutôt une cassure gigantesque. On s'est tous sentis trahis par Gorbatchev.

En 1992, je suis parti combattre en Transnistrie pour aider les Russes sécessionnistes face à l'armée moldave. Quand je suis revenu, tout avait changé à Leningrad, même le nom de la ville ! Les flics étaient devenus des bandits, et Youri avait suivi le mouvement. C'était un excellent organisateur, il est devenu très riche en travaillant avec la mafia. Aujourd'hui, plus personne ne le connaît, mais c'était une figure légendaire des années 1990. C'est lui qui m'a aidé à cantiner quand j'étais en prison. Il a connu un vrai succès à cette période de sa vie, mais comme nous tous, il s'est fait rétamer à l'arrivée du nouveau millénaire. Ça doit vous paraître fou, mais on y a vraiment cru ! Nous les nationalistes, on pensait sincèrement qu'on allait changer le destin de la Russie. Tout s'est joué en 1993, pendant la crise constitutionnelle. Vous connaissez l'histoire ? Les tanks ont fait feu sur la Maison blanche, Eltsine a dénoncé un "complot rouge-brun", et deux mois plus tard, il a fait voter une nouvelle Constitution donnant d'énormes pouvoirs au président. C'est à cause de la crise de 1993 qu'on n'a plus de démocratie en Russie. Poutine n'a rien inventé. C'est Eltsine le coupable.

Youri n'a plus été le même après ça. C'est à la Maison blanche qu'il a réalisé qu'il n'y avait rien à tirer de la politique institutionnelle, alors il s'est progressivement replié sur ses activités criminelles. Je connais pas mal de monde qui pense que Youri est un arriviste sans principes, mais je n'y crois pas. Si ç'avait été un arriviste, il serait resté au Soviet de Leningrad, il serait pas allé en Bosnie, il aurait soutenu Eltsine, il n'aurait pas risqué tout ça. Il aurait pu faire une belle carrière dans la police ou dans la politique, rejoindre Eltsine et Poutine, qui sait, devenir gouverneur ! Donc je ne crois pas à la thèse de l'arrivisme. Youri est un enfant de son siècle, et son histoire est notre histoire à nous tous. Celle d'une gigantesque opportunité qu'on a laissée glisser entre nos mains. »

16.

Je retrouve Youri le lendemain soir. Cette fois-ci, il n'est pas venu me chercher à la sortie du métro, à moi de me rappeler le chemin. Je traverse le pont Volodarski, long comme la tour Eiffel, et m'arrête au supermarché acheter ce qu'il m'a demandé : une salade et un poulet rôti pour ce soir, du café, des sachets de gâteaux secs, et suffisamment de boîtes de conserve pour ne pas avoir à ressortir avant plusieurs jours. J'ajoute une grande bouteille de bière au panier. Je picole hélas toujours autant qu'à Lougansk. À mon retour en France, j'avais pris rendez-vous avec un psy, avant d'annuler au dernier moment pour rejoindre Youri à Saint-Pétersbourg. Je me souviens avoir ressenti un léger soulagement en raccrochant, comme si j'évitais un stigmate un peu honteux. Quand on n'assume pas encore de « voir quelqu'un », c'est une manière comme une autre de se convaincre que tout va pour le mieux.

Je passe à la caisse et poursuis ma route sur la berge bétonnée. Les barres se ressemblent toutes. Je vérifie l'adresse et trouve le bâtiment, 78 quai de la Révolution d'Octobre. J'appuie sur l'interphone, personne ne répond. Je sonne encore plusieurs fois, toujours sans succès. Je vais m'asseoir sur un banc devant l'entrée pour l'attendre. Au bout de quelques minutes, je reçois un coup de fil de Youri sur mon portable :

« Pierre ? C'est toi ? »

J'aperçois une forme derrière les rideaux blancs de la cuisine, au deuxième étage.

« Oui Youri… Tu m'ouvres ?

— Personne ne t'a suivi ?

— J'ai pas fait attention, mais je pense pas… »

Un court silence s'écoule, puis Youri raccroche. Une sonnerie électrique annonce l'ouverture de la porte de l'immeuble. Je grimpe au deuxième étage, et toque à son appartement. J'imagine qu'il observe le palier par le judas. Il m'ouvre après quelques secondes, s'assure qu'il n'y a personne dans la cage d'escalier, et referme la porte avec précaution pendant que je dépose les sacs plastique sur la table de la cuisine. Je remarque qu'il ne s'est pas rasé depuis notre dernière rencontre, et lui promets de lui ramener le nécessaire pour sa toilette la prochaine fois. Il hausse les épaules sans trop d'intérêt. Je tente de le dérider en lui parlant de choses et d'autres, mais ce n'est que lorsque j'aborde ma rencontre avec Bondarik qu'il sort enfin de son apathie soucieuse.

« Qu'est-ce que t'es allé foutre avec ce connard ?

— Je voulais son point de vue. Il m'a dit beaucoup de bien de toi. »

Il fronce les sourcils.

« Il t'a pas raconté comment il est devenu président du Parti russe, j'imagine…

— Il m'a dit que ça s'est fait à son retour de Transnistrie en 1992.

— Quand il est revenu à Saint-Pétersbourg, il est devenu vice-président du Parti russe. Le président était un de mes meilleurs amis, Vladimir Tsikarev. Il s'est rapidement rendu compte que Bondarik essayait de l'évincer, alors il l'a mis sur la touche en lui coupant les financements. Et là ça a viré à l'hystérie.

— Qu'est-ce qui s'est passé ?

— Un soir d'août 1993, Bondarik et ses copains ont invité Tsikarev à l'anniversaire d'un membre du parti, dans un appartement près de la rivière Karpovka. J'ai pressenti que ça allait mal se passer, tu sais bien, je sens ces trucs-là. Je l'ai supplié de ne pas y aller, mais il ne m'a pas écouté. Il est allé à l'anniversaire, et le lendemain matin, sa mère m'a appelé pour me dire qu'on avait retrouvé son corps dans la rivière Karpovka, sans le nez et les oreilles. Dix-sept coups de couteau. Ils l'avaient torturé, ces fils de putes… »

Je regarde Youri découper les blancs du poulet rôti en me demandant s'il a déjà tué à coups de couteau.

« La police l'a cravaté quelques mois plus tard, mais finalement c'est un membre du parti qui a porté le chapeau.

— Et malgré ça tu l'as aidé quand il était en prison ?

— Il en allait de ma réputation, c'était dans l'ordre des choses que je pourvoie aux besoins des nationalistes qui finissaient au trou. Même des petites merdes sans principes comme Bondarik.

— Il a tué ton ami…

— Je suis d'accord… mais je l'avais prévenu. Et mon ami ne m'a pas écouté.

— Ça a dû être un coup dur pour toi.

— Ouais. Mais c'était encore rien comparé à ce qui allait se passer. »

17.

« Beaucoup de types rêvent de devenir gangsters. Ils fantasment sur l'image romantique du criminel à qui tout sourit, qui plane au-dessus des lois avec un calibre dans une poche et une liasse de billets verts dans l'autre. Moi j'ai jamais voulu devenir bandit. Pour sûr il y a la bringue, la baise, l'argent facile, et des passe-droits dont les tocards bien rangés n'ont même pas idée, mais la romance et les fantasmes ça sert à rien quand on te tire dessus ou qu'on te balance en taule. Pour moi, le crime c'était uniquement un moyen de financer mon parti politique.

On avait bien eu quelques ennuis au printemps 1995, quand la société mère de Rubicon Security a fait faillite pour cause de mauvaise gestion. C'était peu après ma rencontre avec Koumarine, et faute de couverture légale, il a fallu que je m'assoie sur le deal des terminaux pétroliers, et les millions qui allaient avec. Ç'a été difficile à avaler, mais c'était qu'un contrat parmi d'autres, et je pouvais compter sur les cosaques de Pouchkine pour faire tourner mes affaires. Puis au final, j'étais pas mécontent de m'éloigner d'un business aussi violent que celui des hydrocarbures. Ma première tentative d'assassinat m'avait mis du plomb dans la tête.

Les vrais problèmes sont apparus un an plus tard. De la même manière que la guerre de Bosnie m'avait lancé dans les affaires, c'est la guerre de Tchétchénie qui m'a forcé à raccrocher. C'était l'été 1996, et notre armée avait pris une branlée monumentale. Pour les cosaques, c'était un véritable cauchemar. Depuis le XVIe siècle, ils se considéraient comme les gardiens des marches de la Russie face aux agresseurs venus des montagnes. Quand le tsar Alexandre Ier a décidé de franchir le Terek pour conquérir le Caucase, c'est eux qui ont construit des forts et défendu les villages. Quand la guerre de Tchétchénie a commencé à la chute de l'URSS, ils ont combattu pour ce qu'ils considéraient comme une terre cosaque. Et quand en août 1996 la Russie a signé l'accord de paix de Khassaviourt, et que la Tchétchénie est devenue indépendante, ils se sont sentis trahis par l'État même qu'ils avaient juré de protéger.

Après la signature de l'accord de paix, les cosaques de Pouchkine ont acheté un complexe de bâtiments dans le village de Stoderevskaïa, sur la rive nord du Terek, tout juste à la frontière de la Tchétchénie. Officiellement, il s'agissait d'établir une base pour aider les forces de l'ordre à sécuriser la frontière, mais secrètement, ils comptaient rassembler des armes et des combattants, pour un jour franchir le Terek, et établir un gouvernement cosaque sur le district Nadteretchny, désormais sous contrôle tchétchène. C'est l'ataman Nossatchev qui coordonnait l'opération. Quand il m'en a parlé, je me suis tout de suite proposé de les aider ! Je leur ai donné un coup de main pour le financement et l'acheminement des armes, et ils se sont retrouvés avec un véritable arsenal : pistolets, grenades, mitrailleuses lourdes. Malheureusement, un connard nous a dénoncés à la police, et ils ont essayé de perquisitionner la base pour détention illégale d'armes à feu. Arrivée sur les lieux, la police a demandé à ce qu'on les laisse entrer, les cosaques leur ont dit d'aller se faire enculer, le face-à-face s'est envenimé, et les cosaques ont fini par ouvrir le feu. Et je parle pas de petit calibre, ils ont carrément sorti les mitrailleuses et les grenades ! À la fin de la fusillade, un inspecteur et un flic étaient morts. Je n'étais pas là à ce moment-là, mais quand on m'a mis au courant, j'ai tout de suite compris qu'il y aurait des problèmes, parce que c'est typiquement le genre de conneries que le FSB ne laisse jamais passer. Que deux gangs s'entretuent en pleine ville, passe encore, mais si des policiers se font buter, fini de rire.

Mon nom n'est pas sorti dans ce dossier, mais les cosaques de Pouchkine étaient maintenant sur le radar du FSB. Plusieurs d'entre eux ont fini en taule, et les contrôles fiscaux et les perquisitions ont mis une énorme pression sur leurs business – c'est-à-dire sur nos business. C'est devenu si lourd qu'il a fallu que je prenne mes distances d'avec Koumarine, Kolesnikov et les autres bandits avec lesquels je traitais. Être surveillé par les services, c'était la lettre écarlate, plus personne ne voulait dealer avec moi. Cela dit, j'étais pas le seul dans ce cas, c'était dans l'air du temps. À la chute de l'URSS, le KGB avait été découpé en une dizaine de services concurrents et impuissants, mais après quelques années, le FSB émergeait comme la puissance dominante, et toutes les organisations criminelles commençaient à sentir sa pression.

Un an plus tard, c'est la crise financière d'août 1998 qui m'a définitivement mis hors jeu. Le gouvernement a fait défaut, et en l'espace de trois jours, les billets de banque ont perdu toute valeur. L'inflation a laminé tous les crétins comme moi qui n'avaient pas eu la prudence de planquer leur argent à l'étranger. Quand les gens ont vu que le rouble s'effondrait, ils se sont rués aux guichets pour retirer leurs économies. Ça a causé une panique bancaire, et les banques se sont effondrées les unes après les autres. Quand la poussière est retombée, la banque des cosaques qui me servait de lessiveuse avait mis la clef sous la porte, et le plus gros de ma fortune était parti en fumée.

J'ai bien essayé de me refaire après ça, un peu d'extorsion par-ci, un peu de contrebande par-là, mais ça n'avait plus rien à voir avec ce que je gagnais avant, et de toute façon le FSB ne me laissait plus respirer. Ça a continué quelque temps encore, jusqu'à ce qu'un beau jour d'été 1999 j'apprenne la mort d'un de mes meilleurs amis, Pacha Kapych. C'était un magnat des hydrocarbures, "le roi du pétrole de Saint-Pétersbourg", comme disait la presse, un des hommes les plus riches et puissants de la ville. Mais tout son pouvoir n'a rien pu faire pour le sauver. Il avait beau être prudent et ne rouler qu'en Jeep blindée, il avait pas prévu qu'on viendrait l'attaquer à coups de lance-roquettes. Quand j'ai appris qu'une huile du FSB avait mis la main sur ses affaires, j'ai compris que la décennie enragée touchait à sa fin, et qu'il fallait que j'en prenne acte moi aussi. Le temps des bandits était passé.

On a enterré ce qu'il restait de lui, et j'ai raccroché. »

18.

Depuis que j'ai commencé mes recherches sur Youri, je retombe régulièrement sur un portrait au lance-flammes que lui a consacré un journal pétersbourgeois, il y a de ça une vingtaine d'années, et qui s'ouvrait ainsi :

« Les membres de son parti affirment, non sans pathos, que Beliaev est né avec une inextinguible soif de sang. La police, où il a commencé, n'a pas permis d'étancher cette soif, c'est pourquoi il s'en est allé à la guerre, en Yougoslavie. »

J'imagine qu'il serait plus simple pour tout le monde que Youri soit pervers tout d'un bloc, salaud sans ambiguïté, mais je sais que c'est faux et qu'aucune prétendue soif de sang ne l'a poussé dans des montagnes bosniaques où il n'aurait jamais imaginé se retrouver en première ligne. Peut-être le temps passé avec lui obscurcit-il mon jugement, mais pour ma part, je ne crois pas aux monstres – seulement aux opportunistes.

Je rentre tard de chez Youri, et reste longtemps éveillé, à tenter de démêler la part de vérité dans ses propos. À l'entendre, le crime n'aurait jamais été qu'un moyen de financer un combat idéologique, comme le faisaient un siècle plus tôt les révolutionnaires professionnels russes. Dans sa jeunesse, Joseph Staline écumait les banques de Géorgie avec son gang pour alimenter les caisses du parti bolchevik. En ce qui concerne Youri, il y a de quoi hausser un sourcil. Sûrement dit-il vrai quand il affirme qu'il était alors impossible de faire de la politique sans se salir les mains, mais il l'a fait avec une avidité qui laisse peu de doutes sur ses priorités. L'argent du « business » ne servait pas à recruter pour son parti, ni à agrandir les locaux, ou lancer de nouvelles sections régionales, bien au contraire. Deux ans à peine après que Youri en a pris le contrôle, en 1994, le Parti national républicain était devenu pour lui un moyen comme un autre d'amasser toujours plus d'argent.

Contre l'évidence, il continue de se justifier, de répéter qu'il est un homme de convictions ; et tout en sachant que je ne le crois pas, d'affirmer que ses opinions politiques sont la seule cause des malheurs qui l'affligent. Je lui en veux, je crois, de maquiller si grossièrement ce qui semble n'être qu'une vulgaire histoire de fric. J'aimerais – j'aurais aimé – qu'elle soit plus flamboyante, qu'elle se prolonge aujourd'hui, que Youri, ce soir, ne m'apparaisse pas comme un raté. Je repense à ce que m'a dit Tarasov. Peut-être Youri n'a-t-il rien d'exceptionnel. Il se terre, craint le moindre bruit, imagine des descentes de police ; il est fini, c'est certain, et pourtant… Malgré les heures passées avec lui, je ne sais toujours pas si c'est de la pitié ou de l'admiration que je ressens en voyant un homme acculé de la sorte garder la force de se mentir si fabuleusement à lui-même.

19.

Au bord du canal Griboïedov, au numéro 28 de la perspective Nevski, un remarquable immeuble de style Art nouveau chargé de bronzes aux cambrures florales abrite la librairie la plus célèbre de Saint-Pétersbourg. À l'intérieur, les volumes s'étalent sur trois niveaux sous des lustres anciens. Le rez-de-chaussée est envahi de livres commémorant la victoire contre le nazisme. Un employé m'aide à naviguer jusqu'au rayon criminologie, où je trouve un ouvrage de référence sur la mafia de Saint-Pétersbourg.

Les récits compilés dans le livre sont hauts en couleur, mais ce sont les photographies qui me fascinent le plus. Oubliées les images de parrains gominés en smoking Deauville. Ces bandits-là ont l'air d'ouvriers agricoles tout juste évadés de leur kolkhoze. Un Polaroid a immortalisé un banquet du gang de Tambov : autour d'une table recouverte de flacons de vodka et de tulipes en plastique, les hommes portent pulls à grosses mailles, vestes en cuir, nœuds papillons ou survêtements Adidas. Qu'importe l'étiquette, pourvu que les barmen soient en smoking et les femmes en tailleur léopard. Le dress code ne change pas dans la section des *mugshots*. Plus loin, une série de photos de tombes et d'enterrements s'ouvre sur un dicton mafieux : « Si tu me rates, je te tue. Si tu me tues, je te pardonne. » Suit une photo de Vladimir Koumarine baisant la main du patriarche Alexis II.

C'était les années 2000, et le maître du crime de Saint-Pétersbourg s'était lancé dans une dernière ambitieuse conquête, celle du salut de son âme. Ses donations à l'Église orthodoxe ont financé l'acquisition de centaines d'icônes, la reconstruction des clochers du plus ancien monastère de Russie, la fonte du grand bourdon de la cathédrale Notre-Dame-de-Kazan, la « basilique Saint-Pierre russe », qui porte le prénom du président Poutine. Ces dispendieuses indulgences n'ont hélas pas permis à Koumarine d'acquérir la rémission de ses péchés, et le 12 novembre 2009, celui qui se présentait comme « retraité et mécène » a été condamné à quatorze ans de prison pour fraude et blanchiment d'argent. Tout passe.

La sélection d'images s'achève sur la photo d'un cadavre. Un homme en survêtement gît dans le hall d'un immeuble, devant une cage d'ascenseur. Son visage n'est plus qu'un souvenir. Des éclats de cervelle et de boîte crânienne baignent dans des litres de sang. L'arme du crime, une kalachnikov, a été laissée à quelques centimètres de lui. Le canon, le chargeur, la poignée et la queue de détente sont recouverts de ruban adhésif pour masquer les empreintes digitales. Sous l'image, la légende résume en une ligne l'ambiance de l'époque : « Saint-Pétersbourg, dans le plus pur style ».

Il est 16 heures quand je referme le livre et pars rencontrer un ancien ami de Youri. Stanislav Vorobiov m'accueille dans son cabinet juridique chargé d'icônes, non loin de l'appartement que je loue. Lui et Youri ont évolué ensemble dans le milieu nationaliste pétersbourgeois des années 1990, puis ils se sont perdus de vue. Depuis 2005, il dirige le Mouvement impérial russe, un groupuscule tsariste, xénophobe et antisémite, qui a envoyé plusieurs dizaines de volontaires se battre dans le Donbass. Malgré cela, Vorobiov s'exprime en juriste, avec calme et clarté, et me fait, somme toute, l'impression d'une personne « respectable ».

20.

« Il vous paye pour écrire ce livre ? Non ? Drôle d'idée que vous avez… Youri, je l'ai rencontré en 1991. À l'époque c'était encore un homme de convictions, un patriote sincère. On était proches et on collaborait pour faire progresser nos idées. Malheureusement ça n'a pas duré longtemps, il a vite changé. Il me parlait de combines mafieuses, me proposait de s'associer à lui. Moi, j'ai toujours refusé, par principe, mais lui, ses idées politiques étaient passées au second plan, il n'y en avait plus que pour le "business". C'était une période enivrante pour lui, la fortune lui a fait tourner la tête. Quand tout ça s'est arrêté, ça l'a rendu très amer.

Je ne pense pas que Youri soit vraiment idéologisé. Au mieux, on peut dire que ses opinions sont "souples". Du reste, c'est un égoïste et un opportuniste. La preuve, c'est qu'il n'a pas hésité à se reconvertir dans le "commerce politique" quand ses revenus criminels ont diminué. C'est une pratique très répandue en Russie : on propose une certaine somme d'argent à un leader nationaliste pour qu'il organise une manifestation avec des saluts nazis, les télévisions filment, et ça permet de discréditer tout le mouvement patriote. C'est du théâtre, mais c'est très lucratif. Il s'est aussi fait payer pour se présenter à des élections afin d'assurer la victoire d'un autre candidat. C'était plus de la politique, mais du mercenariat pur et simple.

On est restés en contact jusqu'en 2000, après quoi on ne s'est presque plus parlé. Voyez-vous, je pouvais comprendre qu'il se fasse bandit, mais qu'il devienne païen, ça non ! Mon organisation exclut toute relation avec les athées, païens, satanistes, agnostiques et autres psychopathes dans ce genre. Alors vous m'excuserez, mais je ne sais pas ce que Youri est devenu, et ça ne m'intéresse pas. »

21.

Des pêcheurs ont amarré leurs canots au quai de la Révolution d'Octobre pour y vendre leurs prises de la journée. Ils viennent ici un jour sur deux, mais les clients sont rares, surtout les jours de pluie comme aujourd'hui. En fait le quai est désert. Je leur achète deux kilos de gardon et poursuis ma route vers l'appartement. Comme la dernière fois, Youri ne répond pas à mes coups de sonnette, et je dois l'appeler une bonne dizaine de fois pour qu'il daigne enfin jeter un œil fureteur par la fenêtre, drapé dans les rideaux en mousseline de la cuisine comme un spectre gras et vaporeux, et me laisser entrer. Il flotte à l'intérieur une odeur de cigarette et de sueur. Je dépose le sac plastique plein de poissons à côté de l'évier.

« T'as eu de la visite ?

— Natacha est venue de Pskov.

— Ta femme ?

— Ouais. »

Youri se dirige vers l'évier pour inspecter les poissons, et tire un couteau effilé de l'égouttoir. Son visage est marqué par le stress et le dépit, les restes d'une sale journée. J'essaie un instant de l'imaginer baiser. Il enfonce son couteau sous la bouche d'un gardon pour en vider les entrailles. J'allume une cigarette.

« Et alors ?

— Comme toujours… On a encore fini par s'engueuler. »

Il fait lentement glisser la lame le long du ventre du poisson, avec l'air de retenir derrière ses lèvres un crachat de dégoût.

« Ça aussi, ça fait des années que ça dure. Je peux même pas avoir une vie de famille normale.

— Elle est encore à Saint-Pétersbourg ?

— Non, elle est déjà repartie à Pskov, elle vit là-bas avec Kolya, mon deuxième fils. Elle t'aurait rien raconté de toute façon, je lui disais rien de mes affaires. »

Il glisse ses doigts dans l'entaille ouverte dans le poisson, et en arrache les viscères, qu'il jette dans l'évier. Le cœur, le foie, l'estomac et les intestins forment un petit tas rouge sur l'inox humide.

« On a jamais trop parlé de ta femme. Ça fait longtemps que vous êtes ensemble ?

— Je l'ai rencontrée en 1995, juste après mon divorce d'avec Elena, la mère de Sergueï. Va savoir pourquoi j'ai fait la connerie de l'épouser celle-là, elle était tarée. Enfin tu vois le truc, tu rencontres une jolie fille à 17 ans, tu pars au service militaire, et si elle est encore là à ton retour, tu l'épouses. Ça s'est passé comme ça pour moi. Quinze ans qu'on a été mariés. Au début on était bien ensemble, mais ça a pas duré longtemps. J'avais jamais été trop fidèle, mais du moment où je me suis lancé dans le business et la politique, j'ai eu des petites amies dans toute la ville. Ça avait commencé avec Milana Kovalkova, mon assistante.

— Celle qui t'a aidé à envoyer les volontaires en Bosnie ?

— Ouais. C'était une femme superbe et intelligente, une linguiste qui parlait genre quinze langues. Je t'ai aussi parlé de cette Ouzbèke, mais il y en avait d'autres. Ça causait du grabuge, évidemment. Avec tout l'argent que je ramenais à la maison, elle avait arrêté de travailler, et elle passait son temps à sortir avec ses amis et à faire la fête. Très vite elle a commencé à avoir un problème avec l'alcool. Moi j'avais du boulot par-dessus la tête, et je devais parfois tout planter pour aller la récupérer ivre dans un bar. Et quand on était ensemble le soir, c'était des coups et des engueulades. Y'avait plus rien à sauver, alors on a divorcé. »

Il attrape un nouveau gardon et lui fait subir le même traitement qu'au précédent. Le poisson est vidé en quelques gestes rapides et précis.

« Quelques mois plus tard, j'ai rencontré Natacha, qui est toujours ma femme. Elle était secrétaire dans une filiale de Rubicon, à Pskov, elle sortait tout juste du lycée. On avait bien vingt ans de différence. Elle voulait aller faire ses études à Moscou, mais je lui ai proposé de la pistonner pour intégrer une université de Saint-Pétersbourg, et elle a accepté. J'ai appelé le recteur de l'université d'État des télécommunications, et je lui ai obtenu une place, j'avais le bras long. À la rentrée j'ai mis à sa disposition un appartement qui me servait de garçonnière, et c'est devenu ma régulière.

— Et maintenant ?

— Maintenant… Comment tu veux qu'on soit comme mari et femme alors que je suis en cavale depuis des années ? »

Il écaille le dernier gardon pendant que je passe les autres dans la chapelure. Quand les poissons sont prêts, Youri les met à frire tout entiers dans une grande poêle noire.

« Kolya te rend visite ?

— Non. »

Il sert les poissons frits dans deux grandes assiettes blanches et les dispose sur la table du salon. Le repas est expédié en quelques minutes, lugubre et silencieux.

22.

Depuis que j'ai commencé à enregistrer mes conversations avec Youri à Lougansk, et afin de ne pas perdre de temps, je paye une étudiante russe pour qu'elle m'en fasse la transcription. Polina vit à Moscou et je ne l'ai jamais rencontrée. Je me contente de lui envoyer mes fichiers audio par e-mail, et, une fois le travail accompli, de lui verser la somme convenue par PayPal. Nos échanges n'ont jamais été plus poussés que l'envoi de factures dans un sens, et de remerciements dans l'autre. Il y a quelques jours, pourtant, elle a accompagné sa dernière transcription d'un message inhabituellement long :

« *Hi !* Je voulais juste te dire qu'à force de passer tant d'heures avec toi et M. Beliaev, je pense à vous souvent maintenant. Pour être honnête, je trouve ta relation avec lui fascinante. Il te parle avec brutalité, mais en même temps il s'inquiète de savoir si tu as faim ou s'il peut faire quelque chose pour toi, comme un grand-père bougon. Surtout, j'ai l'impression que s'il se livre tant à toi, c'est parce que tu ne le juges pas et que tu le laisses se justifier. Parfois j'ai l'impression d'écouter une séance de psychanalyse, comme si tu étais la première personne avec qui il ait eu la possibilité d'enfin s'expliquer depuis des années. Et plus je l'écoute, plus j'ai l'impression que, malgré tout, ce n'est pas vraiment un sale type. Il me semble qu'il a lu les mauvais livres, vu les mauvais films, traîné avec les mauvaises personnes, mais je suis sûre que dans un environnement différent, il ne serait pas devenu cette chose repoussante qu'il est aujourd'hui. Enfin, c'est à ça que je pense quand je vous écoute. »

Au moment où je lis ce message, je réalise que je pense la même chose. Peut-être, Polina et moi sommes-nous trop indulgents.

23.

En vue des commémorations du 9 mai, les chaînes de télévision publiques russes diffusent depuis des semaines des images d'archives retraçant, jour après jour, l'avancée de l'Armée rouge sur Berlin. Ce matin, nous sommes le 28 avril 1945, et les obus pleuvent sur la capitale du Reich depuis une semaine. La zone contrôlée par les Allemands est réduite à un champ de ruines de cinq kilomètres sur quinze. Les images montrent les Soviétiques progresser rue par rue. Ils combattent dans les innombrables tunnels de Berlin, et avancent en surface, à couvert des blindés. Les pertes sont lourdes, mais la colonne de la Victoire du Tiergarten est désormais à portée de fusil. La guerre n'en a plus que pour quelques jours.

24.

Je téléphone à Youri pour lui demander s'il accepterait de visiter avec moi les lieux qui ont compté dans sa vie à

Saint-Pétersbourg, mais il m'oppose un refus catégorique. Hors de question de sortir de l'appartement. Sa paranoïa n'est pas retombée – elle se renforce de jour en jour, et il pressent que « quelque chose d'atroce » ne va pas tarder à lui arriver. J'imagine que c'est pour cela qu'il lui semble urgent de me raconter sa vie. J'espérais que ma compagnie lui ferait oublier les angoisses du présent pour se concentrer sur celles du passé, mais je me trompe. Au moins nos rencontres le changent-elles de sa routine de reclus. Je crois que si je n'étais pas là, il ne prendrait même pas la peine de se lever le matin.

Il ne me reste plus que deux proches de Youri à interviewer, et je ne saurais dire si son angoisse est contagieuse, mais je pressens moi aussi que cette aventure touche à sa fin. Ce n'est pas tant la prémonition que « quelque chose d'atroce » s'apprête à se produire, que la crainte de ne jamais parvenir à saisir pleinement qui est Youri.

25.

Denis Tananine décroche au bout de quelques tonalités. Après une brève rencontre dans un centre commercial de Moscou, nous avons convenu de poursuivre notre entretien par téléphone. C'est un homme de petite taille, d'une quarantaine d'années, et seul le pendentif païen qui repose sur son col de chemise ouvert dénote dans son allure de notaire aux joues pleines. L'Histoire a depuis longtemps démontré que les nazillons ont rarement la gueule de l'emploi. En tout cas, ils sont volontiers affables et se prêtent aimablement au jeu des questions-réponses avec un journaliste étranger, si cela peut leur permettre d'en retirer une quelconque gloriole.

Tananine a fondé l'Union nationale-socialiste de Russie en 1999, mais préfère le titre de Gauleiter à celui de Führer. C'est aussi à cette date qu'il a rencontré Youri. La première impression est désastreuse. Youri boit beaucoup depuis sa tentative d'assassinat, et ce jour-là, il sent l'alcool à plein nez. Avec ses assistants, il se comporte en barine, aboyant des ordres avec mépris. Mais Youri Beliaev est le chef du Parti national républicain, et même si l'organisation est en déclin depuis qu'il en a pris le contrôle, ce n'est pas le genre de rencontre à ignorer pour le jeune fondateur d'un groupuscule radical. Le plan qu'il lui propose est séduisant. Youri veut dissoudre son ancienne formation et créer une nouvelle force politique pour rassembler ses partisans. Ce sera le Parti de la Liberté. Il propose à Denis Tananine de joindre ses forces aux siennes et de prendre la tête de sa section moscovite. Le jeune homme accepte avec enthousiasme.

Tananine se met au travail, et le Parti de la Liberté est officiellement enregistré le 18 janvier 2001. Les militants sont moins nombreux que prévu, pas plus de quelques centaines répartis sur l'ensemble des sections, à Moscou, Saint-Pétersbourg, Irkoutsk et dans l'Oural ; il réalise que l'aura et la notoriété de Youri dans le milieu nationaliste ne sont plus ce qu'elles étaient quelques années plus tôt, quand le Parti national républicain était un groupe d'hommes sérieux en costume-cravate.

Surtout, il comprend rapidement quelle est la véritable nature du Parti de la Liberté, qui monnaye ses services aux plus offrants sous prétexte de « financer la cause ». Tout est prétexte à faire de l'argent. Pour quelques milliers de dollars, il présente des candidats techniques à des élections régionales, publie des articles incendiaires contre telle ou telle personnalité politique, et organise des démonstrations de force pour intimider un opposant ou empêcher la réalisation d'un projet industriel. Des opérations qui rapportent beaucoup, mais qui provoquent de nombreux départs chez les militants, désabusés de voir les magouilles primer sur le militantisme. Youri ne semble pas s'en préoccuper. L'argent prime, quitte à proposer ses services à des libéraux, ou même à des entrepreneurs juifs.

Malgré cela, Tananine reste, car après tout, les affaires sont bonnes, même si le parti ressemble chaque jour un peu plus à un équipage de pirates à l'affût du moindre butin. En cheville avec le crime organisé, Youri aide à faire élire les candidats soutenus par le gang de Tambov, mais c'est un business dangereux. La crise survient en 2004, quand son protecteur et gouverneur de l'oblast de Pskov, Evgueni Mikhaïlov, est poussé vers la sortie. Une guerre mafieuse éclate, et Youri, agent du gouverneur sortant, devient *persona non grata* dans la région. Les finances du Parti de la Liberté s'en ressentent immédiatement, en conséquence de quoi les leaders de plusieurs sections régionales font sécession avec fracas, accusant leur chef d'avoir transformé le parti en instrument d'enrichissement personnel. La même année, le parti est officiellement dissous pour incitation à la haine raciale.

Tananine soupire. Que de temps perdu. Sûrement aurait-il dû s'en aller à ce moment-là, mais il est resté jusqu'à l'incarcération de Youri, en 2008. Quand on lui demande, Tananine n'a pas vraiment de réponse. C'est que Youri, pour lui, demeure une énigme. Un homme éduqué qui sait parler de pouvoir et d'avenir, mais ne travaille que pour lui-même. Il n'est pas charismatique, c'est certain, mais c'est un fabuleux conteur, à l'intelligence froide et retorse, dont il se sert pour prévoir ses opérations plusieurs coups à l'avance, se servir de ses alliés, et les abandonner quand il n'en a plus besoin. Ce n'est pas un hasard si tous ses anciens partenaires lui tournent aujourd'hui le dos.

Après la dissolution, le parti est réduit à sa plus simple expression, mais continue d'exister de manière clandestine, car Youri peut compter sur l'appui des bandes de skinheads qui gravitent depuis des années autour de lui. Certaines des plus radicales, affirme Tananine, sont des émanations directes, financées et coordonnées par le parti pour lui servir de « sections d'assaut ». Les liens ne sont jamais ouvertement affichés, et Youri met un point d'honneur à ce qu'ils n'adhèrent pas au parti, afin d'éviter de porter la responsabilité juridique de leurs crimes, mais les crânes rasés sont désormais tout ce qui lui reste. Avec le peu de ressources dont il dispose encore, Youri décide de mettre sur pied une milice constituée des skinheads les plus radicaux de Saint-Pétersbourg pour « mettre de l'ordre dans la ville ». Comprendre : terroriser par des agressions ultra-violentes les immigrés de la capitale impériale, les dépouiller parfois, ou simplement les tuer. Tananine jure ses grands dieux n'avoir aucun lien avec les « Patrouilles blanches ». J'ai du mal à le croire, mais je comprends qu'il souhaite mettre à distance un passé qui pourrait encore aujourd'hui le conduire tout droit à la prison. C'est une autre leçon de l'Histoire : les nazillons n'ont jamais été très disposés à assumer les conséquences de leurs actes.

26.

Article paru dans *L'Express* le 15 août 2002 :

« À Saint-Pétersbourg, un ancien policier, Iouri Belaïev, à la tête d'un Parti national républicain, rebaptisé Parti de la liberté, aurait attiré quelque 2 500 jeunes recrues au crâne rasé. »

27.

Les articles que j'ai imprimés ce soir avant de rejoindre Youri concernent les Patrouilles blanches, dont les premiers « faits d'armes » remontent à 2005. Les informations sur cette brigade de skinheads sont rares, mais leur mode opératoire est défini par un texte anonyme attribué à Youri, nommé « Instructions pour la terreur de rue » :

« Ton devoir est de défendre la race blanche. Aie toujours sur toi un couteau et une bombe lacrymogène. Ne prémédite pas tes attaques ; mais si tu croises un Caucasien, un nègre, un tsigane ou une quelconque autre ordure biologique, n'hésite pas. Si tu as une arme contondante, frappe à la tête et au cou. Si tu as un couteau ou un surin, le moyen le plus sûr de tuer est de poignarder au cœur, aux reins et à la gorge. Repars sans te faire remarquer : souris, ouvre un paquet de chips, ou attache une peluche à ton sac à dos. Qui pensera que tu viens de tuer quelqu'un à coups de marteau ? »

Youri a toujours nié avoir écrit ce texte. Sur le site du Parti de la Liberté, un onglet vante les « exploits » des Patrouilles blanches. La liste des exactions tient sur plusieurs pages imprimées. Dans le métro, je manipule discrètement les feuillets pour ne pas attirer l'attention de mes compagnons de voyage sur les croix gammées qui illustrent les paragraphes. L'emblème du parti revient en tête de chaque page : une épée et un marteau dans un rond blanc sur fond rouge. L'emblème du Front noir d'Otto Strasser, faction nazie éradiquée pendant la Nuit des longs couteaux. Le nombre d'agressions commises pour le seul hiver 2006 donne le vertige.

28.

« Le 24 décembre 2005, à Saint-Pétersbourg, au numéro 6 de la rue de l'Infanterie de marine, le Camerounais Léon Kankhem a été tué à l'arme blanche. »

« Le 5 janvier 2006, à Saint-Pétersbourg, un citoyen chinois de 25 ans a été passé à tabac par trois skinheads. Il a été hospitalisé avec un traumatisme crânien. »

« Le 11 janvier 2006, à Saint-Pétersbourg, un citoyen indien de 25 ans a été passé à tabac par trois skinheads. »

« Le 15 février 2006, à Moscou, un citoyen arménien est décédé après avoir été poignardé à 14 reprises. »

« Le 19 février 2006, à Saint-Pétersbourg, au numéro 30 de la rue des Citoyens, un groupe de jeunes héros russes a ouvert le crâne d'un citoyen israélien de 23 ans. »

« Le 22 février 2006, à Saint-Pétersbourg, un citoyen ivoirien de 33 ans a été passé à tabac. Une ambulance a emporté son corps inanimé à 4 heures du matin. Aux dernières nouvelles, le nègre serait encore dans le coma. »

« Le 24 février 2006, à Saint-Pétersbourg, au numéro 9 de la rue Khlopine, trois jeunes hommes ont poignardé un Azéri et un Kazakh. Le premier a succombé à ses blessures, et le second se trouve en réanimation. Le nettoyage de la capitale du Nord continue. »

« Le 25 mars 2006, une dealeuse de drogue de 9 ans a été poignardée au numéro 99 de la rue Ligovsky. La mère de ce monstre est russe, et son père est un nègre. Il forçait l'enfant à vendre de l'héroïne dans le quartier, et la surveillait depuis sa fenêtre. »

« Le 7 avril 2006, à 6 heures du matin, à l'angle de la rue de l'Armée rouge et de la rue Yegorov, le Sénégalais Samba Lampsar a été tué d'un tir de fusil à pompe en pleine tête. »

« Le 5 mai 2006, un dealer de drogue originaire d'Ouzbékistan a été liquidé à Zanievka, petit village du département de Vsevolojsk, dans la région de Leningrad. Beaucoup de jeunes Russes sont morts à cause de lui. En accord avec les Instructions, un coup de couteau a mis un terme à sa pitoyable vie. Gloire aux héros ! »

29.

J'arrive chez Youri sous une pluie battante, à la nuit tombée. Il m'accueille avec effusion, comme si l'inquiétude qui l'assaillait depuis son retour s'était tout à coup évaporée. Dans l'entrée, je remarque son paletot humide qui pend sur le portemanteau.

« T'es sorti prendre l'air ?

— J'ai rendu visite à un ami en ville. »

C'est sa première sortie depuis qu'il est venu me chercher à la sortie du métro le jour de mon arrivée à Saint-Pétersbourg, le 24 avril. C'était il y a cinq jours. Quelque chose ne tourne pas rond.

« Et l'avis de recherche ? »

Il me regarde de longues secondes, avec la mine satisfaite de celui qui a braqué la banque sans se faire coffrer.

« Hier, j'ai passé un coup de fil à mon contact dans la police, et il m'a informé, ce sont ses mots, que je suis toujours recherché, mais que la police n'est plus activement à ma poursuite. Au début j'étais méfiant, mais je suis sorti, et j'ai pu me promener sans problème.

— Et c'est si rassurant que ça ? »

Son sourire s'élargit encore. Il m'invite à le suivre dans le salon. L'écran de son ordinateur baigne la pièce sombre d'une lueur blanche.

« C'était déjà pas mal, mais ce matin il m'a rappelé pour me mettre au courant de quelque chose de bien plus réjouissant. J'espérais que ça arriverait, mais là ça dépasse toutes mes espérances ! Assieds-toi, lis ce que tu vois à l'écran. »

Le texte, daté du 27 avril 2015, est publié sur le site de *Rossiyskaya Gazeta*, le journal officiel du gouvernement russe :

« Décret 6576-6 de la Douma d'État :

En commémoration du 70e anniversaire de la Victoire dans la Grande Guerre patriotique de 1941-1945, la Douma d'État de la Fédération de Russie, guidée par le principe d'humanisme, et conformément au paragraphe "g" de la partie 1 de l'article 103 de la Constitution, décide de mettre un terme aux poursuites judiciaires et aux enquêtes préliminaires concernant les crimes commis avant la date d'émission du décret par les personnes suivantes… »

Sont visés par l'amnistie : les vétérans, les policiers, les récipiendaires de décorations civiles et militaires, les mineurs, les femmes enceintes, les personnes qui ont contribué à la liquidation de la catastrophe de Tchernobyl, les handicapés, les femmes de plus de 50 ans, et les hommes de plus de 55 ans. À 58 ans, Youri entre dans la dernière catégorie.

Je garde le silence quelques instants, sans trop savoir quoi répondre. Il est toujours là, debout, à me regarder.

« Alors, dis-je, c'est terminé ?

— Oui, c'est fini. J'ai plus besoin de me cacher.

— C'est bien… Je suis content pour toi, Youri. »

C'est dit sans enthousiasme, mais sans non plus mentir. À ce moment-là, je ne sais plus si je dois me réjouir ou pas de le voir échapper aux griffes de la justice. Peut-être ai-je seulement du mal à y croire. Youri, que j'ai toujours connu cavalant comme un damné, retrouve sa liberté, et je suis incapable de ne pas partager son soulagement.

« Qu'est-ce que tu vas faire maintenant ?

— Je sais pas, ça fait tant d'années… Même après que j'ai purgé ma peine de six mois de prison en 2008, la police a continué à me rechercher pour des faits antérieurs à mon arrestation ! J'ai passé trois ans à me planquer en Russie et en Ukraine, jusqu'à ce qu'ils me cravatent à Moscou en décembre 2011. Les flics m'ont tabassé, nom de Dieu, j'ai failli perdre l'usage d'une main ! Je suis resté plusieurs semaines à l'hôpital sous leur surveillance pour récupérer de mes blessures. Puis ils m'ont laissé repartir, mais même après ça ils avaient toujours quelque chose à me mettre sur le dos ! Ils déterraient de vieux articles écrits des années auparavant et ils lançaient des poursuites, toujours pour la même merde. Article 282 du code pénal : haine raciale. Ils m'auraient renvoyé en taule si j'étais pas allé à Lougansk, ça aurait jamais cessé ! »

Son sourire s'est effacé. Ce sont des souvenirs qu'il ne peut évoquer sans plonger dans une fureur noire. Je fais rapidement le calcul dans ma tête. Cela faisait sept ans, depuis sa sortie de prison, que ces affaires revenaient sur le tapis. Normal qu'il peine à se réhabituer à l'insouciance. Dès l'adoption d'une législation sur l'incitation à la haine raciale en 2003, la justice russe n'a eu de cesse de l'épingler pour des articles racistes d'une médiocrité intellectuelle consternante. Youri présente cela comme du harcèlement judiciaire, mais si c'est le prix à payer pour tout ce dont il s'est rendu responsable au cours de sa vie, alors je trouve qu'il s'en tire à bon compte.

Une demi-heure passe à discuter en dînant des possibilités qui s'offrent à lui désormais. Il s'enflamme sur sa chaise dans la cuisine faiblement éclairée, parle la bouche pleine de son avenir, dit vouloir se consacrer de nouveau à ce qu'il appelle « la politique ». Il est convaincu que de nouveaux bouleversements s'apprêtent à survenir en Russie, comme si le pays avait attendu son retour toutes ces années pour se mettre enfin en branle et secouer le joug poutinien. Je le laisse divaguer. Il sait que les meetings et les rassemblements publics sont encadrés, quand ils ne sont pas proscrits. Il ne se montrait plus dans les meetings, dans les réunions, il avait coupé presque tous les liens avec les nationalistes pour faire profil bas, et il est au moins lucide sur une chose : tous le considèrent maintenant comme un homme du passé. Mais ça va changer ! Il jure qu'un Maïdan russe approche, que le régime n'en a plus que pour quelques mois. La clandestinité l'a endurci, et le jour venu, on aura bien besoin de ses talents d'organisateur. 58 ans, ça lui laisse encore une dizaine d'années devant lui pour se battre, et ça commence maintenant. Dans deux jours, toutes les organisations politiques et civiques de Saint-Pétersbourg doivent défiler sur la perspective Nevski pour la traditionnelle parade du 1er Mai. L'occasion rêvée de reprendre contact avec de vieilles connaissances et de se réinsérer dans le marigot. Son grand retour dans le monde !

Je l'écoute déblatérer sans le croire. Il rêve de revanche et de grandeur comme un taulard sorti de prison, et ça marcherait peut-être dans une superproduction hollywoodienne, mais certainement pas dans la Russie d'aujourd'hui. Son aveuglement me saute aux yeux. Dire qu'il est un homme du passé ne suffit pas à résumer son cas, car un homme du passé pourrait, au prix d'efforts et de remises en question, s'adapter à l'époque dans laquelle il vit. Youri est un héros de son temps, et il n'y a rien de positif dans cette dénomination : un homme pétri de l'esprit de son époque – celui, violent et chaotique, de la décennie enragée – au point de pouvoir l'incarner. Que l'esprit s'essouffle, et le héros redevient ce qu'il est, un individu banal dont le seul atout était de savoir mieux que les autres naviguer sur des courants qui n'existent plus. C'est un spectacle affligeant.

Avec un air de triomphe, il allume la lumière de la cuisine pour la première fois depuis son retour, et je me répète comme un mantra que ce n'est pas à moi de le juger. Je sais qu'il a tué et fait tuer, et que la justice ne le poursuivra pas pour ça. Il est seul avec sa conscience. Certaines personnes parviennent à donner la mort sans que les remords ne viennent jamais les tourmenter. Je ne peux m'empêcher de me demander si c'est le cas de Youri. Dehors, la pluie fait bouillonner la Neva, et malgré sa logorrhée sur l'avenir qui s'ouvre à nouveau devant lui, seule cette question me semble digne d'intérêt. Je cherche un moment le moyen de la lui poser, et me lance enfin, le coupant au milieu d'une tirade sur la mainmise juive en Russie.

« Youri, faut que je te demande un truc.

— Quoi ?

— Quand t'as combattu en Bosnie, à part Karadzic, t'as rencontré d'autres responsables serbes, genre Ratko Mladic ?

— Mladic, oui. Je l'ai rencontré sur le front, on s'est bien entendus. C'est des hommes à lui qui m'ont emmené en Bosnie avec mes volontaires.

— Et vous avez combattu aux côtés de ses hommes en Bosnie ?

— Entre autres, ouais… Pourquoi tu me demandes ça ?

— On l'accuse d'être un criminel de guerre. Je voudrais savoir ce que t'en dis. »

Il se renfrogne et fronce les sourcils.

« J'en dis que c'est des conneries. Autant considérer que tous les soldats sont des criminels !

— Youri, ce type c'est un boucher.

— T'as déjà ton opinion, ça sert à rien qu'on en parle.

— Non, je veux savoir ce que t'en penses. »

Son visage se ferme.

« Va te faire foutre. Je sais très bien où tu veux en venir.

— Je veux savoir ce que t'en penses.

— C'est de l'histoire ancienne, Pierre, lâche-moi avec ça.

— Il a organisé des nettoyages ethniques, t'as bien un avis sur la question.

— Bordel de Dieu, tout le monde en faisait des nettoyages ethniques ! Et les musulmans, et les Croates, et nous ! Tu me feras pas avaler qu'on était pires que les autres. »

Il se tait, contemple le linoléum un instant, et reprend d'une voix fatiguée, sans relever les yeux.

« C'était normal...

— Normal ?

— C'était la guerre, c'est comme ça qu'il fallait faire.

— T'y as assisté ? »

Il me jette un regard nerveux.

« Ouais.

— Comment ça se passait ? »

Il soupire longuement, comme s'il cherchait sa respiration.

« On arrivait tôt le matin à un village, quand les gens dormaient encore. Parfois c'était encore la nuit. On encerclait le village discrètement, sans se faire remarquer, pour que les gens ne puissent pas s'enfuir. Et puis au lever du soleil on allait cogner aux portes et rassembler les villageois. Y'avait pas souvent de résistance, la plupart du temps c'était juste des hameaux avec à peine quelques maisons. On sortait les habitants et on procédait aux vérifications d'identité. Certains étaient flingués sur-le-champ, d'autres étaient interrogés avant.

— Et toi, tu flinguais ?

— Non. Je faisais les interrogatoires. Je t'ai déjà dit,

c'est une sale histoire que m'a collée ce journal libéral sur le dos, comme quoi j'aurais moi-même exécuté des types, mais c'est pas comme ça que ça se passait. Moi j'interrogeais, c'est tout… »

Ce n'est pas ce qu'il m'a dit la première fois que nous en avons parlé à Lougansk. Il sait que je prépare un livre sur son compte, et c'est une raison suffisante pour réviser sa version des faits. Mais je vois mal comment un Russe qui ne parle pas le serbe aurait pu se rendre utile en interrogatoire.

« Qu'est-ce que tu as pensé la première fois que tu as vu un nettoyage ethnique ?

— Que c'était nécessaire.

— Nécessaire ?

— Il fallait bien que quelqu'un s'en charge.

— Ça ne te faisait rien de voir des civils se faire massacrer ? »

Ses dents se serrent. Il semble prêt à dire quelque chose, mais se ravise soudain dans un bref sursaut d'orgueil.

« Ça ne me choquait pas.

— Et quand tu tuais au combat, qu'est-ce que tu ressentais ?

— Quand tu tires, que ça se passe à distance… Il se passe pas grand-chose. Une silhouette apparaît dans ton viseur, tu l'alignes, t'appuies sur la gâchette, pouf, elle s'écroule, et c'est terminé. C'est pas plus bouleversant que le tir aux canards.

— C'était ta première fois à la guerre, la première fois que tu tuais… »

Cette fois-ci il n'y tient plus.

« Et merde, qu'est-ce que tu veux que je te raconte ? Tu veux que je me cogne la tête contre le sol, c'est ça ? "Oh mon Dieu, j'ai buté des musulmans !" C'était eux ou moi ! Soit je tuais, soit je me faisais tuer. »

Il hurle, et son gros visage est empli de sang. J'ai l'habitude de l'entendre hausser la voix, mais c'est la première fois que je crois percevoir dans les spasmes qui agitent ses lèvres la trace d'un sanglot.

« Tu connais rien de tout ça, alors arrête ton putain d'interrogatoire ! »

Il se tait. J'essaie de voir ses yeux, mais il les dérobe à mon regard. Quand il se remet enfin à parler, sa voix s'écoule faiblement vers le sol en phrases saccadées, comme un mince filet d'eau froide.

« À mon retour de Bosnie je n'arrivais plus à dormir. Mon corps et mon esprit avaient atteint leurs limites. J'arrivais plus à me calmer, quoi que je fasse. Comme un tigre en cage, je sais pas. J'avais besoin de somnifères pour m'endormir.

— Et malgré ça, t'as eu aucun problème pour tuer quand t'es revenu aux affaires à Saint-Pétersbourg.

— Je répondrai pas à ça.

— C'est toi qui tuais, ou c'est tes hommes qui s'en occupaient quand tu faisais du "business" ?

— Je t'ai déjà dit que je te parlerai pas de ça…

— Et plus tard, les Patrouilles blanches, c'est toi qui donnais les instructions ?

— Pierre, arrête…

— C'est toi qui as écrit les Instructions ?

— Va te faire foutre ! Je vois ce que t'es en train de faire, à poser quarante fois la même question. Je suis flic, je sais reconnaître un interrogatoire, alors arrête d'essayer de me retourner le cerveau ! Ça va où tes putains d'enregistrements ? Au FSB ou à la DGSE ?

— Dis pas de conneries…

— Tous les journalistes sont des espions, c'est toi qui vas arrêter de me prendre pour un con maintenant. Éteins l'enregistreur. »

Il y a eu un silence, puis je me suis exécuté. Il a vérifié deux fois que la LED rouge ne clignotait plus, et m'a jeté un regard douloureux.

« C'est moi qui ai écrit les Instructions. C'était mon idée depuis le début : ne pas intégrer les skins au parti, mais les former, les financer, et les lâcher sur la ville comme des clébards décérébrés. Je leur distribuais les couteaux, on faisait de belles cérémonies, ils prêtaient serment, et ils tuaient conformément aux Instructions. Deux coups à la gorge. Comme Beliaev le leur avait enseigné. »

Il se tait quelques secondes, comme si ses émotions le tourmentaient trop pour le laisser formuler une pensée. À son visage, on devine qu'il voudrait pouvoir foutre toutes ses idées noires à la porte d'un grand coup de botte ferrée.

« C'est derrière moi, maintenant… Je suis libre. »

Je range l'enregistreur dans ma poche et enfile mon manteau. Il m'arrête au moment de franchir la porte. Ses yeux sont toujours fuyants, ses bras pendent le long de son corps las.

« Pardonne-moi, Pierre. Je voulais pas gueuler. »

30.

Dehors, la pluie tombait toujours à verse. J'ai allumé une cigarette sous le porche en béton, rabattu ma capuche, et serré mon col contre mon menton. Quelques pas sous la pluie. Je me suis retourné pour jeter un dernier regard vers l'appartement de Youri. Il était minuit passé. La fenêtre de sa cuisine était la dernière allumée de tout l'immeuble. Tout le monde devait sûrement dormir. Je me suis demandé à quoi pensait Youri. La lumière de la cuisine brillait intensément, comme une ultime audace. Était-ce cela ? L'amertume que j'avais entrevue dans ses yeux semblait bien réelle. Dieu seul sait si c'était des remords. Quelle que soit la chose qui le tourmentait, je sais seulement qu'à ce moment-là elle pesait de tout son poids sur sa pauvre conscience.

J'ai tâté le dictaphone dans ma poche pendant que l'eau ruisselait sur ma parka. Peut-être ces dizaines d'heures d'enregistrements n'étaient-elles pas un testament, mais une confession. La lampe de la cuisine venait de s'éteindre. Il s'est encore écoulé quelques secondes, et je l'ai imaginé dans la pénombre du couloir ou allongé sur le canapé du salon. Puis une nouvelle lumière s'est allumée au deuxième étage, à droite de la cuisine, dans la chambre de son fils disparu.

31.

J'essaie de me représenter la scène, et autant que possible, de la ressentir. Je vois une pièce silencieuse et mal éclairée, un visage mou et un pistolet dans une main. J'entends le clic métallique, infiniment froid, de la culasse de son Walther PPK quand il la fait coulisser pour engager une balle dans le canon. Je ressens son écho contre les murs de béton dans un silence total, douloureux comme un ulcère, et la longue sueur froide couler au bas de son dos. Peut-être a-t-il senti une main gelée saisir ses intestins en entendant ce bruit lui souffler qu'il est seul, et qu'il faut maintenant en finir. Le pistolet est armé. Il le porte sur sa tempe, et presse la gâchette.

Nous sommes le 30 avril 2015, et cela fait exactement soixante-dix ans que Hitler s'est suicidé dans son bunker.

32.

La perspective Nevski est fermée à la circulation, et c'est comme si la population de tous les quartiers de Saint-Pétersbourg s'y était donné rendez-vous, mais la procession qui s'aligne d'un bout à l'autre de la plus célèbre avenue de la ville pour fêter le 1er Mai n'a rien d'une déambulation spontanée de flâneurs du dimanche. La fête du Travail est un rassemblement du « peuple » comme le pouvoir veut le donner à voir : associations et partis politiques strictement compartimentés en blocs dociles qui défilent au garde-à-vous les uns derrière les autres, brandissant des drapeaux irréconciliables, marchant pourtant tambour battant dans la même direction. Le plus miteux des régimes autoritaires peut créer un parti d'opposition bidon pour mettre en scène une parodie de pluralisme, mais aucun mieux que la Russie n'a poussé la blague au point de l'étendre aux associations, aux syndicats, aux fédérations sportives, aux communautés locales, aux corporations les plus diverses, et jusqu'aux groupuscules ultranationalistes ou libéraux, de sorte qu'il n'existe plus un recoin de la société civile qui échappe au soupçon de compromission avec le pouvoir.

Il est 10 heures, et les enceintes sanglées sur les voitures diffusent déjà une pop assourdissante au pied des palais et des galeries marchandes. Sur les trottoirs, des milliers de badauds sans étiquette lancent des hourras et agitent des ballons de baudruche derrière les cordons de plastique les séparant des dizaines de groupes qui, sur le bitume, attendent le coup d'envoi du défilé comme des cohortes romaines aux effectifs disparates, immobiles sous leurs étendards respectifs : les adolescents poutinistes de la Jeune Garde, Russie unie, le syndicat des employés de Gazprom, le mal nommé Parti libéral-démocrate, le parti Yabloko, les communistes, nombreux, derrière un immense portrait de Staline, les soutiens au Donbass, les cosaques du Don, quelques représentants de la brigade Fantôme de Mozgovoï, suivis par le parti anarcho-écologiste, l'union des métallurgistes de l'oblast de Leningrad, la communauté Vegan, les anticapitalistes, le Mouvement impérial russe, le Parti national-bolchevik, les féministes, les majorettes, les motards, l'Alliance des pilotes de ligne du Nord-Ouest, et même les pacifistes et opposants à la guerre en Ukraine, placés en fin de cortège entre une ligue de défense des animaux et une association LGBT.

Je déambule le long de l'avenue en attendant un signe de Youri, qui ne vient pas. En partant de chez lui deux jours plus tôt nous avions convenu de nous retrouver devant un café proche de la sortie du métro pour assister au défilé, mais cela fait déjà une demi-heure qu'il devrait être arrivé, et tous mes appels tombent sur son répondeur. J'ai un mauvais pressentiment, et le ciel bas n'arrange rien. Il n'était pas dans son état normal quand je l'ai quitté, et même si c'était nécessaire, je commence à regretter de l'avoir poussé dans ses retranchements. Il y a des souvenirs qu'à son âge il devient dangereux de remuer. Bientôt 10 h 30. Je tente de l'appeler, tombe sur son répondeur, raccroche sans laisser de message.

Soudain, la police lance le départ du cortège. Une cacophonie assourdissante d'hymnes et de slogans s'élève des haut-parleurs sous les applaudissements de la foule. On croirait qu'un doigt tout-puissant vient d'appuyer sur le bouton « *on* » d'une machinerie infernale. Des fanfares, tous cuivres dehors, barrissent sous les glapissements d'enfants aux yeux fous, des retraités communistes entonnent leur couplet périmé en bombant le torse : « Lénine ! Parti ! Komsomol ! » La procession s'écoule à pas cadencés le long de la perspective Nevski, entraînant dans son sillage les passants aux manteaux gris comme un joueur de flûte de Hamelin les conduisant irrésistiblement vers les eaux froides de la Neva.

J'essaie encore de l'appeler, toujours sans réponse. Trois quarts d'heure de retard, qu'est-ce qu'il peut bien foutre ? Je remonte l'avenue encore une fois, vérifie les sorties du métro, sans rien trouver. Je commence à perdre espoir, quand mon portable se met à sonner. Un numéro inconnu s'affiche sur l'écran.

« Youri ?

— *Da*, plus de batterie !

— J'étais sur le point de rentrer. T'es où ?

— Palais Belosselski, 41 sur Nevski.

— J'arrive. »

Une minute plus tard, je retrouve enfin Youri sur le trottoir, au pied du palais rose, en grande conversation avec un sexagénaire filiforme en pardessus troué.

« Alors le Français, tu t'amuses bien ?

— Et toi ? T'es sacrément à la masse ce matin.

— Bah ! »

Il agite la main comme pour chasser une mouche de son visage.

« J'avais des trucs à voir avec Igor. »

Il se tourne vers son ami.

« Igor, je te présente Pierre, un copain français. »

On se serre la main en échangeant des amabilités.

« Igor était avec moi au Parti de la Liberté, reprend Youri en riant. C'est un vieux de la vieille ; un poète raté, et le plus abominable antisémite de Saint-Pétersbourg ! »

Il me donne une tape dans le dos et m'entraîne par le bras. Les gouttelettes dessinent des pointillés sombres sur l'asphalte, et il monte du sol une apaisante odeur de béton humide. Après quelques minutes à invectiver les anarchistes, Youri me pousse vers le pont Anitchkov qui enjambe la Fontanka, en amont de l'avenue, pour me montrer un imposant cheval de bronze sur les boules duquel le sculpteur s'est amusé à ciseler le visage de Napoléon Bonaparte. Il éclate de rire, et repart à la suite du cortège, trop heureux de pouvoir enfin sortir de son appart' lugubre. Il semble avoir oublié la tension de notre dernier échange, et me malmène amicalement. Je pose une main sur son épaule.

« Ça avance ton grand retour à la politique ? »

Il prend l'air affligé de celui qui n'a pas une minute à lui.

« T'occupe gamin, je retrouve des types à la fin du défilé, on va déjeuner ensemble pour parler boutique. »

Je lui tape dans le dos à mon tour, en guise d'encouragement, et nous continuons à marcher ensemble. Le ciel s'éclaircit et la journée s'annonce belle, l'avant-goût d'un été flamboyant. Youri et Igor échangent des plaisanteries dans le dos des communistes comme les deux sales gosses rebelles qu'ils étaient il y a bien longtemps, et il y a quelque chose d'intensément désarmant à l'entendre se bercer d'illusions sur son avenir, qui me le fait voir en cet instant non plus comme le sujet d'une histoire rocambolesque, mais comme un ami foutraque, plein de vaines obsessions, que l'on accepte comme il est, d'autant plus touchant qu'il est paumé et totalement irrécupérable. On marche, et il évoque les bastons terribles d'il y a longtemps avec les antifas et les communistes, quand l'avenue était son ring de boxe et qu'il s'arrangeait avec les bourres pour retarder d'une demi-heure l'intervention de la police anti-émeute, ou cette fois où devant le Grand Palace il a séché d'une droite un type qui venait de lui tirer dans la bouche au pistolet à grenaille. Il regrette le bon temps où il suffisait d'avoir les pognes lourdes comme des meules pour se faire une place au soleil. C'est drôle et pathétique, et on éclate de rire tous ensemble. Il me fait l'effet d'un pitbull qui a perdu ses crocs et voudrait mordre encore, mais lui au moins croit à ses lubies, et tout à sa médiocrité, il est peut-être, au milieu de cette société factice qui plastronne à grands cris sur la perspective Nevski, la personne la plus tangible et vraie de Saint-Pétersbourg.

Je m'éloigne de quelques pas pour discuter avec une jeune femme qui agite un tronc noir et or sous le nez des passants. Les fonds, m'explique-t-elle, permettront de financer un musée de la Nouvelle-Russie, rue des Décabristes, et je l'écoute en la regardant rejeter d'un geste charmant les mèches sombres qui lui tombent sur les yeux et les fossettes. Igor, qui nous a rejoints, glisse un billet dans la tirelire et quelques mots d'encouragement, auxquels elle répond en s'inclinant, avant de s'éloigner pour solliciter un groupe de communistes pendant qu'Igor lui reluque les fesses.

C'est là que nous avons entendu Youri crier.

33.

Quatre armoires à glace l'entouraient déjà quand je me suis retourné. Personne n'aurait pu les voir venir : cheveux courts, blouson en cuir, tout juste une tête de plus que les pères de famille en goguette sur l'avenue. Le plus âgé a présenté un badge, et Youri s'est tassé sur lui-même.

« Veuillez-nous suivre, Youri Alexandrovitch. »

Igor m'empoigne brusquement le bras et m'entraîne en sens inverse.

« FSB. Baisse la tête et continue de marcher. »

Je jette un regard derrière moi, tente de croiser une dernière fois celui de Youri, mais il ne me voit pas, et je l'aperçois disparaître derrière les agents qui l'emmènent dans une rue adjacente. Igor me donne un coup d'épaule et me pousse vers l'avant.

« Regarde pas derrière toi. »

Je me plie à son ordre et tente de ne pas paniquer, mais mon cœur bat à un rythme infernal. C'est une matinée lumineuse et je suis mort de peur. D'où ils sont sortis ? Mon dos est trempé de sueur. Ils sont partout, évidemment, et je crois sentir des dizaines de regards peser sur ma nuque. Je voudrais sauter dans le premier taxi et rentrer, au moins m'éloigner d'ici, mais la main d'Igor me serre le bras plus fort encore, m'intime de marcher sans me hâter. Je gamberge. Et s'ils m'interpellaient à mon tour ? Mon visa touristique ne suffira pas à justifier les photos du Donbass sur mon appareil, ni mon enregistreur bourré jusqu'à la gueule d'interviews de séparatistes. Je serai bon pour une interdiction de territoire. On marche encore, et c'est soudain comme si je prenais un coup de pied dans le ventre quand je réalise que je n'ai aucune sauvegarde de mes entretiens avec Youri. J'accélère le pas, Igor me retient. Sa poigne me fait mal au bras. Je lui jette un regard, il secoue la tête. Mais merde, cette histoire d'amnistie ? Je n'y comprends plus rien, et je m'attends à ce qu'on nous arrête à tout moment. Les gens qu'on croise ne remarquent pas mon affolement, par chance. J'ai sûrement l'air cinglé à dévisager chaque passant comme s'il s'apprêtait à m'étaler contre le béton avec une clé de bras.

On quitte la perspective Nevski par les grandes arches de la rue Bolchaïa Morskaïa, pour déboucher place du Palais, en face de l'Ermitage. Igor s'arrête pour reprendre son souffle.

« On ferait mieux de continuer, dis-je.

— S'ils avaient voulu nous arrêter, ils l'auraient déjà fait », répond-il.

Il a raison… J'allume deux cigarettes, et lui en offre une. On fume quelques instant en regardant un groupe d'adolescents en costume traditionnel danser au milieu de la place.

« Qu'est-ce qui va lui arriver maintenant ?

— Interrogatoire, détention. Et après… Qui sait. Il risque de pas ressortir avant un moment. »

Igor attrape un téléphone dans une poche de son imper, et passe un coup de fil.

« Allô Vassia ? Youri s'est fait pincer. Ouais… Je peux passer ? À tout de suite. »

Il raccroche et se tourne vers moi.

« Vaut mieux pas rester dehors par ce temps-là. Tu veux venir ?

— C'est qui ?

— Un vieil ami à nous. Le Tsar de Toutes les Russies. »

34.

N'importe qui se serait rué là-bas, mais nous errons encore de longues minutes le long des quais et des canaux bordés de palais, Igor dans un calme total, moi dans un état étrange de flânerie paranoïaque, entre la hâte de m'éloigner et la tentation vertigineuse d'abandonner. Enfin nous rejoignons le métro, qui nous conduit jusqu'au terminus de la ligne Moscou-Petrograd, station du Parnasse. Le trajet paraît interminable ; il est déjà midi quand nous sortons de terre. Le temps s'est dégagé, et le soleil brille à son zénith, à peine voilé par quelques nuages minces, déliés comme des traits de pinceau. Nous sommes en pleine banlieue nord, au sommet de la ville, là où les hautes tours toisent la tôle des étals de marché, plantés entre le béton humide et les étendues boueuses. De là il faut encore prendre un tramway pendant une vingtaine de minutes, et marcher de nouveau, aussi loin qu'un piéton puisse aller à Saint-Pétersbourg, sans échanger plus de paroles que nécessaire. Igor est un homme étrange, un peu fêlé, pas antipathique. Il refuse de parler de Youri, que ce soit en bien ou en mal, car la vérité, dit-il, est impossible à connaître sur son sujet, et je pense, sur ce point, qu'il faut que je me résigne à le croire.

Nous marchons depuis un bon quart d'heure, quand Igor soulève enfin la manche de son paletot pour désigner un portail mangé par la rouille.

« Le palais du Tsar. »

Il pousse la porte et s'engage sur un terrain vague jonché d'épaves de voitures et de flaques d'huile de moteur où s'activent des Ouzbeks en bleu de travail. Tout autour, des containers entassés, quelques citernes et un wagon de tramway en équilibre sur une guérite délimitent le périmètre de ce fortin improbable, au milieu duquel trône une structure branlante haute de deux étages, faite de planches de bois et de briques calcinées.

« Youri et moi on l'appelle la case de l'Oncle Tom, rapport au bordel », explique Igor en escaladant l'escalier vermoulu qui court le long du bâtiment central.

« Des tas de gusses venaient ici dans le temps ! On discutait, oh, jusque tard dans la nuit ! On buvait, on jouait de la guitare en refaisant le monde. Et quand on était assez beurrés, on prenait de grandes décisions politiques, on planifiait des attentats ! Mais aujourd'hui, y'a plus guère que moi et Youri qui venons encore ici. La dernière fois, c'était y'a deux jours. »

Il cogne à une porte en plastique, et sans attendre de réponse, va s'asseoir sur le petit espace plat aménagé en terrasse au sommet de la construction, avec une table de jardin et quelques fauteuils. De là, on a une bonne vue sur les bois alentour, un plan d'eau stagnante où vrombissent les moustiques, et Saint-Pétersbourg au loin. Un Ouzbek nous monte deux assiettes de riz pilaf, que je vomis aussitôt après avoir avalé. Je marmonne une excuse à Igor, qui continue de déblatérer, imperturbable.

« Vassili, hum, le Tsar, il est comme moi. C'est un poète. Après la chute de l'URSS, il a fondé un parti tsariste (il se met presque au garde-à-vous), le Parti de la Grande Russie impériale ! C'est un officier, Vassili, et un ancien champion de lancer de poids par-dessus le marché, il blague pas avec ces choses-là. Et comme les bolcheviks ont zigouillé toute la famille impériale, il s'est autoproclamé "Tsar par intérim", en attendant qu'un héritier se fasse connaître. Depuis… il attend toujours. Et nous on a gardé le surnom. »

Il essaie de se curer les ongles, mais ses mains tremblent trop. Il les repose sur ses cuisses, et hume l'air de la banlieue.

« Ouais, je crois bien que Vassia et moi on est les deux derniers amis de Youri. »

On reste là à prendre le soleil jusqu'à ce que le Tsar s'extraie enfin de sa cahute, l'air mal réveillé, et finisse par nous rejoindre. Il traîne sa carcasse jusqu'à l'un des fauteuils et se laisse retomber lourdement.

« Vassia, je te présente Pierre, il est français.

— B'jour. »

Je lui tends la main, il ne la saisit pas. Je me rassois pendant qu'Igor entame le récit des événements de la matinée. Vassili accueille la nouvelle sans lever un sourcil, comme un gros bonze rétamé par l'alcool. Une de plus, une de moins, quelle différence après tout, cela fait bien longtemps qu'ils ont arrêté de compter leurs interpellations par la police.

Pour Igor, la première fois c'était à la fin des années 1970. Un officier est venu toquer à sa porte un soir, et lui a dit de choisir pour quel poème il voulait être condamné, parce que de toute façon, il allait être condamné. Il a apprécié le geste avec cette nonchalance propre aux poètes, et le tribunal lui a collé un an et demi de prison pour un quatrain intitulé *Communiste en voiture noire*.

« Beliaev je l'ai toujours connu en cavale, dit Igor, ça fait dix ans qu'il se fait emmerder par les flics, il finira bien par ressortir.

— Et l'amnistie ? » dis-je.

Il éclate de rire.

« Ils ont juste été plus rapides que d'habitude à lui refoutre des trucs sur le dos ! Les bourres, il les aura au cul jusqu'à sa mort, c'est plié. Et puis de toute façon, amnistie ou pas, il aurait pas tardé à trouver des emmerdes tout seul. »

Le soleil commence à décliner vers la Baltique, et j'ai toujours la nausée quand Vassili, qui n'a encore prononcé que quelques mots, se redresse péniblement sur son siège.

« Mais toi, là, tu lui veux quoi à Beliaev, au juste ? »

Je lui réponds mon laïus habituel sur l'envie de comprendre ce qui a poussé Youri à agir comme il l'a fait tout au long de sa vie. Comment un type comme lui a pu, en des circonstances exceptionnelles, remporter un succès pareil, avant de tout perdre. Pourquoi il s'entête aujourd'hui dans un comportement qui ne peut le mener qu'à sa perte. Qu'est-ce qu'il cherche au final.

Vassili, les yeux mi-clos, balance sa lourde tête.

« Tu penses que c'est un minable, Youri ?

— Je sais pas... Y'a rien de banal dans sa vie.

— Alors c'est que t'as rien compris, mon gars... »

Il s'ouvre une canette, en boit quelques gorgées. De la mousse tombe sur son pantalon crasseux.

« Tu cherches les motivations, comme s'il avait été libre de ses actes toute sa vie, mais t'as l'air d'oublier qu'on est en Russie. La vraie question, c'est quel choix il nous reste dans une société pareille. Y'a pas quarante options, mon gars. Tu peux faire semblant d'adhérer à ce qu'on te propose et aller défiler sur Nevski avec les autres couillons, ou alors tu peux t'en foutre, fermer ta gueule et vaquer à tes occupations. Le reste, c'est la taule. Mais Youri c'est un rebelle, il sait pas faire autrement, alors même s'il prend des branlées sacrément moches, il y retourne toujours et il essaie de cogner comme il peut.

T'as le droit de pas aimer ce qu'il a à vendre, mais au moins lui il se bat. »

Je vomis encore une fois, et décide de rentrer.

35.

2 mai, 8 h 20. Le général Helmuth Weidling du LVI Panzer-Korps signe l'ordre de reddition de la garnison de Berlin en présence des généraux Vassili Tchouïkov et Vassili Sokolovski.

« Ainsi, la guerre est finie ? demande Tchouïkov.

— Chaque décès inutile est une folie », lui répond Weidling.

Le drapeau rouge est hissé sur le Reichstag. Sur les ruines fumantes, ceux qui ont survécu doivent désormais accepter la défaite. Leur capitulation n'a que trop tardé.

36.

La semaine s'écoule sans un signe de Youri. Aucune trace de lui dans la presse ou sur Internet. Igor et Vassili n'ont pas entendu parler de lui non plus. C'est comme s'il avait tout bonnement disparu. Dans l'appartement que je loue, je passe mes journées à attendre qu'il se manifeste, ne sortant que rarement pour faire quelques courses, et rentrer aussitôt, tantôt convaincu d'être observé, tantôt congédiant cette pensée comme la dernière des absurdités, fébrile à l'idée de ne peut-être plus le revoir. La seule certitude, c'est que le temps m'est compté. Mon visa arrive à expiration, il ne me reste que trois jours.

37.

Milana Kovalkova écorne du bout de l'ongle le gobelet en carton sur lequel est écrit son prénom. Comme d'habitude, elle est en avance. Nous nous sommes donné rendez-vous à 14 heures dans un Starbucks du centre-ville, à deux pas de la forteresse Pierre-et-Paul. J'arrive en retard, après avoir zigzagué d'une rue bloquée à l'autre. Le défilé de la Victoire aura lieu demain, et des dizaines de barrières clôturent l'accès à l'avenue Kronverski qui longe le parc. En face du café, un écran géant projette des images du siège tragique de Leningrad. Dans le ciel, les voltigeurs de l'aviation russe répètent une dernière fois leurs acrobaties sous un soleil éclatant.

Seule à sa table, droite sur une chaise en chêne brut, Milana détonne parmi les jeunes gens qui sirotent leur Chai Latte en consultant leurs e-mails. Youri me l'a décrite coquette, et je crois bien qu'elle s'est faite belle pour notre rencontre. Elle porte une robe d'un bleu profond, celle des grandes occasions, et un châle orange qu'elle a assorti à un sautoir d'ambre et de corail. Comme beaucoup de femmes russes, Milana n'a pas changé de coupe de cheveux depuis trente ans. Sur son visage, quelques touches de gloss et de rimmel. Rien de trop ni de vulgaire, juste le témoignage d'une coquetterie encore intacte, d'une parfaite et touchante désuétude. Elle me salue avec chaleur.

À discuter comme si nous nous connaissions depuis des années, j'ai l'impression d'évoquer avec elle le souvenir d'un vieil et très cher ami. Elle me demande de ses nouvelles, et je n'ai pas besoin de l'informer de ses aventures dans le Donbass. Elle sait déjà. Il y a quelques mois, alors qu'elle traînait sur Internet, elle est tombée sur la vidéo d'un interrogatoire de prisonnier de guerre ukrainien, filmé quelque part dans une geôle de Lougansk. Seul l'infortuné captif apparaissait à l'écran. Hors du cadre, l'interrogateur enchaînait les questions. Le son grésillait, coupait, perdait en clarté, mais comment aurait-elle pu ne pas reconnaître la voix d'un homme qu'elle a aimé ?

La veille de notre rencontre, Milana m'a envoyé une photographie en noir et blanc, prise dans une salle d'audience. Au fond de l'image, des juges délibèrent. Au premier plan, six personnes posent en fixant l'objectif. Au milieu se tient Anatoly Sobtchak, le puissant maire de Saint-Pétersbourg, mentor de Vladimir Poutine. Jeune, mince, droit comme un i contre le bord gauche de l'image, Youri bombe le torse dans son costume, les mains croisées au-dessus de la ceinture. À droite, en chemise blanche et longue jupe noire, se tient Milana. La gravité du moment transparaît dans les regards, sérieux et lourds, mais Youri et Milana semblent retenir un sourire. C'était 1990.

La romancière Olga Forche a écrit un livre sur le vaste palais où Youri et Milana se rencontrèrent pour la première fois. Demeure des princes pendant des siècles, la maison Tchitcherine hébergea après la révolution d'Octobre les plus grands écrivains russes de leur temps : Joseph Brodski, Ossip Mandelstam, Alexander Blok, Vladimir Maïakovski, Anna Akhmatova. Pendant quatre ans ils y travaillèrent, aimèrent, moururent parfois. C'est cette ambiance fin de siècle au numéro 15 de la perspective Nevski que raconte Olga Forche dans *Le Bateau ivre*, vision romanesque de ce vestige d'Ancien Régime sombrant brutalement dans une nouvelle ère.

Pour certains critiques littéraires, il s'agit du premier roman véritablement soviétique. D'autres voient dans cette œuvre parue en 1930 le dernier éclat de l'Âge d'argent, ère de foisonnement littéraire qui s'étendit sur deux décennies et précéda la Première Guerre mondiale, un dernier scintillement de lumière avant la nuit noire et l'aube rouge.

C'est en 1923 que la maison Tchitcherine devint le cinéma Barricade. Dmitri Chostakovitch y travailla quelque temps, accompagnant des films muets au piano, avant d'être licencié, au motif que sa musique « déconcentrait les spectateurs ». Le cinéma ne ferma pas pendant les grandes purges staliniennes, ni pendant les neuf cents jours que dura le siège de Leningrad, au cours duquel un million de Soviétiques sont morts de faim et de froid. Il ne ferma pas quand les bombardiers allemands pilonnèrent la ville, quand les habitants affamés commencèrent à s'entretuer pour des cartes de rationnement, ou quand les plus désespérés se livrèrent au cannibalisme. Pendant toute la Seconde Guerre mondiale, pendant toute la durée du siège le plus sanglant de l'Histoire, le cinéma Barricade continua de projeter des films et des bulletins d'information. Dans la mémoire de la ville, il reste un des symboles les plus épiques de la résistance face à l'envahisseur nazi.

C'est vers ce lieu illustre que se rend Milana ce soir d'avril 1990. Et pourtant le cinéma Barricade a fermé ses portes. Pas au terme d'un incendie ou d'un bombardement ou de la faim. Quelques mois plus tôt, faute de moyens pour l'entretenir, il a dû mettre la clef sous la porte, sans que personne ne vienne protester contre la fermeture.

Qu'importe, les habitants de Leningrad trouvent une autre utilité au vieux cinéma. La ville bouillonne d'idées nouvelles, les clubs de discussion apparaissent par dizaines. La salle de projection de la Barricade devient un des centres de débats les plus courus de la capitale du Nord. Des conférences y ont lieu tous les jours, avec des intervenants de tous les horizons politiques. Jamais, depuis la Révolution, Leningrad n'avait connu une telle ébullition. Un nouveau siècle s'achève, une nouvelle ère commence, et une fois de plus on sent basculer l'Histoire à la maison Tchitcherine.

Milana prend place dans une salle de projection défraîchie. Le public est clairsemé. Sur l'estrade, trois députés du Soviet de Leningrad racontent tout le mal qu'ils pensent de cette institution. L'un d'eux sort du lot.

Il est musclé, pas bien grand mais le visage agréable. Ses anecdotes font rire la salle. « Comment s'appelle-t-il ? » demande discrètement Milana à sa voisine. Sans un mot, la vieille écrase un doigt noueux sur un prospectus : Youri Alexandrovitch Beliaev. À la fin de la conférence, elle va lui parler. Ils se plaisent. Quelques semaines plus tard, elle devient son assistante personnelle. C'est le premier pas de Milana Kovalkova en politique. C'est aussi le moment où elle et Youri ont commencé à passer leurs jours et leurs nuits ensemble.

Leur idylle dure trois ans, et elle est à l'image de l'époque, romantique et désespérée. Milana souffre de n'être que l'amante de cet homme marié, mais nul doute que c'est avec Youri qu'elle a vécu les années les plus intenses de sa vie. Ensemble, ils voyagent à l'étranger, organisent des meetings, cartonnent la politique de Boris Eltsine ou les magouilles du Soviet de Leningrad sans retenir leurs coups, et quand vient la guerre de Yougoslavie, c'est elle qui met les premiers volontaires russes en relation avec Youri. Elle l'aime, et voudrait changer le monde avec lui, car ils partagent les mêmes idéaux, ceux d'un nationalisme convaincu mais dénué d'extrémisme. De ces années, Milana garde le souvenir d'un homme critique envers les excès, ni chauvin ni sincèrement raciste, exaspéré par les provocations et les svastikas des radicaux et des néonazis. C'est une relation passionnée et tumultueuse, scandée de disputes et de réconciliations larmoyantes, qui semble pouvoir résister à tout, et quand, en septembre 1993, survient le soulèvement de la Maison blanche, ils croient venu enfin le moment tant attendu, celui où leurs rêves s'accomplissent. Ils s'enflamment pour la cause des insurgés. Las, l'insurrection échoue sous les tirs des blindés. Leurs espoirs de révolution et leurs illusions romantiques, le souffle qui donnait son sens à leur liaison, tout cela désormais gît sous les gravats. Un mois plus tard, Youri et Milana se séparent.

Nous quittons le Starbucks et longeons ensemble les douves du musée de l'Artillerie, jusqu'à la forteresse Pierre-et-Paul, où reposent les tsars.

« Je me souviens, en 2003, je marchais dans la rue, et Youri s'est arrêté à ma hauteur en voiture. Il m'a proposé de me déposer. J'étais si heureuse de le revoir ! Je suis montée. À l'intérieur, il y avait deux skinheads baraqués. Ils parlaient d'égorger les Noirs et les Caucasiens. Je n'arrivais pas à y croire, Youri n'aurait jamais fréquenté ce genre de cinglés dix ans plus tôt, mais là il disait amen à tout ça. J'étais tellement choquée que j'ai saisi le premier prétexte pour descendre.

— Et depuis ?

— On ne s'est plus revus après. Je l'ai appelé pour lui dire que j'étais surprise, il m'a répondu que les crânes rasés n'étaient que des gros bras dont il se servait, mais qu'au fond il n'avait pas changé…

— Et vous pensez que c'est vrai ?

— Youri est un mystère… mais je le crois. »

Elle sourit, et se tourne pour me regarder.

« Vous l'aimez bien, n'est-ce pas Pierre ?

— Oui… Son histoire me touche. Mais je me demande si je ne perds pas mon temps avec lui. Tous les gens que je rencontre me disent que Youri ne vaut pas le coup, que c'est un homme du passé, et que je ferais mieux de m'intéresser à quelqu'un d'autre. À quelqu'un de vraiment exceptionnel.

— Mais Youri n'est pas exceptionnel, vous savez. Il n'est que le produit de sa génération, c'est tout.

— Il est tout de même devenu millionnaire…

— Quand on était ensemble, il était déjà très fortuné, mais ça lui importait peu au final. Ça n'est pas l'argent qu'il cherchait. Ce qu'il voulait avant tout, c'était de l'aventure, de la passion dans tout ce qu'il entreprenait. C'est pour ça que je l'aimais. »

Sur la plage de sable et de galets qui borde le fleuve, au pied des murailles brunes de la forteresse Pierre-et-Paul, des enfants s'envoient un ballon coloré en agitant les bras dans de grands moulinets. Quelques promeneurs allongés exposent leur ventre dévêtu aux premiers rayons printaniers. Milana observe un instant les eaux de la Neva se soulever et refluer sur le rivage, indolemment, comme la poitrine d'un géant endormi.

« Le communisme ne nous empêchait pas de poursuivre nos rêves, mais il les encadrait. Il les subjuguait au service du Parti. Quand le système est tombé, on a eu pour la première fois la liberté de poursuivre nos rêves pour nous-mêmes, plus loin que l'on aurait jamais cru pouvoir le faire. On avait plafonné nos attentes envers la vie, et tout à coup, on nous apprend que les limites n'existent plus, qu'il est possible de voyager à l'étranger, d'accumuler des fortunes, de devenir célèbre. Pour ma génération, ça a été un moment grisant : on voulait tous partir à la conquête de nos rêves ! Mais le chaos qui a suivi l'effondrement de l'URSS a changé la donne ; et en même temps qu'elle autorisait des rêves plus fous encore, l'anarchie ambiante nous a tous plongés dans la violence.

— Tout le monde n'y a pas succombé, fais-je remarquer.

— Beaucoup ont renoncé à leurs espoirs et se sont raccrochés à d'anciennes valeurs qui n'avaient plus cours. Mais ceux qui ont persévéré avaient compris que la poursuite de leurs rêves nécessiterait de se salir les mains, et ils étaient prêts à le faire.

— Et ça les a conduits à leur perte…

— Bien souvent, oui. Ma génération est pleine de rêveurs morts trop jeunes, j'en ai connu beaucoup, du temps où Youri et moi étions ensemble. Ceux que j'ai aidés à partir combattre en Bosnie par exemple… Laissez-moi vous parler de l'un d'entre eux. »

38.

Cette histoire commence le 7 juillet 1992 par une rencontre, à l'endroit même où nous nous sommes retrouvés, Milana et moi. Ce jour-là, sous les frondaisons de l'avenue

Kronverski, elle a rendez-vous avec un homme digne d'un personnage de Dumas, de d'Artagnan ou du comte de Monte-Cristo. Il s'appelle Vadim Bakov.

Vadim Bakov avait épousé Aliona, une camarade de Milana à l'université de Leningrad. Petite, maigre et humble, Aliona venait du fin fond de la Sibérie, et était tout à fait provinciale dans son allure, mais elle s'était trouvé un homme que toutes ses amies se seraient arraché. Vadim Bakov était formidable de stature. Haut de près de deux mètres, il portait une barbe sombre et les étudiantes de l'université de linguistique se demandaient en rougissant comment ils pouvaient bien tenir à deux dans leur lit minuscule. Souvent, le soir, des étudiants se rassemblaient dans sa chambre pour l'entendre discourir sur la politique, et sa voix autoritaire magnétisait l'assistance. Dans cet univers studieux, Vadim Bakov faisait sensation. Jusqu'à ce qu'un jour, en 1990, il disparaisse.

Pendant les semaines qui suivent, ses camarades tentent de retrouver sa trace, sans succès. C'est comme s'il s'était volatilisé. Pour Milana et ses amies, le manège paraît limpide : le beau Vadim s'est fait la malle avec une femme plus jolie, et Aliona est trop fière pour l'admettre en face d'elles. La rumeur enfle, puis s'essouffle. Après quelques mois la disparition de Vadim Bakov n'est plus évoquée qu'en de rares occasions, en l'absence d'Aliona.

L'affaire paraît oubliée quand, un jour d'été 1992, Milana reçoit un appel. Elle reconnaît la voix de Vadim au téléphone. « Milana, on m'a dit que toi seule pouvais m'aider. Il faut que l'on se voie. Je veux partir combattre en Serbie. » Dans le marigot nationaliste pétersbourgeois, tout le monde sait qu'elle établit des contacts à l'étranger pour Youri Beliaev, mais à l'autre bout du fil, Milana n'en mène pas large. « Tu parles couramment serbe, n'est-ce pas ? » Elle a beau rechigner, jurer qu'elle n'a aucun contact en Serbie, Vadim Bakov tranche d'une voix assurée avant de raccrocher : « Tu y arriveras. »

Où était-il passé pendant ces deux années ? Les études n'avaient jamais été son fort. En un mot, Vadim avait abandonné la linguistique pour sauver l'Union soviétique. Révolté par les mouvements indépendantistes dans les pays baltes, il avait rejoint les OMON de Riga, une police anti-émeute dont les membres, face à l'indécision du Soviet suprême, avaient décidé, en janvier 1991, de régler par eux-mêmes la question de l'indépendantisme letton.

La confrontation dure plusieurs semaines au cœur de l'hiver balte. Face aux OMON, les habitants de Riga dressent des barricades et tirent des coups de feu. Au cours des mois qui suivent, les cent vingt OMON s'enfoncent dans la violence et la clandestinité, à la manière d'une OAS soviétique, impuissants à empêcher l'inexorable dissolution de l'URSS. Dans le chaos ambiant, Vadim et ses camarades mitraillent des postes-frontières, en attendant que le pouvoir central se ressaisisse et écrase une fois pour toutes les Lettons insurgés. En août 1991, la tentative de coup d'État des généraux soviétiques dans le but d'empêcher l'éclatement vire au grotesque et se solde par la dissolution des OMON de Riga et l'indépendance de la Lettonie. Vadim Bakov doit quitter le pays. Le 1er septembre, c'est la tête basse qu'il monte dans l'Antonov-124 qui ramène les OMON de Riga dans leur nouvelle base de Tioumen, en Sibérie.

Pendant quelque temps, Vadim y mène une vie de bohème et dilapide ses économies. Quand l'argent vient à lui manquer, il gagne quelques sous en jouant de la balalaïka dans la rue. Est-ce parce qu'il cherchait un sens à sa vie ou parce que la Lettonie demandait l'extradition des anciens OMON qu'il a décidé de partir pour la Yougoslavie ? Était-ce par idéalisme, par goût de l'aventure ou par nécessité ? Nul ne le sait. Mais en 1992, les conflits ne manquent pas pour un fugitif en mal d'aventures. Reconvertis en chiens de guerre, on retrouvera les anciens OMON de Riga dans tous les conflits de l'espace postsoviétique, que ça soit en Transnistrie, en Abkhazie, en Ossétie du Sud ou encore dans le Haut-Karabagh, et jusque dans le Donbass. Vadim Bakov est le premier volontaire russe à jeter son dévolu sur la Bosnie, où le siège de Sarajevo vient tout juste de commencer.

Le jeune policier ne s'y trompe pas en demandant ce service à Milana. Youri donne son feu vert avec enthousiasme, et une amie moscovite l'aide à établir les contacts. Le 7 juillet 1992, Milana et Vadim se revoient pour la première fois depuis deux ans : « Une rencontre avec les hommes de Karadzic aura lieu à Moscou en août. »

Le premier groupe de volontaires part à la mi-septembre. Vadim et son ami Sergueï Merechko, lui aussi ancien OMON de Riga, se joignent à l'expédition. Après quelques jours à Belgrade, les deux compères sont envoyés au Montenegro, d'où ils rejoignent la ville de Trebinje, dans le sud de la Bosnie. Mais les combats sont féroces, et la découverte de la guerre, impitoyable. Deux semaines seulement après leur arrivée, une roquette frappe leur véhicule de transport blindé près de la petite ville de Gacko, au nord de Trebinje. La charge creuse pénètre aisément le métal, l'équipage n'a aucune chance. Sergueï Merechko est tué sur le coup.

Blessé dans l'embuscade, Vadim Bakov est fait prisonnier. L'histoire aurait pu s'arrêter là pour lui si, à peine rétabli, il n'était parvenu à s'évader du camp où il est retenu. Il se retrouve libre, mais étranger en territoire ennemi, et ce n'est qu'au terme d'un long périple semé d'embûches mortelles que Vadim Bakov rejoint enfin les lignes serbes. Au cours des trois ans que durera encore la sale guerre de Bosnie, il sera de tous les combats, bataillant pied à pied aux côtés de ses frères orthodoxes. Une fois la paix signée, il mettra à profit ses relations avec Radovan Karadzic pour se lancer dans le trafic d'armes et amasser une petite fortune. Pendant ces quelques années, il mène la vie dangereuse dont il a toujours rêvé, riche, craint et respecté, entouré de trafiquants et de meurtriers, jusqu'à ce que sa bonne fortune lui tourne le dos définitivement. Il meurt jeune, en 1997. On aurait pu prédire qu'il trouverait la mort rapidement, une mort brutale, sous la lame d'un couteau ou une rafale de kalachnikov, mais on se serait trompé. Personne ne se doutait que c'est une crise cardiaque qui finirait par l'emporter, à tout juste 31 ans.

Qui aurait pu penser que Vadim Bakov avait le cœur fragile ?

39.

Au moment de nous quitter, Milana me tend la main avec un sourire.

« C'était une époque formidable. Parfois j'ai du mal à croire que j'aie pu prendre part à une telle aventure. »

On se promet de se revoir à l'occasion, lors d'un prochain séjour à Saint-Pétersbourg peut-être, puis elle s'en va à petits pas se mêler à la foule, et disparaît derrière les lourds battants de la station de métro.

Il est temps de rentrer.

40.

Les chants patriotiques ont résonné tard dans le train de nuit qui me ramenait vers Moscou, jusqu'à ce que l'alcool plonge les passagers dans un épais sommeil. Aux aurores, ils agitaient déjà des drapeaux, calots vissés sur la tête, rubans de Saint-Georges à la boutonnière, et quand le train est enfin entré en gare, les parents ont hissé leurs enfants sur leurs épaules et sauté à quai, entonnant les airs entraînants d'un répertoire connu de tous, celui d'une guerre qui a causé la mort de 20 millions de Soviétiques. J'ai pris le premier taxi.

41.

Je me frotte les yeux en me réveillant, et remarque mon gobelet de café répandu sur le carrelage de la salle d'embarquement. Aux murs de l'aéroport, les télévisions rediffusent les images de la parade de la Victoire, qui s'est achevée sur la place Rouge sous un soleil éclatant. Quelques jours plus tôt, un coup d'épandage chimique avait crevé les nuages chargés de pluie qui s'approchaient de Moscou. Des gradins bleus avaient été dressés sur les interminables passages piétons de cette place trop vaste, comme de gros Lego sur un tapis de jeu d'enfant. Il y eut douze coups à la grande horloge du Kremlin, solennels et silencieux, et quand l'orchestre tonna, 16 000 soldats aux visages de bois s'avancèrent en formation serrée, sous un ciel vitriol et des nuées d'aéronefs.

Dans l'aéroport, les passagers s'alignent devant le guichet d'embarquement à l'invitation d'une voix métallique. Je sors mon portable et compose une dernière fois le numéro de Youri. Pas même une tonalité.

La parade terminée, les soldats ont regagné leurs casernes. Sur la place Rouge une foule immense s'est rassemblée. Ils sont des dizaines de milliers, couvrant de front toute la largeur de la place, chacun portant dans ses bras une pancarte ornée d'une portrait sépia, celui d'un aïeul disparu pendant la Seconde Guerre mondiale. Le président est là lui aussi, marchant en tête de cette parade plus importante encore que le défilé militaire : la marche du « régiment immortel », où chacun vient apporter ses drames familiaux à la commémoration du grand sacrifice national. Elle se déverse à pas lents dans les artères de la ville, portant haut les images des ancêtres disparus, et ils sont des centaines de milliers maintenant. Cette procession n'est pas une marche pour la paix. Pas un panneau, pas un écriteau ne vient supplier que jamais les horreurs ne reviennent. Peu importe la paix, au final, c'est une marche d'unité dans le sacrifice, dans une souffrance glorifiée et consentie, et une injonction à toujours endurer plus, comme le firent ceux qui marchèrent sans trembler vers leur devoir et périrent sans regret pour la patrie, car là est le véritable but du Jour de la Victoire : que les vivants se souviennent, sous le regard des photos sépia, que leurs malheurs ne sont rien face aux souffrances écrasantes que connurent leurs ancêtres. Que la raison d'État justifie tous les sacrifices. Qu'il ne faut jamais contester l'ordre établi.

42.

Il faisait beau à Saint-Pétersbourg quand ils ont relâché Youri Beliaev. C'était un matin, quelques jours seulement après mon retour en France. C'est à peine s'ils l'avaient interrogé, quelques questions décousues, sur Lougansk et Batman, puis ils l'avaient laissé tranquille sur son banc, la tête calée sur son pardessus roulé en boule, à ronfler ou méditer, comme il avait pris l'habitude de le faire chaque fois qu'il se retrouvait derrière les barreaux. L'officier de garde qui a ouvert sa cellule lui a seulement dit que les charges contre lui avaient été abandonnées. Youri s'est levé sans poser de question, et a quitté le commissariat. Quelle qu'ait été la cause de ce répit, il savait que ce n'était que temporaire, et que de toute façon, elle n'aurait rien changé à sa décision.

Il est sorti du commissariat et a marché quelque temps, indifférent à la splendeur du printemps pétersbourgeois. Au-dessus de lui, les cumulus s'étiraient en longues vapeurs de cuivre dans ce ciel de symbiose, liquide comme la mer si proche, étincelant comme un rêve d'alchimiste. On aurait cru, ce matin-là, que le ciel tout entier était un prisme à décomposer la lumière. Toutes les couleurs du spectre optique s'accrochaient à la moindre anfractuosité nuageuse pour y peindre des œuvres grandioses, pareilles aux Jugements derniers des fresques des coupoles italiennes, mais Youri n'y aurait pas prêté plus attention si elles avaient représenté les sept cercles de l'Enfer.

Il était pressé de partir.

Il rentra chez lui et passa des coups de fil. Une semaine s'écoula, puis on lui fit savoir que tout était prêt. Quelques minutes plus tard, il était devant chez lui, ses affaires rassemblées à ses pieds dans un grand sac de sport, à attendre qu'un taxi l'amène à la gare routière. Là-bas, les passagers commençaient déjà à embarquer. Il se glissa parmi eux sans dire un mot, petit vieux ordinaire aux godasses lourdes, sa gapette rabattue sur les yeux pendant qu'il faisait la queue devant le grand bus blanc, un ticket dans une main, son passeport ukrainien dans l'autre. Il rejoignit sa place, et s'endormit paisiblement.

Le bus traversa Novgorod, Valdaï et Tver, déposa quelques voyageurs à Moscou, et poursuivit sa longue route vers Voronej et les plaines du Sud, égrenant le long chapelet de ces villes qui, de la Baltique à la mer d'Azov, formèrent un jour le front de l'Est. Vinrent Voronej, Pavlovsk, Kamensk-Chakhtinski, Novotcherkassk, les terres cosaques enfin, et l'embouchure du Don. Ils roulèrent de nuit et arrivèrent à Rostov, où presque tous les passagers descendirent. Ceux qui les remplacèrent semblaient surgir d'un autre âge, pauvres diables aux regards absents charriant de lourds cabas, et dans leurs visages éboulés, plus de relief que dans la steppe tout entière. Quelques heures s'écoulèrent, puis ils franchirent la frontière. Le bus arriva à Donetsk à la nuit tombée.

Youri descendit. Quelques semaines plus tard, il m'informa par e-mail de son retour sur le front. Je lui dis de faire attention à lui, et lui souhaitai encore bonne chance. Il ne me répondit que longtemps après, une réponse courte, une ultime bravade, un grand éclat de rire.

« Qu'est-ce qui peut bien m'arriver ? Je suis immortel ! »

ANNEXES

Dirigeants ukrainiens et séparatistes

VIKTOR YANOUKOVITCH : Président ukrainien renversé par la révolution en février 2014

PETRO POROCHENKO : Président ukrainien, élu en mai 2014

VITALI KLITSCHKO : Maire de Kiev, élu en mai 2014

ALEXANDRE ZAKHARCHENKO : Président de la République populaire de Donetsk

IGOR PLOTNITSKI : Président de la République populaire de Lougansk

IGOR GIRKIN, dit « Strelkov » : Chef des forces armées et homme fort de la République populaire de Donetsk de mai à août 2014

ALEXANDRE BEDNOV, dit « Batman » : Commandant de la 4e brigade motorisée de la République populaire de Lougansk, dit « bataillon Batman », basé à Lougansk

VYATCHESLAV PINZHANINE : Chef séparatiste cosaque de la ville d'Antratsyt

ALEXEÏ MOZGOVOÏ : Commandant de la brigade Fantôme, chef séparatiste de la ville d'Altchevsk

Pavel Dremov : Chef séparatiste cosaque de la ville de Stakhanov

Evgeny Ischenko : Chef séparatiste cosaque de la ville de Pervomaïsk

Mikhaïl Tolstykh, dit « Givi » : Commandant du 1er bataillon de chars d'assaut de la République populaire de Donetsk, dit « bataillon Somalie ».

Arsen Pavlov, dit « Motorola » : Commandant du bataillon de forces spéciales d'infanterie de marine de la République populaire de Donetsk, dit « bataillon Sparte ».

REMERCIEMENTS

Juliette Joste pour sa confiance.

Thomas Delattre pour son amitié.

Sébastien Gobert pour m'avoir fait découvrir l'Ukraine en Logan.

Charles Besse de Laromiguière, Salomé Georgiev, Claire Lebrun, Cécile Maurisset, Agnès Nabat et Caius Rehman-Fawcett pour leurs conseils précieux et leurs relectures attentives.

Mise en pages PCA
44400 Rezé

Cet ouvrage a été imprimé sur Roto-Page
par l'Imprimerie Floch à Mayenne
pour le compte des Éditions Grasset
en février 2018.

PAPIER À BASE DE FIBRES CERTIFIÉES

Grasset s'engage pour l'environnement en réduisant l'empreinte carbone de ses livres.
Celle de cet exemplaire est de :
850 g éq. CO_2
Rendez-vous sur www.grasset-durable.fr

N° d'édition : 20312 – N° d'impression : 92231
Dépôt légal : mars 2018
Imprimé en France